Antonio Strati

Organização e estética

Antonio Strati

Organização e estética

Tradução de
PEDRO MAIA SOARES

ISBN — 978-85-225-0637-8

Título original em inglês: *Organization and aesthetics*, publicado por Sage Publications of London, Thousand Oaks and New Delhi, © Antonio Strati, 1999.

Direitos desta edição reservados à
EDITORA FGV
Rua Jornalista Orlando Dantas, 37
22231-010 — Rio de Janeiro, RJ — Brasil
Tels.: 0800-21-7777 — 21-2559-4427
Fax: 21-2559-4430
e-mail: editora@fgv.br — pedidoseditora@fgv.br
web site: www.editora.fgv.br
Impresso no Brasil / *Printed in Brazil*

Todos os direitos reservados. A reprodução não autorizada desta publicação, no todo ou em parte, constitui violação do copyright (Lei nº 9.610/98).

Os conceitos emitidos neste livro são de inteira responsabilidade do autor.

1ª edição — 2007

TRADUÇÃO: Pedro Maia Soares

REVISÃO TÉCNICA: Eduardo Davel e Sylvia Constant Vergara

PREPARAÇÃO DE ORIGINAIS: Maria Lucia Leão Velloso de Magalhães

EDITORAÇÃO ELETRÔNICA: Maristela Almeida

REVISÃO: Fatima Caroni e Mauro Pinto de Faria

CAPA: aspecto:design

FOTO DA CAPA: © Steve Woods / www.sxc.hu

**Ficha catalográfica elaborada pela
Biblioteca Mario Henrique Simonsen / FGV**

Strati, Antonio
    Organização e estética / Antonio Strati; tradução de Pedro Maia Soares. — Rio de Janeiro : Editora FGV, 2007.
    320 p.

    Inclui bibliografia.

    1. Comportamento organizacional — Filosofia. 2. Estética. 3. Cultura organizacional. I. Fundação Getulio Vargas. II. Título.

CDD - 301.1832

Sumário

Agradecimentos 7

Introdução 9

1- Estética organizacional, experiência e plausibilidade 23

Experiências organizacionais e a evocação do conhecimento 26

Estética e observação participante imaginativa 31

Estética e artefatos organizacionais 36

Estética organizacional e processos de simbolização 70

2- Conhecimento estético da ação organizacional 79

A escolha entre paradigmas e considerações estéticas 80

O *pathos* do "sensível" e a ação intencional 86

Conhecimento empático na estética e nas ciências sociais 93

Pressupostos teóricos da compreensão empática das
organizações 106

3- O caráter elusivo da estética organizacional 119

A estética como diferença de sentimento 119

Estética como finitude do conhecimento 127

Estética e conhecimento tácito 139

A estética como diálogo para um conhecimento
não-causal 159

4- A beleza na vida organizacional 179

A beleza da organização 189

O simbolismo da "representação" da beleza organizacional 202

A *Logica poetica* e vida organizacional   213

5- Artefatos, forma e categorias estéticas   239

A relevância dos artefatos e da forma   241

A estética dos elementos não-humanos e o talento humano   248

Consciência da estética e/ou consciência estética   270

Conclusões   291

Bibliografia   297

Índice   319

Agradecimentos

Desejo expressar minha gratidão aos meus colegas da Faculdade de Sociologia da Universidade de Trento por seu apoio enquanto eu realizava a pesquisa empírica e os estudos teóricos nos quais este livro se baseia, e aos pesquisadores que compartilharam comigo as iniciativas da Standing Conference on Organizational Symbolism (Scos). Agradeço também aos diretores das organizações que tornaram possível minha pesquisa empírica e aos estudantes de meu curso de sociologia da organização nas universidades de Trento e Siena. Estou em dívida para com Per Olof Berg, Judith Blau e Antonio de Lillo por seu estímulo, com Sue Jones pela oportunidade que me deu de escrever este livro para a Sage, com Adrian Belton por seus comentários e pela tradução do texto para o inglês, e com Liliana Albertazzi, Alessandro Cavalli, Pasquale Gagliardi e Silvia Gherardi por terem lido a primeira versão. Não obstante, o que se segue é de minha inteira responsabilidade.

Introdução

A música vem lá de baixo, da rua. É uma melodia agradável e bem interpretada, mas que não pára nunca. As paredes e as janelas não conseguem impedir sua entrada, apenas reduzem seu volume. O músico tem o direito de tocar, é seu trabalho. Mas as duas mulheres que trabalham no escritório das secretárias também têm o direito de não ser perturbadas. A música é suave, mas o prazer inicial que suscitou desapareceu e a agradável surpresa sentida pelas duas secretárias quando a escutaram pela primeira vez transformou-se em obsessão. Elas me confiam o desejo secreto de que a música pare e de que o músico desapareça junto com ela.

Eis o que constitui a estética na vida organizacional: suavidade e obsessão, sentimento de prazer e desejo de destruição, fonte de conflito, origem de problemas de difícil solução, mesmo numa realidade socialmente construída[1] como a descrita aqui: de um lado da parede, duas mulheres trabalhando em um escritório do segundo andar; do outro lado, um jovem músico tocando na rua, como faz todos os dias, pelas moedas dadas por pedestres generosos. Trata-se de uma realidade socialmente construída pela ação intencional[2] de ambos, o jovem músico de rua e as duas secretárias, e que ilustra de modo apropriado a definição de Peter Berger e Thomas Luckmann (1966; trad. bras. 1983:11) da "realidade" como "uma qualidade pertencente a fenômenos que reconhecemos terem um ser independente de nossa própria

---

[1] Berger e Luckmann, 1966; Knorr-Cetina, 1994; Schütz, 1962 e 1964.

[2] Weber, 1922b.

volição (não podemos 'desejar que não existam')": por mais que queiram, as duas secretárias não podem fazer nada para apagar a música. Elas não podem impedir que seus ouvidos escutem, tal como evitam que os olhos vejam fechando as pálpebras.

O problema, é óbvio, não é especificamente organizacional, mas estético, já que diz respeito a uma faculdade sensorial humana — a audição — e a uma faculdade humana de julgamento — o juízo estético — pelas quais o que percebemos através de nossos sentidos pode provocar prazer ou aversão, nos parecer palatável ou repugnante, nos surpreender e nos intrigar, ou nos obsedar e contaminar nossa vida cotidiana no trabalho. É um problema que evidencia a importância de ser capaz também de bloquear — além de ativar — nossas faculdades sensoriais e, assim, não mais ouvir a doce melodia que nos assombra; e, ainda, anestesiar nossos sentidos, de tal modo que não tenhamos mais consciência estética da realidade que nos circunda, ou, ao menos, que misturemos nossas faculdades sensoriais com outras fontes de conhecimento estético, de forma que a sensibilidade delas seja embotada.

As duas secretárias poderiam ligar o rádio, ou pôr um CD no computador e escutar uma música que encobriria a que vem da rua. Mas o chefe delas as advertiu de que não podiam transformar o escritório em discoteca e menos ainda trabalhar com os ouvidos tapados. O problema, de estético-pessoal, tornou-se organizacional, não porque a organização "escuta" — uma organização não pode escutar ou ouvir —, mas porque as duas secretárias e seu chefe traduziram o problema em termos organizacionais. Contudo, a fonte de toda a dificuldade é o fato essencial de que os órgãos sensoriais da audição dessas mulheres são incapazes de se defender contra o ataque obsessivo do músico da rua. Seus ouvidos podem apenas filtrar a música, protegendo-as de alguma forma, mas não podem bloquear a música completamente. A organização não tem nada a ver com isso, uma vez que, como dissemos, ela não tem ouvidos e não pode ouvir. Porém, as pessoas que trabalham na organização estão envolvidas nesse processo de escutar um som suave, ser agradavelmente surpreendidas por ele, apreciá-lo, mas depois passar a odiá-lo, sentindo que seu território acústico é invadido e violado, achando que suas vidas cotidianas são prejudicadas pelo som incessante.

O elemento não-humano — para usar a expressão de Latour (1991) — constituído pela melodia do músico de rua levou as duas secretárias a falar com o chefe do escritório para ver o que poderia ser feito. Primeiro, brincaram com o fato de ter música no escritório, mas logo mudaram de tom, argumentando que a organização deveria proteger seus empregados e não permitir que eles tivessem de trabalhar em tais condições. O processo de negociação passou a envolver as relações hierárquicas entre as secretárias e seu chefe, centrar-se na qualidade das condições de trabalho no interior da organização e enfatizar a falta de poder da organização em relação ao direito socialmente reconhecido do músico de tocar na rua. Tudo isso, lembremos, começou com o som que veio de fora e penetrou na organização. Porém, os sujeitos do processo não eram apenas as duas secretárias e, sim, elas e mais o som, que era um "actante" que gerou outros "actantes"[3] na reação em cadeia das negociações, evidenciando o caráter "polimorfo" dos atores organizacionais e os elementos incomensuráveis e heterogêneos que estão conectados[4] no cotidiano das organizações. Em outras palavras, a ação do músico de rua foi certamente responsável pelo som. Contudo, não foi ele que causou o prazer ou a obsessão das secretárias, mas o som que produziu, depois que elas o perceberam com os sentidos e o julgaram esteticamente e, desse modo, adquiriram um conhecimento sobre ele.

A estética na vida organizacional, portanto, diz respeito a uma forma de conhecimento humano e, especificamente, ao conhecimento fornecido pelas faculdades perceptivas da audição, da visão, do tato, do olfato e do paladar, e pela capacidade de fazer um juízo estético. Esta última permite avaliar se alguma coisa é agradável ou não, se corresponde ao nosso gosto ou não, se nos "envolve" ou nos deixa indiferentes, ou mesmo se nos repugna.

---

[3] Latour, 1991:122.

[4] Callon, 1991.

Compreender a estética no cotidiano da organização exige levar em conta os elementos não-humanos, as "massas ausentes",[5] que junto com os seres humanos constituem o sujeito da ação organizacional. Mas não se deve esquecer também que a maioria desses elementos não-humanos são artefatos. São, portanto, produtos da ação humana, que, embora muito freqüentemente indesejados,[6] ou perversos, devem ser considerados não só em termos funcionais, mas também no que diz respeito ao seu *pathos*, como sugere Pasquale Gagliardi (1990a): o *pathos* suscitado por elementos não-humanos nos membros de uma organização que também se torna parte do processo de comunicação organizacional pelo qual essas pessoas fazem com que outras também tenham o prazer delas, como diz Hans Robert Jauss (1982). Portanto, o estudo da estética organizacional não implica a análise de algo fixo e objetivo, mas de como os atores organizacionais e o pesquisador entendem a vida organizacional. E essas formas de conhecimento podem ser compreendidas principalmente nas práticas cotidianas de uma organização, tanto de seus membros quanto do pesquisador que as estuda.

Isso nos leva ao cerne dos temas tratados neste livro sobre a estética na vida organizacional. São temas que levantam uma questão crucial: a cegueira deliberada e coletiva dos estudiosos da organização, ao construírem socialmente sua comunidade profissional e ocupacional[7] com base nos programas de pesquisa que realizaram e debateram,[8] nos paradigmas teóricos aos quais se referiram[9] e nas questões metodológicas que levantaram referentes à pesquisa empírica.[10] Com efeito, a maioria das pesquisas e análises publicadas na área das teorias da organização e dos estudos de gestão descreve o seguinte fenômeno

---

[5] Latour, 1992.

[6] Merton, 1968.

[7] Kaghan e Phillips, 1998; Van Maanen e Barley, 1984.

[8] Reed, 1992.

[9] Burrell e Morgan, 1979; Hassard, 1993; Scherer, 1998.

[10] Bryman, 1989; Bryman e Burgess, 1994; Cooper e Law, 1995; Evered e Louis, 1981; Van Maanen, 1979.

bastante bizarro: assim que o indivíduo atravessa o limiar virtual ou físico de uma organização, ele é expurgado de sua corporeidade, de tal modo que resta apenas seu espírito. Depois de cruzar esse limiar, a pessoa é despojada de suas roupas e de seu corpo e se torna pensamento puro, que a organização equipa com instrumentos de trabalho, voltando, portanto, a vesti-la. Quando a pessoa deixa a organização, o espírito se despoja desses instrumentos de trabalho e retoma sua corporeidade, e com ela as faculdades perceptivas e o juízo estético que produz a compreensão estética da realidade, mas somente na sociedade que fica do lado de fora das paredes físicas ou virtuais da organização. Esse fenômeno reflete a separação que Max Weber (1922) mencionou ao afirmar que o tipo ideal da organização formal era um traço distintivo da burocracia em relação à sociedade. Isso mostra que uma organização é uma realidade coletivamente construída por "cibermentes", e não pelos *cyborgs* descritos por Donna Haraway (1985 e 1991); os *cyborgs* são, na verdade, figuras sociais cuja corporeidade é composta de matéria robótica e orgânica e, portanto, de uma tecnologia cujos hardware e software moldam um organismo que não é meramente biológico, mas um corpo "refinado" no qual estão inscritos códigos socioculturais. As cibermentes, ao contrário, são desprovidas de cultura corporal.

Em resumo, na teoria da organização e nos estudos sobre gestão encontramos a convicção de que a estética, como disciplina, não tem nada a ver com a vida organizacional, ou que a estética enquanto um conjunto pessoal/subjetivo de critérios tem, no máximo, influência limitada sobre as organizações. Com efeito, a imagem predominante transmitida pela literatura organizacional até meados da década de 1970 era a de que as organizações são feitas de idéias que se encontram e fundem no plano racional; idéias, portanto, desprovidas de erotismo, de sensações belas ou feias, de perfumes e odores desagradáveis, de atração ou repulsão. A teoria da organização e os estudos de gestão representavam as organizações de forma idealizada, privando-as de suas características terrestres de materialidade e corporeidade.

Mas isso não corresponde à prática cotidiana nas organizações, nem ao uso feito por seus membros da compreensão estética da vida organizacional. Isso não reflete a necessidade que as organizações têm desse tipo de compreensão e deixa de levar em conta o fato de que as organizações utilizam a estética para realçar seus produtos e serviços e para criar uma identidade imediatamente comunicável aos seus clientes, empregados e à sociedade em geral. Portanto, é curioso que a teoria da organização e os estudos administrativos tenham desenvolvido e alcançado legitimidade social graças a uma visão idealizada das organizações baseada no pressuposto — não validado cientificamente — de que a estética pertence à sociedade e não à vida organizacional.

Essa "organização idealizada" sofreu uma série de mudanças a partir dos anos 1970, quando a atenção dos estudiosos da organização começou a se voltar para a dimensão estética da rotina cotidiana nas organizações. Essas mudanças resultaram em parte de uma crítica do paradigma estrutural-comparativo e da visão excessivamente racional e reificada da vida organizacional que ignorava a vontade dos indivíduos,[11] ao passo que, como apontou James March (1988:402), as teorias da arte e a crítica permitem "ver a elaboração de uma boa informação não como uma atividade passiva ou manipuladora em um esquema de decisão, mas como um instrumento de interpretação". Outras mudanças foram provocadas por um interesse renovado pelo estudo da arte e da estética,[12] que, em vez de produzir uma "perspectiva teórica principal", segundo observa Judith Blau (1988:286, 269), desenvolveu-se em vários níveis e através de várias controvérsias, todas centradas numa visão da arte como propiciadora de "uma oportunidade única de investigar as conexões entre as significações e a ordem social, e o modo pelo qual as significações penetram em todos os níveis dessa ordem social, inclusive no nível dos indivíduos e na sociedade inteira". Essas mudanças foram igualmente estimuladas em parte pelo debate entre modernos e pós-modernos, que também envolveu estudos sobre a organização,[13] tendo em vista a ênfase do pós-modernismo na estética; com

---

[11] Zey-Ferrel, 1981.

[12] Blau, 1988; Zolberg, 1990.

[13] Burrell, 1988; Cooper, 1989; Cooper e Burrell, 1988; Hassard e Parker, 1993.

efeito, o debate sobre o pós-modernismo é, em muitos aspectos, uma discussão sobre a arte e a estetização da vida cotidiana.[14] Esse debate, mesmo quando se argumentou que a modernidade não havia sido substituída pela pós-modernidade, mas por uma modernidade "reflexiva",[15] considerou o "recurso à dimensão estética"[16] um modo de escapar dos perigos inerentes ao "imperialismo" de "uma reflexividade que quer se apropriar de tudo".

Mas a imagem idealizada da organização foi modificada sobretudo pelos estudos sobre a organização que examinam a estética organizacional e que constituem agora uma corrente de estudos com sua própria tradição, embora modesta, de pesquisa e análise e suas próprias controvérsias internas teóricas e metodológicas.

Os primeiros estudos de estética organizacional examinaram a natureza física das organizações, sua concretude e sua "coisidade".[17] Jeffrey Pfeffer (1982) enfatizou a recusa dos trabalhos de Fred Steele (1973) e Franklin Becker (1981) em aceitar um conhecimento puramente mental da vida organizacional. Uma das principais conclusões de Steele (1973:143-4) era que "a qualidade do ambiente de uma organização influencia a saúde do sistema", mas que, infelizmente, "o inverso também tende a ser verdade", de tal modo que "é difícil participar de um processo de design sadio em um sistema insalubre". Este tem a tendência de escolher "um ambiente que aumenta, em vez de reduzir os problemas". Deve haver uma cooperação mais estreita entre *designers*, consultores e usuários, sustenta Steele (1973:145), e "um objetivo do consultor deveria ser cooperar com os designers" a fim de "vencer a resistência à mudança dos quadros superiores" e implementar "experiências de treinamento que ajudarão os empregados de nível mais baixo a desenvolver sua competência e sua capacidade de influenciar o ambiente imediato na organização". Desse modo, como mos-

---

[14] Calinescu, 1987; Featherstone, 1991; Hutcheon, 1989; Jameson, 1991; Tucker, 1996.

[15] Beck, 1986; Beck et al., 1994; Giddens, 1990 e 1991.

[16] Lash, 1993:21.

[17] Heidegger, 1954; Husserl, 1913

tra Pfeffer (1982:270), ao se concentrar na organização como uma estrutura física, Steele mostra como "os ambientes físicos podem favorecer os processos de desenvolvimento organizacional". Becker destaca um conjunto de características organizacionais que influenciam o planejamento de ambientes físicos. O *design* físico é influenciado pelas exigências técnicas de trabalho e poder e por considerações de controle social. Mas ele influencia, por sua vez: a) a quantidade de interações; b) a reação afetiva ao cargo e à organização; e c) a atração interpessoal, a competição, a cooperação e a percepção da pessoa. Com efeito, a concepção física diz respeito a aspectos da organização como tamanho, qualidade, arranjo, privacidade e localização. Esses aspectos têm um impacto importante na vida organizacional e, em conseqüência, escreve Pfeffer (1982:271), compreender como as organizações — como estruturas físicas — "nascem e acabam por ter a aparência que têm, bem como compreender as conseqüências disso, parece ser um ponto de partida importante para enriquecer a análise das organizações".

Esses primeiros estudos concentram-se no "funcionamento" da estética nas organizações e na possibilidade de "geri-la" na vida organizacional. Eles visam adquirir um conhecimento maior da estética e de como podem estruturar o comportamento dos atores organizacionais, ao mesmo tempo em que tornam as melhorias das estruturas físicas da organização mais remunerativas. Trata-se, portanto, de um funcionalismo "fraco", que não busca implementar a estética nas organizações a fim de condicionar o comportamento de seus membros estruturalmente. Ao contrário, enfatiza a ampla variedade de influências exercidas pelas estruturas físicas sobre as pessoas no interior das organizações, sobre o processo de organizar e sobre a qualidade da vida cotidiana no trabalho.

Em contraste com esse funcionalismo "fraco", temos a abordagem utilizada pelos pesquisadores da estética organizacional interessados em estudar os símbolos e as culturas[18] construídos e reconstruídos

---

[18] Gherardi, 1995; Martin e Frost, 1996; Smircich, 1983; Turner, 1990.

pelos participantes da vida organizacional. Em 1985, uma conferência sobre a "imagem empresarial" foi organizada por Vincent Dégot em Antibes, França, sob os auspícios da Standing Conference on Organizational Symbolism (Scos). Os trabalhos apresentados na conferência e depois publicados em *Dragon*, revista da Scos, examinaram os seguintes temas: a identidade organizacional graficamente transmitida pelo nome da organização;[19] as imagens que circulam no interior[20] ou no exterior[21] de uma organização e que representam eventos organizacionais importantes em termos da identidade da organização e da identificação com ela; e a desconstrução da imagem empresarial na arquitetura organizacional em oposição à desconstrução do discurso organizacional oficial.[22] Desse modo, cultura e simbolismo foram observados na imagem da organização, em seu logo, em seu material de publicidade e em sua arquitetura: temas que se tornaram um foco constante para a análise da estética organizacional e que são tratados principalmente em duas coletâneas de ensaios — Gagliardi (1990b) e Jones et al. (1988).

Menos ligados à organização como estrutura física são os estudos de estética na vida organizacional publicados na edição especial de *Dragon* sobre "arte e organização", editada por Pierre-Jean Benghozi em 1987 — tema central para o debate sobre a organização, como mostra a coletânea de ensaios editada por Michael Owen Jones, Michael Moore e Richard Snyder (1988). Esses estudos examinam a criatividade das pessoas que trabalham em organizações, a gestão de organizações que se engajam em atividades relacionadas com a arte e as práticas organizacionais cotidianas que têm a ver com arte. O número de *Dragon* editado em 1987 por Benghozi contém três ensaios da autoria de Dégot, Ramirez e Rusted que ilustram diferentes abordagens do estudo da

---

[19] Costa, 1986.

[20] Bolognini, 1986a.

[21] Schneider e Powley, 1986.

[22] Grafton-Small e Linstead, 1985.

estética organizacional sem se referirem a estruturas físicas: a) a coleta de conhecimentos por meio de analogias com a arte; b) o exame da beleza da organização e, portanto, dos sentimentos e juízos estéticos no que diz respeito à organização como um todo; c) o estudo de como a estética é negociada nas práticas estéticas, um fenômeno pesquisado também nos estudos culturais. São três estudos que engajam diretamente o ponto de vista do pesquisador e enfatizam a importância de seu envolvimento estético no processo de coleta de conhecimento sobre culturas e símbolos organizacionais. Vincent Dégot propõe uma analogia entre o gestor e o artista e o estudo situado das práticas de gestão. Ele sugere um certo número de métodos de gestão previamente desconhecidos, que surgem se o pesquisador examina as práticas de gestão por analogia com estilos e gêneros artísticos. Ramirez ilustra a beleza de uma organização social para aqueles que fazem parte dela, empregando o conceito de forma[23] e mostrando sua influência sobre o conhecimento estético da realidade organizacional, um argumento que ele aprofundou depois (1991). Brian Rusted mostra como as decisões organizacionais sobre a estética das cerimônias dirige a atenção dos pesquisadores para a construção social da comunicação organizacional e para a subversão e a resistência que solapam as práticas estéticas dominantes.

Essas são as principais características da estética organizacional analisadas pela corrente de estudos sobre organizações que se interessam pela estética. Vemos que elas são examinadas em muitas áreas da vida organizacional: da gestão à participação nas cerimônias organizacionais, do aspecto físico do ambiente de trabalho ao logo da empresa, da concretude dos artefatos organizacionais específicos à não-substancialidade da organização como um todo. A análise estética da vida organizacional é uma nova área de pesquisa na teoria das organizações e nos estudos sobre gestão cuja contribuição crucial tem sido a de enriquecer o conhecimento sobre a vida cotidiana na organização.

---

[23] Bateson, 1972; Langer, 1942 e 1953.

Além disso, é uma análise que levanta questões teóricas e metodológicas relativas a todo o *corpus* de conhecimento produzido pelos estudos sobre a organização, como sustentei em outras publicações[24] e procurarei fazer neste livro.

Aliás, o fio condutor deste livro mostra que é possível ganhar compreensão estética, em vez de lógico-racional, da vida na organização e que essa compreensão diz respeito às culturas e aos símbolos organizacionais, bem como à estética criada, reconstruída ou destruída nas negociações organizacionais cotidianas. Portanto, a compreensão "estética" da vida organizacional é uma "metáfora epistemológica" que problematiza a análise racional e analítica das organizações porque a "lógica" dessas análises tem características transcendentais, no sentido de que ela "supostamente tem sua base no que está além da conduta e das relações humanas", como escreveu John Dewey (1958:168-9), criando assim a distinção tradicional entre "o físico e o racional, o real e o ideal". Ao contrário, a abordagem estética busca apreender a experiência vivida pelas pessoas quando agem[25] nas organizações. Faz isso graças a esse processo de evocação que, como observa Dan Sperber (1974:154), "pode ser considerado a busca de uma informação que permite restabelecer a condição conceitual inicialmente insatisfeita". Sobretudo, ela busca uma compreensão empática da ação intencional das pessoas nas organizações, uma vez que, como escreve Clifford Geertz (1973; trad. bras. 1989:23), embora "situar-nos" seja um "negócio enervante que só é bem-sucedido parcialmente", é "no que consiste a pesquisa etnográfica como experiência pessoal".

No primeiro capítulo, essas questões teóricas e metodológicas são ilustradas pelo exame de certos artefatos organizacionais. São discutidas: a) a falsidade, a plausibilidade e a verdade da estética

---

[24] Ver Strati, 1990, 1992, 1995, 1996a, 1997 e 1999. Um desenvolvimento posterior encontra-se no número especial da revista *Human Relations* (v. 55, n. 7, 2002), que editei com Pierre Guillet de Monthoux.

[25] Dewey, 1934; Strauss, 1993.

organizacional; b) a observação participante que documenta a quase-objetividade do estudo qualitativo das organizações; e c) as relações entre estética e os processos de simbolização de que participam os membros das organizações.

O capítulo 2 faz uma análise metodológica detalhada da compreensão empática da ação significativa nas organizações. A discussão começa com as notas metodológicas de Max Weber em *Wirtschaft und Gesellschaft: Grundiss der verstehenden Soziologie* (1922) — uma obra dedicada à compreensão da ação humana intencional — escritas com o propósito de refletir sistematicamente sobre as questões de método levantadas pela compreensão estética da vida organizacional para a pesquisa e a teoria sobre organizações, a fim de ilustrar suas bases teóricas e enfatizar as nuances e as condições que os estudos das organizações baseados nos métodos analíticos e racionais preferiram ignorar.

O capítulo 3 ilustra a *connoisseurship*[26] demonstrada pelos participantes da vida organizacional. Como essa capacidade baseia-se nas faculdades sensoriais e no juízo estético, o capítulo ilumina as semelhanças entre conhecimento estético e conhecimento tácito.[27] São igualmente discutidos os fundamentos teóricos da abordagem estética na filosofia fenomenológica, na hermenêutica e no desconstrutivismo, bem como seus esforços para obter um conhecimento dialógico e não-causal da vida organizacional.

Com a importância assim demonstrada da *connoisseurship* estética para o estudo empírico das organizações baseado na abordagem estética, o capítulo 4 discute as representações estéticas, em especial aquelas que concernem à beleza do trabalho e da organização em que ele é realizado. A beleza põe em relevo as características organizacionais que tanto as pessoas quanto suas organizações julgam significativas, ao mesmo tempo em que destaca a especificidade da compreensão organizacional baseada nas representações estéticas.

---

[26] Turner, 1988.

[27] Polanyi, 1962 e 1966.

O capítulo 5 examina o conjunto dos estudos sobre organizações que deu origem à corrente de pesquisa sobre estética organizacional. Desse modo, discute as principais questões debatidas nessa área de estudo, dando atenção particular à pesquisa empírica empreendida com mais freqüência, à estética organizacional mais profundamente estudada e à consciência estética do pesquisador que se dedica a tal estudo.

A conclusão focaliza a metáfora da organização como hipertexto do processo incessante de diferenciação do conhecimento nas organizações, processo guiado pela ação significativa de seus participantes, fundada na audição, na visão, no olfato, no paladar, no tato, no juízo estético, bem como em processos mentais lógico-racionais. Utilizando a metáfora do hipertexto à luz da abordagem estética, pode-se observar um patrimônio fragmentário e caótico de *connoisseurships* e artefatos na vida organizacional, e evitar a busca de uma "ontologia forte", que defina a verdadeira natureza da organização, a fim de se procurar acumular um conhecimento organizacional dialógico e não-causal.

1

Estética organizacional, experiência e plausibilidade

Durante alguns anos, propus aos estudantes que faziam meu curso de sociologia da organização uma adivinhação a respeito de artefatos organizacionais. As adivinhações constituem uma técnica de ensino usada com freqüência com crianças, na creche ou no ensino fundamental. As mais conhecidas são: "o que é mais pesado: um quilo de plumas ou um quilo de chumbo?", "de que cor era o cavalo branco de Napoleão?", "se um galo está no telhado, de que lado vai cair o ovo?". São perguntas que requerem malícia e a capacidade de aplicar nosso conhecimento, mais do que a utilização mnemônica ou factual do que se sabe. Uma adivinhação não é nem uma pergunta de programa de televisão, nem um teste. Ela não exige a seleção da única resposta correta em um conjunto de respostas possíveis, nem a resposta mais apropriada do que as outras. É um jogo sem objetivo aparente, exceto o de ajudar a passar o tempo. É um jogo que as crianças reproduzem perguntando umas às outras: "Agora sou eu que pergunto: de que cor é...?".

Se considerarmos o método de ensino tipicamente adotado pelos professores universitários italianos, o uso de adivinhações como artifício didático é bastante inusitado. Seminários e trabalhos em grupo, por exemplo, são comuns. Um pouco menos usada, mas mais disseminada, talvez seja — pelo menos na área de estudos da organização — a discussão de tópicos específicos usando materiais de vídeo ou após visitas a empresas ou organizações públicas. Dramatizações, encenações de personagens variados ou simulações são raras, mesmo quando o pequeno número de alunos em um curso as possibilitaria. O leitor pode imaginar então a surpresa dos estudantes quando comecei um curso com estas palavras: "Hoje, vamos discutir o artefato organizacional em mais detalhes do que o fizemos até agora. Vou propor a vocês uma adivinhação...".

A reação dos estudantes foi em geral positiva. Diante de uma técnica de ensino que rompia com o formato convencional da aula "séria" e que, ao mesmo tempo, propunha algo novo, a reação deles foi, no geral, uma mescla de surpresa e prazer. "O quê? Adivinhação em vez de aula? Que ótimo...". Eles se perguntaram o que estava acontecendo, trocaram gracejos, riram, tocaram-se com os cotovelos e se mexeram nas cadeiras.

O que foi auspicioso. Porque havia o risco de que eu não fosse levado a sério; que os estudantes tratassem minhas aulas como interlúdios relaxantes do "verdadeiro" estudo acadêmico. A adivinhação, com efeito, evoca sensações e lembranças da infância, quando a aprendizagem se baseava em jogos didáticos. Como pano de fundo dessa experiência encontram-se também a organização institucional e o processo de ensino. Mas uma universidade não é uma creche, nem uma escola de primeiro grau. Nesta última, as adivinhações constituem jogos que permitem que as crianças aprendam como ativar seu conhecimento e aplicá-lo em um dado contexto.

Em conseqüência, para prevenir o risco de fracasso nessa transição do "sério" para o "jogo sério" na universidade, tento dar uma aura de formalismo ao evento. Faço isso impondo regras para a solução da adivinhação. Introduzo, por assim dizer, um segundo jogo no primeiro:

> Vocês podem responder à adivinhação individualmente ou em grupo. Se alguns quiserem formar grupos pequenos, tudo bem, mas o grupo deve ser constituído formalmente, citando o nome de seus membros. A escolha é de vocês, mas lembrem-se de que há um prêmio para quem encontrar a solução da adivinhação, seja como indivíduo ou como grupo. De acordo com as teorias agora clássicas da literatura sobre organizações, a participação de cada um será maior se a recompensa sair de seus próprios bolsos. Então, vou recolher o dinheiro que vocês vão, tenho certeza, desembolsar generosamente e oferecê-lo como prêmio.

Isso costuma aumentar a excitação na sala de aula. Alguns estudantes vão se sentar ao lado daqueles com quem querem formar um grupo. Outros andam entre as carteiras coletando o dinheiro do prêmio. Outros me ajudam a contar o dinheiro e a compilar as listas de membros dos grupos. Mas existem também aqueles que não se juntam aos outros, que se sentem perdidos, incapazes de se adaptar a uma situação nova. Nesses casos, minha estratégia usual é sugerir que sejam observadores, assegurando o respeito às regras, em vez de atores. Porém, jamais consegui criar um papel capaz de atenuar a hostilidade daqueles que se opõem à idéia desde o início. Felizmente, esses estudantes sempre foram raros e, além disso, incapazes de assumir o papel de líderes.

Desse modo, além da excitação causada pelo jogo de adivinhação, há a participação ativa dos estudantes nos procedimentos adotados para resolver o enigma. Aos olhos deles, o sucesso da nova estrutura organizacional adquire importância. Eles ficam intrigados e vêem nela uma chance de se divertirem. Levam a adivinhação a sério porque a vêem marcada por uma extemporaneidade intrínseca. Como disse, a experiência universitária deles não compreendia aulas baseadas em enigmas, mas aulas expositivas ministradas *ex cathedra*. Em conseqüência, ficam completamente absorvidos por essa novidade.

O fato de convidar os estudantes a considerar os princípios que estão por trás das regras e dos procedimentos estabelece um formalismo didático ainda maior:

> Primeiro devemos estabelecer alguns princípios sobre o prêmio. Se alguém encontrar a solução, ganha o prêmio, faz o que quiser com ele e está tudo bem. Mas se ninguém adivinhar, o que faremos com o prêmio? É uma possibilidade que vocês devem levar em conta. Pelo menos, devemos concordar que o dinheiro é um bem de todos que: a) não será devolvido (o que significa que quem não ganhar, perde o que apostou); b) que não será acrescentado a outros fundos que vocês tenham reunido (por exemplo, o dinheiro não pode ser incorporado ao fundo de fotocópias de vocês); c) é de vocês, não posso ficar com ele e não posso dar para outra pessoa. Vocês terão de decidir o que fazer com esse dinheiro. Então, é muito melhor que alguém ganhe, para evitar disputas sobre o que fazer com o prêmio...

Digo em seguida algumas palavras sobre o conceito de artefato organizacional. Delineio o sentido do termo e saliento que ele se refere a numerosas coisas e a muitos aspectos da organização. Pode ser algo físico ou impalpável, efêmero ou duradouro, essencial ou marginal. Pode ser um objeto da organização, um de seus pressupostos fundadores, ou uma de suas características distintivas. Pode ser até a própria organização. O conceito de artefato organizacional pode, portanto, ser usado para se referir tanto ao elemento mais específico da organização quanto ao mais genérico, ao seu elemento mais prático e concreto quanto ao mais teórico, aos elementos adquiridos pela organização quanto aos produzidos por ela. O ponto importante é que qualquer artefato organizacional nos "fala" da organização. Portanto, trata-se de uma noção que deve ser tomada em um sentido muito amplo, ainda que haja somente um único artefato organizacional que corresponda às exigências da adivinhação.

Mas, antes de especificar essas exigências, devo explicar por que optei por introduzir o tópico da estética na vida cotidiana das organizações dessa maneira. Na seção a seguir apresento as várias razões dessa minha escolha. Voltarei depois à adivinhação.

Experiências organizacionais e a evocação do conhecimento

Começo minha discussão da estética nas organizações evocando o episódio da adivinhação sobre o artefato organizacional porque ele me permite ressaltar o processo heurístico baseado na evocação. A forma de conhecimento aqui envolvida não se baseia no indício ou na prova, mas na imaginação e na intuição. Tem origem em uma participação imaginada na situação organizacional descrita. Em outras palavras, o processo heurístico da evocação implica a coleta de conhecimentos sobre um determinado fenômeno organizacional tomando por base a experiência que se tem desse fenômeno. Essa experiência ocorre somente na imaginação do sujeito, mas mesmo assim é uma experiência vivida.

Na verdade, o que fiz ao contar a história da adivinhação? Dei ao leitor uma chance de tomar assento na sala de aula da universidade e o convidei a participar da situação organizacional descrita. Naturalmente, isso só é possível graças à imaginação ou, mais exatamente, às imagens que o leitor formou a partir de minha descrição daquele cenário organizacional. São imagens que, embora estimuladas pelo que escrevi até agora, não estão em correspondência absoluta. Em outras palavras, elas não constituem a única ilustração da história do enigma, mas essa história também não é ilustrada por imagens específicas e particulares. O leitor se encontra, portanto, numa situação em que pode, e provavelmente precisa, criar imagens baseadas neste texto escrito a fim de ter uma idéia do que o texto está dizendo. Se tentou se imaginar na situação descrita, fez isso por conta própria, isto é, com imagens totalmente pessoais.

Desse modo, a história foi apenas um pretexto para que o leitor possa empregar suas próprias imagens para representar, por exemplo, a sala de aula e as pessoas que nela se encontram. Paradoxalmente, esse envolvimento imaginativo ocorre sem que o leitor tenha qualquer conhecimento direto dos lugares e das pessoas envolvidas. A essa altura, duas observações gerais se impõem.

A primeira provém de estudos empíricos da estética organizacional.[28] Esses estudos mostraram que a experiência vivida pelos atores organizacionais é essencial para a compreensão adequada da vida nas organizações. Na verdade, eles não mostraram que uma organização ou uma atividade organizacional é "objetivamente" feia ou bonita, grotesca ou trágica, cômica ou *kitsch*. Do mesmo modo, nem todos os que prestaram informações descreveram a organização ou os eventos em questão em termos estéticos. Aqueles que o fizeram, no entanto, sempre se referiram ao seu próprio estoque de referências. Em algumas ocasiões, foi enfatizada a dimensão individual da experiência estética; em outras, a mesma experiência foi considerada coletiva, como uma herança da experiência partilhada por uma pluralidade de atores organizacionais. Isso aconteceu tanto quando eram discutidos eventos

---

[28] Strati, 1990, 1992 e 1995.

cruciais na vida da organização, como sua fundação e seu planejamento, como quando eram descritos eventos menos decisivos, mais cotidianos ou mesmo rotineiros. Isso não significa que o único método disponível para estudar a estética organizacional seja aquele baseado no estoque de experiências dos atores organizacionais. Com efeito, a concentração na experiência estética dos sujeitos, no *corpus* experimental que eles retrabalham e narram, é apenas uma das várias maneiras de conceber e observar a estética nas organizações. É uma posição teórica particular, cujos fundamentos serão examinados em vários trechos deste livro.

Minha outra observação está ligada à primeira e leva o argumento um passo adiante: o desdobramento, no interior da imaginação, da experiência estética. Se o leitor teve uma experiência direta em sala de aula universitária, ou leu livros, viu filmes, vídeos, fotografias, ou ouviu relatos de parentes, amigos ou de quem quer que seja, ele pode se imaginar no cenário organizacional descrito. Porém, não está obrigado a fazê-lo e pode se contentar em ler minha descrição do episódio da adivinhação no nível da inteligência racional. Mas se o leitor deseja mergulhar com sua imaginação na situação tal como a descrevo, pode "apreender" a capacidade da adivinhação de alterar os esquemas dominantes na organização dos cursos universitários, a saber, a aula expositiva e o seminário. Ele pode "ver" os semblantes divertidos dos estudantes e do professor enquanto se tocam com os cotovelos e dizem gracejos. Também pode "antecipar" o prazer implícito no anúncio de que "vou lhes propor uma adivinhação", prazer que envolve não só diversão, mas também uma pequena transgressão dos cânones da organização acadêmica. Pode "observar na posição de primeira pessoa" que o enigma criou um clima de excitação cooperativa na sala de aula, uma atmosfera particular devida, é claro, à novidade da situação, mas também marcada por um senso renovado de participação ativa entre os estudantes. Pode "verificar" como e em que medida a organização constituída pelo curso se tornou uma fonte de prazer para os que o fazem e "avaliar pessoalmente" as expectativas prazerosas dos estudantes, bem como a euforia que se espalhou pela sala. Pode "se mostrar favoravelmente impressionado" pelo entusiasmo suscitado pela idéia de uma adivinhação sobre o artefato organizacional.

Se quisermos conhecer melhor a vida cotidiana de determinada organização baseando-nos em processos evocativos, devemos nos colocar na posição imaginária — em vez de factual e física — do observador participante, que vê o que acontece na organização sem estar fisicamente presente; em suma, trata-se de visitar a organização sem jamais entrar fisicamente nela. Pode-se dizer que a evocação não é senão a observação participante realizada na imaginação, de tal modo que o fenômeno organizacional estudado é reconstruído pela imaginação com base nos indícios fornecidos pelo texto que descreve o fenômeno.

Portanto, o processo evocativo da formação do conhecimento força o leitor a se "colocar" na sala de aula daquela universidade italiana. Só então ele pode dar início à observação participante do fenômeno organizacional. Uma vez posicionado naquele cenário organizacional, o leitor "verá com seus próprios olhos", "ouvirá com seus próprios ouvidos", "andará com suas próprias pernas", "perceberá em pessoa", "sentirá emoções", "formará opiniões" e "tirará conclusões" a respeito do evento.

Naturalmente, tudo isso acontece na imaginação do leitor. Mas ele não se coloca na situação apenas por meio da lógica ou da racionalidade: ele pode ver, ouvir, mover-se e sentir prazer. Pode perceber com todos os seus sentidos e, como veremos mais adiante, adquirir desse modo conhecimento estético. Por enquanto, quero salientar que esse processo de coleta de conhecimento que envolve a ativação das faculdades sensoriais se desdobra na imaginação. Em outras palavras, o conhecimento estético do fenômeno organizacional é gerado pela observação participante realizada graças à capacidade imaginativa do sujeito cognitivo.

Tentemos raciocinar pelo absurdo. Suponhamos que o leitor está disposto a explorar o fenômeno organizacional por evocação, mas que, para isso, deseja usar somente sua capacidade de pensar racionalmente. Consideremos a situação criada pela adivinhação e tentemos descrever de forma plausível o processo evocativo. O leitor está presente na sala de aula em que os outros (os estudantes e o professor) manifestam surpresa, prazer, excitação, diversão, desorientação, onde se tocam com os cotovelos, riem, mudam de lugar, se puxam e empurram, escrevem nomes em pedaços de papel, passam por entre as carteiras recolhendo dinheiro, e isso apenas por meio do puro pensamento racional. Ele não vê as expressões de contentamento, mas as pensa racionalmente. Não escuta as vozes, o riso, a desordem, o barulho das cadeiras arrastadas, mas apenas os pensa. Não sente o cheiro de tinta ou dos corpos, mas os pensa. Não sente o clima de excitação, mas apenas o pensa. As evocações que acumula são somente aquelas baseadas no raciocínio intelectual. As sensações não têm efeito, porque exigem faculdades de compreensão — aquelas que ativam as percepções sensoriais — que o puro pensamento racional não possui.

Mas até que ponto um processo evocativo desse tipo é plausível? Somente na medida em que esse leitor, capaz de estar presente como puro raciocínio em um mundo que, embora imaginário, está repleto de corpos e ações, odores e ruídos, emoções e movimentos, rejeite a evocação em vez de usá-la. Como antegozar o que "está no ar" nesse determinado cenário organizacional se nos fiamos apenas na capacidade do raciocínio? Precisamos usar a faculdade de antegozar antes de experimentar efetivamente o que acontece, e deveríamos usá-la no nível da imaginação para viver antecipadamente a experiência organizacional. Isso acontece porque há algo "no ar" que evoca uma experiência anterior e nos faz revivê-la; essa experiência prévia é feita de sensações que ressurgem, em vez de raciocínios que são racionalmente lembrados, e sensações que, para serem revividas, devem se valer do conjunto de faculdades sensoriais e perceptivas, uma vez que o intelecto racional é incapaz de revivê-las.

Façamos um resumo dos conceitos relativos aos principais conceitos teóricos introduzidos e parcialmente discutidos nesta seção. Eles dizem respeito ao entrelaçamento entre a estética, a experiência prévia e o processo heurístico-evocativo, e todos se relacionam com a compreensão da vida organizacional. Os conceitos discutidos supõem que:

a) a experiência anterior é central para o estudo da estética das organizações;

b) o processo heurístico de evocação baseia-se na capacidade imaginativa do leitor;

c) a imaginação do leitor emprega as faculdades sensoriais e perceptivas da compreensão estética, e não apenas aquelas em que a análise racional se baseia.

Estética e observação participante imaginativa

Se quisermos descrever o leitor à luz dos argumentos propostos na seção anterior a respeito do entrelaçamento de estética, evocação e experiência, chegamos a uma pessoa capaz de um conhecimento que é simultaneamente paradoxal, complexo e envolvente. O leitor antecipa, vê, percebe, gosta ou desaprova, sente emoções; em suma, ele forma opiniões desprovidas de rigor analítico.

Esse leitor buscará um lugar no cenário organizacional enquanto este está sendo descrito, e observará eventos de um ponto de vista particular. Evidentemente, ele pode ver a organização do mesmo ponto de vista que o meu e adotar meu ponto de observação. Mas pode se afastar dele a fim de procurar coisas que ainda não estão aparentes no relato, fazer perguntas que não propus, desejar ver coisas que não notei. Em resumo, ele pode agir, e age, como se estivesse fisicamente presente no contexto descrito exatamente porque não se concebe presente naquela situação organizacional apenas como pensamento puro e apenas como capacidade de pensamento puro.

Surge então um dilema: o que aconteceu realmente no caso da adivinhação? Como conhecer de fato as mudanças que ela efetuou no contexto organizacional em questão? Afinal, isso é o que verdadeiramente nos interessa. Como imaginamos o fenômeno organizacional, como interpretamos os eventos, como nos permitimos ser influenciados pelo relato e como nos imaginamos na situação? São questões secundárias que podem ser deixadas de lado até uma próxima etapa. Na verdade, há inúmeras leituras possíveis do fenômeno organizacional examinado — pelo menos tantas quantas as pessoas envolvidas no processo heurístico. Com efeito, pode-se supor que certas pessoas preferirão ter várias interpretações do fenômeno organizacional, mas esse fenômeno deve, não obstante, continuar a ser o que é realmente: um evento organizacional único. E deve ser descrito como tal.

Mas os fatos são diferentes. As duas etapas do ato de conhecer — aquela relativa ao modo pelo qual os eventos organizacionais se desenrolam de fato e aquela em que se formulam diferentes interpretações deles — não são analiticamente distintas. Isso porque, em primeiro lugar, o processo evocativo da coleta de conhecimento coloca o leitor que o utiliza numa posição que, sob muitos aspectos, é idêntica à do pesquisador. Ele converte o leitor em observador participante graças à sua capacidade de imaginar que está presente nos eventos organizacionais. Em segundo lugar, como observador participante da ação organizacional, o leitor acrescenta conhecimento original à descrição do fenômeno organizacional descrito. Isso porque o leitor é obrigado a traduzir meu texto em imagens e sensações compreensíveis e familiares, e também porque tem liberdade para fazer sua própria análise empírica dos eventos.

Portanto, é no nível da pesquisa de campo que se estabelecem relações entre o leitor, a descrição que se faz e seu autor. As interpretações do fenômeno organizacional já começam a adquirir formas e identidades diferentes durante essa primeira etapa da pesquisa empírica. Se esse é o ponto central do entrelaçamento de estética, experiência e evocação no processo de coleta do conhecimento, o dilema de saber o que aconteceu realmente só pode ser resolvido se reconhecermos que o fenômeno organizacional estudado é multiforme. Em outras palavras, não há um fenômeno organizacional único que corresponda a uma pluralidade de interpretações. Ao contrário, há um processo organizacional que apresenta características ao mesmo tempo semelhantes e diferentes; características que são apreendidas e ilustradas por uma pluralidade de observadores participantes. O que nos leva ao próximo ponto.

Não existe apenas um leitor. Primeiro, há o autor do texto, mas existem outros também. Embora esse dado seja, em certa medida, óbvio, ele é importante porque evidencia a complexidade do processo heurístico-evocativo. Ademais, a pluralidade de leitores explica também por que a evocação se revela uma fonte tão frutífera de conhecimento sobre a estética nas organizações. A premissa aqui não é que se estabelece uma série de relações entre o leitor, de um lado, e o autor ou autores da pesquisa organizacional, de outro. E sim que há um certo número de leitores funcionando no contexto organizacional estudado. Esse fato ressalta uma característica fundamental do processo evocativo de coleta de conhecimento: há algo em comum entre esses vários leitores hipotéticos, pois todos eles adquiriram por conta própria uma familiaridade específica com a situação organizacional descrita. Com efeito, podemos imaginar que, se eles se encontrassem, seriam capazes de conversar sobre uma ou outra ocorrência sem ter de retraçar todas as fases do evento desde o início. Poderiam trocar frases como "você viu o que aconteceu quando ele lhes disse que deveriam resolver o enigma?", em vez de "um professor universitário italiano começou a aula propondo uma adivinhação aos alunos". Eles podem achar o evento divertido e fazer gracejos sobre ele, reevocando o episódio. Eles se compreendem porque sabem do que estão falando: a sala, as pessoas e os eventos lhes são familiares.

Além disso, a familiaridade dos vários leitores com o evento organizacional da adivinhação é reforçada por outra familiaridade muito mais específica. Refiro-me àquela que, como já mencionei antes, provém da experiência direta de cada leitor acerca dos contextos que presumivelmente se assemelham ao que descrevi. Mas pode se tratar também de uma familiaridade que não se baseia na experiência direta e, sim, em filmes ou histórias, isto é, em textos que outras pessoas, distintas dos leitores e de mim mesmo, compuseram.

É maior, portanto, o número de sujeitos que devem ser levados em conta quando analisamos o processo heurístico-evocativo. Além dos numerosos e variados leitores, há também aqueles indivíduos imaginários que eles introduziram no contexto organizacional da universidade. Então, de quantos sujeitos estamos falando? O cálculo é difícil e não vou tentar fazê-lo aqui; menciono-o apenas para destacar uma característica essencial do processo heurístico-evocativo.

Voltemos à sala de aula da universidade onde tudo começou. Não temos, primeiro, os estudantes com seu professor e a adivinhação e, depois, o relato, ou o artefato construído, com seu autor e seu leitor. Em outras palavras, as relações entre os atores organizacionais e o pesquisador não vêm primeiro, e aquelas entre o pesquisador e o leitor — que pode fazer parte dos atores organizacionais — depois. O processo de coleta de conhecimento não é definido tão claramente assim. Ele é contaminado, por assim dizer, pelas diversas observações participantes que meu texto suscitou nos leitores, e também pelas numerosas maneiras pelas quais estes foram introduzidos nas salas de aula da universidade. São essas iniciações, com sua diversidade, que geram a familiaridade com o contexto organizacional compartilhado pelos atores organizacionais, o pesquisador e os leitores. São elas as responsáveis pelo rol de sensações, impressões e avaliações que constituem o texto de cada leitor, o qual, insisto, é um texto em si mesmo, e não uma interpretação pessoal daquele que eu produzi.

A primeira conclusão importante a respeito do conhecimento sobre estética organizacional é que meu texto — o que os leitores leram — não é o único texto, nem o único verdadeiro. O que significa que meu texto não é o único a servir de base para as interpretações dos leitores sobre a dinâmica em andamento naquela organização, e que não é o único responsável por seus conflitos de interpretação e suas negociações sobre os significados. Na verdade, o que meu texto faz é propiciar o estímulo e servir de modelo para a elaboração de outros textos, aqueles que os leitores constroem com base em sua observação participante do fenômeno organizacional que descrevi. E fazem isso por meio do processo evocativo de aquisição de conhecimento.

Qual é então o texto "verdadeiro" sobre conhecimento da organização? Quem é seu "verdadeiro" autor? Qualquer um que descreva o processo organizacional é certamente autor de um texto. Quem quer que imagine que está observando diretamente esse processo é também autor de um texto, embora baseado na imaginação e ainda não escrito ou filmado. Todos os que participaram do desdobramento daquele processo na organização (estudantes ou professor) provavelmente elaboraram seu texto sobre o processo organizacional, falando com os outros sobre o evento, por exemplo. Temos então aqueles que criaram os textos usados imaginativamente por leitores sem experiência direta e factual das salas de aula universitárias. Esses autores estão numa posição bastante similar à do autor do texto escrito, na medida em que forneceram estímulos para a imaginação do leitor. Porém, sob outros aspectos, a situação deles é muito diferente, pois não estão entre aqueles que realizaram uma observação participante — real ou imaginada — do processo organizacional em exame.

Pode-se então afirmar que não existe um texto compartilhado? Que cada autor constrói o próprio texto sobre o processo organizacional em questão e que esse texto é o produto idiossincrático de seu autor? Sob certos aspectos, pode-se de fato dizer isso, mas de outros pontos de vista, não. Um dos argumentos contrários a essa conclusão diz respeito à familiaridade do observador participante com o campo de pesquisa, que constitui uma rede de significados compartilhados pelos autores dos vários textos. Por mais diferentes que sejam as projeções imaginárias individuais da sala de aula universitária, ou das faces espantadas dos estudantes, são exatamente esses processos que engendram a familiaridade dos diversos leitores com a situação descrita.

Portanto, existe um texto compartilhado. Mas o que é? De quem é? É um texto em constante formação e deformação, que oscila constantemente entre trabalho compartilhado e trabalho individual. Todos os autores têm plena liberdade de reconstruí-lo e desconstruí-lo, o que significa que não se restringem a uma única visão do processo organizacional em questão e, portanto, não estão obrigados a produzir um texto único.

A questão de saber qual é o texto "verdadeiro" deixa, portanto, de levar em conta a natureza complexa e paradoxal do conhecimento organizacional enquanto processo, quando visto como "agente" em vez de "existente", quando concebido como uma construção social coletiva e não como algo oculto que deve ser trazido à luz e explicado. Se supomos que o conhecimento organizacional é um processo social e coletivo, devemos "aceitar" a plausibilidade dos diversos textos produzidos por diversos participantes do processo de construção do conhecimento. Portanto, todos esses textos, se plausíveis, descrevem o fenômeno em questão. Ademais, apesar de sua natureza extremamente personalizada, todos estão intimamente inter-relacionados. E possuem essas características porque todos se baseiam na evocação do conhecimento proporcionada pela compreensão estética da vida organizacional.

O leitor sabe agora por que comecei este capítulo com o episódio da adivinhação na universidade. Posso assim retomar a descrição a partir do ponto em que a interrompi, ou seja, com as pistas sobre o artefato organizacional que pedi a meus alunos para adivinhar.

Estética e artefatos organizacionais

Depois que todos os estudantes estão instalados e prontos para a adivinhação, concordamos com um limite de tempo para resolvê-la; em geral; 10 minutos. Ligo então o retroprojetor e mostro a seguinte transparência:

Que artefato organizacional no sentido amplo

1. é mais freqüentemente comprado do que produzido

2. ultrapassa os limites organizacionais

3. é simultaneamente material e imaterial

4. é individual e pertence a todo mundo

5. põe em destaque quem não o tem

6. é constantemente procurado

7. é uma metáfora da hierarquia dos níveis organizacionais

8. se ostentado, pode provocar críticas e acarretar sanções

9. se se desloca, pode provocar hilaridade

10. nivela as posições por baixo

?

"Poder", "expertise profissional", "cultura organizacional", "dominação", "emoção", "dinheiro" são as sugestões de respostas mais freqüentes, mas estão erradas. Outras se afastam mais ainda da resposta correta. As que listei correspondem a um grande número de pistas, mas não a todas. O que se pode observar acerca dessas soluções?

1. Todas dizem respeito a um conceito abstrato.

2. Esse conceito é um tema amplamente debatido na literatura contemporânea sobre organizações.

3. Todos os conceitos permeiam a vida organizacional; dizem respeito tanto à organização como um todo quanto a seus aspectos mais específicos.

Qual era então a resposta correta para o enigma? De acordo com o ritual organizacional estabelecido na sala de aula, um dos estudantes desdobra um pedaço de papel que deixei sobre a escrivaninha e lê em voz alta a resposta: "Este artefato organizacional no sentido amplo é uma cadeira".

Pode-se imaginar a surpresa dos estudantes. "Não! Não pode ser!", responderam em coro imediatamente. "Essa não! Não pode ser uma cadeira." De fato, não se considera em geral uma cadeira como um elemento importante da vida organizacional. Ela não dá margem a análises e debates na literatura especializada, sendo o espanto dos estudantes perfeitamente compreensível. Por outro lado, nenhum deles podia negar que a cadeira é um objeto presente nas organizações. Aliás, tendo em vista sua experiência essencialmente escolar, seria difícil para eles imaginarem uma organização sem cadeiras ou outros artefatos em que as pessoas se sentam para trabalhar. A cadeira faz parte da decoração, portanto é algo dado por certo. Os estudantes não podiam negar que ela é útil, ou mesmo vital, uma vez que eles mesmos estavam sentados em cadeiras! Por outro lado, não viam o que um artefato organizacional tão banal tinha a ver com o estudo das organizações. E isso explica a insistência estupefata deles em afirmar que "isso não pode ser verdade", que era impossível que a resposta da adivinhação fosse "uma cadeira". O conceito organizacional que haviam escolhido, fosse poder, cultura ou competência, era certamente muito mais importante.

Meus alunos jamais conseguem resolver o enigma, e suas reações diante desse fracasso são sempre diferentes. Por exemplo, na última ocasião em que propus a adivinhação, alguns deles, embora surpresos e sabedores de que haviam perdido, admitiram logo que somente uma cadeira correspondia a todas as pistas do enigma. Outros só aceitaram a solução com relutância, embora tivessem cooperado generosamente para garantir o sucesso da lição baseada na adivinhação. Em outras palavras, para eles, a cadeira era apenas um pretexto para uma análise mais envolvente dos artefatos organizacionais do que uma preleção *ex cathedra* poderia oferecer. Menos generosos foram aqueles poucos estudantes que haviam sido hostis ao exercício da adivinhação desde o começo e esperavam impacientes que a aula avançasse para algo mais sério do que jogos sem sentido. Por fim, vários estudantes, os mais combativos, se recusaram a aceitar a derrota. Após passada sua perplexidade inicial, contra-atacaram e insistiram em passar em revista as pistas uma por uma, tentando demonstrar que a solução dada por eles a cada uma delas era perfeita, desde que alguns detalhes menores fossem ignorados. Em resumo, tentaram mostrar que, embora não tivessem adivinhado a resposta, de forma alguma haviam perdido. Mas isso, os outros estudantes se recusaram a aceitar. A competição entre grupos e indivíduos continuava e ninguém ia vencer porque havia "quase adivinhado" a resposta certa. Foi necessário também verificar se a cadeira realmente correspondia a todas as 10 pistas do enigma. E isso foi feito devidamente, como descreverei mais adiante, mas primeiro devo apontar outro aspecto do processo organizacional ativado nessa sala de aula.

O evento "extraordinário" acabou. Seus efeitos perturbadores sobre os procedimentos habituais da universidade desapareceram aos poucos e a situação organizacional anterior ao evento reapareceu progressivamente. Vimos que a construção do evento exigiu a participação ativa dos estudantes. Mas sua decodificação significou que o contexto organizacional de meu curso de sociologia da organização tinha de sofrer mais modificações. Em muitos aspectos, ele retornou ao que era anteriormente. No entanto, o que persistiu foi a atenção dada pelos estudantes ao bom desenvolvimento e ao sucesso da aula. E contudo, embora prestassem muita atenção, a visibilidade dos estudantes diminuiu à medida que seu papel de protagonistas no processo organizacional, ativado pela adivinhação, gradualmente se desvaneceu. Era algo que podia ser "visto" e "ouvido".

Até a decodificação do enigma, os estudantes haviam sido visíveis enquanto atores no processo organizacional. Eles não só haviam sido essenciais, de um ponto de vista conceitual, para a construção do contexto organizacional necessário à realização da aula baseada na adivinhação, como haviam ficado visíveis por terem efetuado as ações apropriadas. Eles estavam visíveis quando mudaram de lugar, compilaram a lista de nomes ou coletaram o dinheiro do prêmio. Eram visíveis quando riam, se davam cotoveladas e trocavam gracejos. Quando se deram conta de que haviam perdido, o desapontamento ou o ressentimento estava visível em seus rostos e gestos. Assim que a etapa organizacional seguinte de decodificação foi anunciada, eles eram visíveis ao retornarem aos assentos que ocupavam normalmente durante as aulas. Alguns deles o fizeram de imediato; outros, aos poucos, movendo-se de acordo com o ritmo da mudança do contexto organizacional.

O barulho produzido pelos estudantes e o som de suas vozes estavam ainda mais estreitamente associados a sua visibilidade no decorrer da construção e das modificações desse contexto organizacional. Eles eram ouvidos, além de vistos, quando mudavam de lugar, e o som de suas vozes era audível quando tentaram defender sua posição, e isso antes mesmo que o sentido das palavras pronunciadas fosse captado. Som e ruído, movimentos, caretas e gestos, antes de serem racionalizados e justificados intelectualmente, significavam busca, negociação e, às vezes, obtenção de posições preeminentes no processo organizacional.

Mas o contexto organizacional construído pela aula da adivinhação estava mudando. Alterações profundas haviam ocorrido no sentido atribuível à organização. Novas ações interferiam com as precedentes; de um lado, elas se orientavam para a decodificação do enigma, de outro, para a sua legitimação na organização da universidade italiana. A nova situação pode ser assim descrita:

1. Os estudantes sentaram-se para ouvir e fazer perguntas, ou para propor visões diferentes do que lhes era contado.

2. A principal tarefa do professor era indicar o significado dos eventos que giravam em torno da adivinhação e situar esse significado no contexto mais amplo do ensino universitário, dissipando assim a impressão de que era efêmero, aleatório, capcioso ou recreativo.

Um exame mais rigoroso, porém, permite uma descrição mais precisa do novo contexto em termos do processo organizacional. Observa-se que o cenário organizacional da aula da adivinhação foi alterado por mudanças nos seguintes pontos:

1. As *posições ocupadas fisicamente* pelos estudantes como agentes de novas atividades organizacionais. Eram posições ocupadas quando em "modo de estudo". Elas resultavam também do conhecimento recíproco dos estudantes e de negociações sobre os assentos realizadas desde o começo do curso de sociologia da organização.

2. As *posturas assumidas* pelos estudantes após retornarem aos seus lugares. Essas posturas eram muito diferentes daquelas adotadas quando estavam tentando resolver o enigma. Eles tendiam agora a se afastar do estrado do professor e do retroprojetor. Também estavam fisicamente menos projetados na direção dos outros. Em geral, não mais batalhavam ostensivamente para se afirmar e se mostravam muito mais calmos.

3. As *expressões faciais e caretas, a gesticulação de mãos e braços, a linguagem corporal em geral*. As expressões, os gestos e os movimentos dos estudantes refletiam a diminuição da excitação, do entusiasmo e da diversão, sua aceitação resignada de que tinham de voltar à rotina organizacional, seu desapontamento por não terem conseguido resolver o enigma.

4. O *volume das vozes e dos ruídos* evoluiu gradualmente para o silêncio.

5. Os *ritmos desses movimentos, vozes e ruídos*; ritmos que assinalavam agora o fim da situação de jogo e indicavam que as ações organizacionais desses atores eram muito menos diversificadas. Os ritmos na sala de aula eram agora seqüenciais: uma pessoa falava de cada vez, havia pouco movimento e nenhum barulho. Eram ritmos muito diferentes da cadência produzida coletivamente quando todos os estudantes falavam ao mesmo tempo, se moviam ao mesmo tempo e alçavam suas vozes para serem ouvidos.

6. O *tempo consumido* para negociar e realizar a passagem da construção de um contexto organizacional para a sua reconstrução em uma forma mais congruente com um curso universitário. Restaurar a calma depois da excitação levou tempo, foi necessária uma mudança de humor. O tempo consumido para efetuar essa mudança diferiu segundo os sujeitos envolvidos. Havia estudantes que estavam impacientes para voltar a uma aula *ex cathedra*, outros queriam que eu continuasse com o formato baseado em adivinhações. Houve momentos também que foram geridos coletiva e formalmente, e outros, ao contrário, que permitiram que prevalecesse a experiência em andamento e a experiência subjetiva dos estudantes.

Todas essas características puderam ser observadas na sala de aula em questão. Em outras palavras, foi possível observar a negociação sobre o valor do que estava sendo feito e sobre o sentido atribuível aos eventos organizacionais. Na verdade, nada disso aconteceu na ausência de corpos, vozes, ruídos, gestos e movimentos. Não se tratava de um encontro entre pensamento puro e inteligências exclusivamente racionais. Em conseqüência, uma descrição do que aconteceu naquela sala de aula universitária em torno da adivinhação do artefato organizacional — descrição proporcionada para que se possa testemunhar (embora somente como observadores participantes imaginativos) o desaparecimento das experiências vividas — requer a formulação de interpretações arbitrárias. Essas interpretações são excessivas porque filtram, esterilizam, escondem e suprimem grande parte do processo organizacional enquanto experiência humana que consiste em prazer, emoção, movimento e ruído, em exibição de vitalidade pessoal. São interpretações exageradas, justificadas pelo paradigma teórico da racionalidade e do conhecimento positivista. De certo modo, são o resultado de uma escolha feita no âmbito das diversas modalidades de conhecimento das organizações. Resultam de uma escolha epistemológica e não de limites insuperáveis da capacidade humana de obter conhecimento sobre a realidade cotidiana organizacional.

Posso agora retornar ao artefato organizacional constituído pela cadeira, propondo argumentos já mencionados em parte em outro lugar.[29] Como disse no início desta seção, o contexto organizacional mudou e a aula prosseguiu em um cenário estruturado de maneira mais apropriada à tradição universitária italiana. Ressalto essa mudança porque a situação era ao mesmo tempo paradoxal e irônica: o contexto organizacional obedecia mais de perto ao cânone da aula expositiva *ex cathedra*, mas o tópico abordado era a cadeira e sua importância e significação para o estudo das organizações.

O artefato organizacional mais freqüentemente comprado do que produzido

Esta foi a primeira pista da adivinhação. O artefato organizacional em questão — compreendido em sentido amplo — é habitualmente comprado pela organização, em vez de produzido por ela. Pode haver casos em que isso não aconteça, mas a pista declara que são menos freqüentes. Uma cadeira preenche plenamente a especificação: as organizações não costumam fabricar as cadeiras de que precisam. Podem herdá-las, ou podem recebê-las como doação de terceiros, mas com muito mais freqüência as compram. Utilizam assim a produção de outras organizações, que fabricam e vendem cadeiras. O que essa característica nos diz? Em primeiro lugar, que a cadeira é um artefato

---

[29] Strati, 1996a.

organizacional multiforme e de múltiplas finalidades, ao mesmo tempo amplamente usado e complexo, que encarna diferentes culturas organizacionais e as evoca. Em segundo lugar, que o artefato "cadeira" evidencia a penetração das organizações na vida cotidiana das sociedades altamente industrializadas.

As cadeiras diferenciam-se em forma, material, estrutura, linha, estilo, tamanho, peso e uso. Há cadeiras projetadas para uso privado no lar, sendo essas já muito diversificadas. A cadeira produzida por organizações para o mercado privado dependem de seu lugar dentro de casa. Uma cadeira "doméstica" difere de todas as outras conforme seja destinada para uso no jardim, na cozinha, em torno da mesa de jantar, no escritório, ou no quarto, diante da penteadeira. Nem todas as casas contêm essa variedade de cadeiras, mas muito poucas usam cadeiras de cozinha, por exemplo, em outras partes da casa, em especial se são lares em que as cadeiras estão efetivamente presentes em grande quantidade, como nas sociedades européias, que consomem um bom número de artefatos organizacionais. A cadeira da casa particular não é um artefato organizacional, exceto em sua fabricação e venda, mas é evidente que as cadeiras são com mais freqüência compradas do que fabricadas. Evidentemente, algumas cadeiras podem ser produzidas em casa por uma pessoa que tenha a marcenaria como *hobby*, mas costumam ser compradas das organizações que as comercializam, ou então recebidas de herança ou de presente. E sempre que possível, a cadeira é escolhida para combinar com um determinado lugar da casa. Com base em que critérios?

Essa questão nos leva ao cerne do problema. As cadeiras têm formas, tamanhos, materiais e pesos diferentes, mas são sempre cadeiras. O que isso nos diz? Que há uma característica própria a todas as cadeiras, a saber, que são artefatos produzidos por organizações para que indivíduos se sentem nelas. A cadeira é o artefato fundamental para esse propósito e, portanto, é projetada, construída e vendida com esse objetivo. Ser um artefato organizacional que serve para sentar é a característica essencial da cadeira, seu determinante ontológico.

Isso, porém, não esgota a gama de critérios aplicados quando uma cadeira é escolhida para o jardim ou para o escritório. Trata-se certamente do critério principal, aquele aplicado em primeiro lugar: procuramos uma cadeira para comprar, não um computador, uma mesa ou uma mala. Claro que podemos sentar numa mesa ou numa mala, mas isso iria de encontro à natureza ontológica desses objetos. Podemos então dizer que essa característica básica da cadeira se articula numa gama de formas específicas e que a mesma concepção básica do artefato "cadeira" se realiza no objeto concreto? De fato, podemos, como logo veremos. Mas isso não resolve o problema dos critérios envolvidos na escolha de uma cadeira para a cozinha e outra para a sala. A função de ser "aquilo em que sentamos", de ter essa utilidade, ser definida exclusivamente como um artefato produzido por organizações para que possamos ter algo em que sentar, é apenas o primeiro componente na decisão de comprar uma cadeira. É um momento fundamental da escolha porque é anterior a todos os outros que se seguem. A partir de então, essa característica ontológica é dada por suposta no processo decisório e os critérios de escolha se baseiam no conhecimento estético.

O que procuramos, então, quando escolhemos uma cadeira? De início, simplesmente uma cadeira de que gostamos e que corresponda esteticamente aos outros artefatos do cômodo da casa ao qual se destina. Procuramos uma cadeira de um estilo particular, uma cadeira que pareça confortável, que não seja apenas um objeto para se sentar. Procuramos uma cadeira que demonstre nosso bom gosto, bela ou agradável de ver, agradável ao tato, elegante e sólida. Ou uma cadeira pesada, em madeira escura, apropriada a uma sala decorada em estilo rústico. Procuramos uma cadeira que não estale e que não ranja de forma irritante quando nos levantamos. São as faculdades sensoriais da visão, do tato, do olfato e da audição que fornecem os critérios para a escolha de uma cadeira em particular. Elas determinam nosso julgamento do que é uma cadeira bela ou uma cadeira feia, de qual cadeira combina e qual entra em choque com um ambiente. O conhecimento intelectual e racional — aquele que define a cadeira como um objeto para sentar — dá lugar ao conhecimento estético, que nos diz que a cadeira é um artefato específico que vemos, tocamos, cheiramos e escutamos. Em conseqüência, a questão sobre os critérios que aplicamos ao escolher uma cadeira não pode ser respondida somente em termos de características ontológicas. Estas podem ser úteis para distinguir a cadeira de numerosos outros artefatos. Mas quando decidimos a escolha do artefato, tomamos essa decisão com base em nossas faculdades perceptivas e sensoriais, pois é por meio delas que conhecemos a cadeira e a julgamos.

Volto-me agora para um aspecto mencionado antes: o fato de a cadeira ser um artefato organizacional que evidencia o quanto as organizações se disseminaram nas sociedades industrializadas contemporâneas no decorrer do século XX e como sua importância aumentou muito. Se dermos o peso apropriado à definição ontológica desse artefato e, portanto, o considerarmos no sentido amplo, podemos passar da cadeira doméstica para outros artefatos organizacionais projetados para servir de assento: os que encontramos em escritórios, cinemas, teatros, salas de embarque de aeroportos, salas de espera nas estações ferroviárias e rodoviárias, salas de aula universitárias, restaurantes, bares e assim por diante. Nesses ambientes organizacionais também predomina a diferença, o que significa dizer que nem mesmo em locais de trabalho todas as cadeiras são iguais. Nos escritórios, encontramos cadeiras comuns atrás das mesas, cadeiras giratórias atrás das escrivaninhas, poltronas nas salas destinadas à apresentação da empresa, cadeiras de *design* de prestígio em torno da mesa do conselho diretor. São todas artefatos concebidos e desenhados para que as pessoas se sentem. Mas são também todas de fabricação, estilo, tamanho, cor, peso e material diferentes. Uma vez mais, é difícil afirmar que foram escolhidas exclusivamente de acordo com a ontologia do artefato e que as faculdades sensoriais têm apenas importância secundária ou até negligenciável. Se assim fosse, poderíamos citar a existência de uma organização na qual há apenas um tipo de cadeira, seja nos escritórios usados pela direção, naqueles usados para o descanso do pessoal ou nas salas de reunião. Ao contrário, o mesmo processo da residência particular se aplica às organizações: os artefatos são escolhidos com base no conhecimento estético.

46 Organização e estética

Além de cadeiras simples, cadeiras giratórias e poltronas, se considerarmos esse artefato no sentido amplo, observamos outras formas e estruturas — das quais, no entanto, vou mencionar somente algumas. Sofás, por exemplo. Podem ser feitos de couro, material sintético ou tecido; podem ser elegantes ou funcionais; podem ser enormes, confortáveis, até grandiosos. Os bancos também exibem uma variedade de formas. Pensem naqueles usados por pianistas ou percussionistas de orquestra e os comparem com os utilizados por desenhistas industriais. São também diferentes. Os bancos para mesas de desenho são mais altos, possuem muitas vezes um pé de metal e rodízios fixados na base. O banco do pianista tem uma haste mais curta e, em geral, três pés. Também são muito diferentes na aparência. As cores claras do banco do desenhista contrastam com as cores escuras e cerimoniosas do banco do pianista. Os materiais também são diferentes. No primeiro caso, o metal predomina e é recoberto de couro ou plástico; no segundo, as partes de metal usadas para levantar ou baixar o assento estão ocultas. Há os assentos dos carros, dos ônibus e dos trens, aqueles das cabines de veículos pesados e máquinas, da cabine de controle de guindastes ou de empilhadeiras. Esses também apresentam formas e materiais diversos. Os assentos dos automóveis podem ser largos e confortáveis, como num sedã, ou podem ser desconfortáveis, como num jipe. Os ônibus têm assentos feitos de materiais sintéticos presos a uma única base de metal, parecendo mais os assentos de veículos rebocadores do que aqueles que encontramos em carros. Temos depois os selins de bicicleta, projetados para serem levantados ou abaixados, e que diferem na forma, conforme são projetados para uma bicicleta de passeio ou esportiva, para um modelo feminino ou masculino, para uma bicicleta fabricada no início ou no fim do século XX. Há selins de motocicleta e selas para montar a cavalo, que também possuem modelos diferentes, de acordo com o estilo de equitação.

Mas deixando os assentos e as selas de lado e voltando às cadeiras, consideremos, por exemplo, aquelas usadas na praia ou à beira de piscinas. São cadeiras longas ou curtas, que hoje são feitas, em sua maioria, de metal e materiais sintéticos. Mas houve uma época em que eram espreguiçadeiras com uma estrutura de madeira na qual se prendia uma peça de lona, onde as pessoas sentavam ou deitavam. Eram pesadas, desajeitadas, difíceis de carregar em comparação com suas equivalentes modernas, mas eram quase indestrutíveis, e com suas cores vívidas fazem hoje parte da iconografia do litoral italiano e mediterrâneo. Este último exemplo me permite passar para algumas observações finais sobre o fato de esse artefato ser mais habitualmente comprado do que produzido. A multiplicidade de formas assumidas pelas cadeiras e a multiplicidade dos contextos em que elas são usadas autorizam as conclusões a seguir.

Primeiro, uma cadeira é um artefato específico da organização em que é usada e não apenas daquela em que é produzida. Isto é, uma cadeira é um artefato organizacional porque, com suas formas extremamente diversificadas, é ao mesmo tempo um produto de uma organização e um produto que a organização assimila e transforma em uma cadeira que defina a própria organização.

Segundo, esse artefato organizacional é freqüentemente produzido por uma pluralidade de organizações que atuam em diversos setores. As cadeiras são compradas por certas organizações de outras; elas são encomendadas por certas organizações a outras. Com efeito, a própria produção de cadeiras ressalta a complexidade dessa interdependência. De um lado, temos as organizações que projetam o artefato; de outro, os materiais de que o artefato consiste são fornecidos por organizações com culturas produtivas distintas. Algumas delas trabalham com madeira, outras com metais, outras ainda com materiais sintéticos ou com couro, tecidos, tintas ou vernizes. A cadeira comanda as culturas de trabalho e os processos de produção, que se diferenciam por setor produtivo e localização geográfica, por tamanho e por tecnologia, e também em termos de suas culturas organizacionais e comunidades ocupacionais e profissionais. Esse "objeto banal" da realidade organizacional cotidiana põe em relevo a complexidade e a diversidade das relações entre as organizações e suas culturas. Isso fica especialmente evidente quando essas culturas organizacionais desaparecem.

Até poucas décadas atrás, as cadeiras com assento de palha, parecidas com a do famoso quadro de Van Gogh,[30] eram fabricadas na Itália. Eram feitas à mão em oficinas pobres e, principalmente, por mulheres, como se pode ver nas fotografias dessas trabalhadoras, com seus vestidos pretos e aventais, sentadas nas calçadas, em frente de suas casas.

Terceiro, a única definição de "cadeira" que não infringe a regra da pluralidade é a de um artefato em que se pode sentar. Isso, como já disse, é uma propriedade ontológica. Não obstante, é uma definição que exige cautela, como vimos ao discutir a relação entre conhecimento intelectual e racional e conhecimento estético. Um exemplo pode esclarecer melhor a questão. Consideremos uma cadeira que conota explicitamente a organização à qual pertence e na qual é usada: a cadeira de uma igreja católica. É uma cadeira simples, com quatro pés, um espaldar e um assento. É feita totalmente de madeira. É forte e sóbria. O espaldar demonstra que foi feita para um cenário religioso, pois tem um recorte em forma de cruz. Embora seja longa e larga o suficiente para ser notada, a cruz não salta aos olhos. Essa característica indica sem sombra de dúvida a organização em que a cadeira é usada. Quando ela é vista junto com outras iguais, em qualquer lugar que não seja uma igreja, a incisão em forma de cruz prova que a cadeira pertence, ou costumava pertencer a uma igreja, ou pelo menos pertence a uma organização religiosa cristã, ainda que não seja católica. Em outras palavras, a cadeira não nos "diz" que estamos numa escola ou num aeroporto. Se, ao contrário, nos encontramos em uma escola ou um aeroporto, essa cadeira em particular nos ajuda a determinar se estamos numa escola católica ou na capela de um aeroporto.

A cadeira mostra tudo isso com elementos aparentemente secundários, decorativos e estranhos a sua essência de artefato em que as pessoas sentam. Ela não faz isso com base em sua ontologia ou sua *raison d'être*, se aceitarmos a definição acima, que abarca as várias formas de sua estética. O detalhe do espaldar marcado com a forma da cruz pode parecer de somenos importância, mas na verdade não é. Ele

---

[30] Hulsker, 1980:376.

revela um certo cuidado no desenho da cadeira para garantir que não se trata de qualquer cadeira, mas de uma que declara: "Veja, esta é uma organização religiosa em um ambiente organizacional distinto". Isso tem implicações importantes para a coleta de conhecimento organizacional por meio do estudo da estética: a ontologia nem sempre é muito útil. O conhecimento de algumas características importantes da organização pode ser obtido com o exame da forma de uma cadeira, de sua aparência, e não com a contemplação de sua essência como artefato em que sentamos.

Isso nos convida a observar com mais atenção as cadeiras, a não pensá-las como simples elementos de decoração ou ignorá-las como coisas banais, ainda que inevitavelmente presentes nas organizações. A observação mais atenta dos detalhes da cadeira da igreja produz mais revelações sobre os artefatos organizacionais. A cadeira em questão foi desenhada e fabricada de tal modo que, se girarmos e levantarmos o assento, ela se transforma em um genuflexório. A liturgia católica requer que a congregação se ajoelhe durante a oração. A maioria dos bancos de igreja é desenhada de tal forma que o fiel pode usar um genuflexório preso na parte posterior do banco da frente, uma característica que distingue os bancos da igreja dos da praça, por exemplo, que obviamente não possuem esse prolongamento. Desse modo, os bancos das igrejas cristãs permitem que os que estão atrás se ajoelhem. Em contraste, a cadeira de igreja fornece à pessoa que deseja se ajoelhar para rezar um genuflexório individual que, ademais, é móvel. Evidentemente, este não pode ser levado para muito longe, mas apenas o suficiente para criar um espaço para a oração individual. O mais importante é que a cadeira não é mais uma cadeira. Em algumas ocasiões, é um artefato em que sentamos, em outras, em que ajoelhamos. No primeiro caso, é uma cadeira, no outro, um genuflexório. Se quisermos uma definição geral, pode-se dizer que se trata de um artefato que suporta nosso peso, mas essa definição abrange muitos outros artefatos, de uma mesa a uma almofada, de uma bengala a uma cama, de uma vara de salto a um corrimão.

Portanto, a ontologia não faz justiça à complexidade desse artefato organizacional, nem dá conta da complexidade da cadeira. Ela é freqüentemente utilizada como mesa, onde se empilham pastas, livros e material impresso; como cabide, com casacos cuidadosamente encaixados em seu espaldar. Em outras ocasiões, servem de escada, talvez com uma folha de jornal colocada no assento para protegê-lo da sujeira. Portanto, um artefato organizacional deveria ser analisado em termos de seu "ser-em-uso", enquanto parte integrante de práticas organizacionais ativadas no curso da ação. A cadeira de igreja é, em conseqüência, muito significativa. Ela é feita de tal modo que parece uma cadeira totalmente comum, ontologicamente exata, na qual nos sentamos. Feita de madeira boa, de cor castanha, com quatro pés, um assento largo e levemente retangular, um espaldar baixo e uma incisão em forma de cruz; nada que revele sua outra função de genuflexório. Isso descobrimos quando nos levantamos da cadeira, giramos e levantamos o assento, o baixamos até o solo e notamos a pequena saliência. Aprendemos sobre a cadeira observando-a em uso. Ou descobrimos algo sobre ela por meio de outras pessoas que pertencem àquela comunidade ou que a freqüentam. De qualquer modo, a cadeira de igreja esconde cuidadosamente sua função de genuflexório daqueles que não pertencem de alguma forma à organização.

Sua função é evidente para os estudiosos interessados na história ou no *design* da cadeira, ou para aqueles que estudam as organizações do culto cristão. Do mesmo modo, sua função é bem conhecida das organizações que desenharam a cadeira e daquelas que a produziram. Por mais altos e sólidos que sejam os muros de que se cercam as organizações, há artefatos, como a cadeira, que os atravessam. Esse aspecto será discutido agora, em relação à segunda pista da adivinhação.

O artefato organizacional que ultrapassa os limites organizacionais

Como vimos, uma cadeira é o produto de relações entre várias organizações. Uma cadeira comum de madeira começa numa serraria, ou seja, numa empresa freqüentemente de pequeno porte, localizada perto da floresta e que processa os troncos das árvores, ou numa empresa maior que serra os troncos em tábuas de vários tamanhos e valores. A madeira pode vir também de áreas mais distantes e ser ainda mais diversificada em qualidade. Essa é a gênese da cadeira e, em certos aspectos, ela corresponde à decisão inicial de comprar uma cadeira e não um guarda-louça. Cortar a árvore e serrá-la em tábuas — que diferem em qualidade conforme sejam destinadas a uma fábrica de móveis ou de caixotes para a colheita de frutas — são os primeiros e necessários passos na feitura da cadeira comum de madeira. Mas não devem ser dados como certos. Há culturas de trabalho associadas ao corte de árvores, assim como há culturas de trabalho associadas às serrarias. Há habilidades envolvidas que não se aprendem nos livros, mas constituem a herança tácita de comunidades profissionais. Culturas organizacionais estão em funcionamento e dão sentido à atividade cotidiana dessas organizações, e são essas culturas variadas que dão origem à cadeira de madeira.

Porém, a cadeira de madeira também é fruto das culturas de outras comunidades profissionais e de outras organizações. Primeiro, temos as organizações que encomendam a cadeira para aqueles que a produzem, como vimos antes, no caso da cadeira de igreja. Aquela cadeira em particular não era uma de nossas cadeiras "comuns": nem à primeira vista, devido à cruz esculpida no espaldar, nem depois de um exame atento, pois se tratava de uma cadeira que traía sua natureza de artefato para sentar e se converter em artefato para se ajoelhar. A cadeira de igreja, portanto, estava destinada a constituir um dos artefatos organizacionais de um local de culto. As organizações que se encarregaram de seu projeto e de sua fabricação levaram em conta a cultura organizacional do cliente. Portanto, há outras culturas organizacionais envolvidas na produção da cadeira de madeira além daquelas responsáveis por sua gênese, e estas constituem o começo e o fim de um processo que implica uma pluralidade de culturas organizacionais na construção desse artefato "banal".

Contudo, isso ainda não exaure o tema. Quantas cadeiras comuns de madeira, ao contrário, não dependem da cultura organizacional de um cliente específico que as encomenda? Quantas dependem dos cânones estéticos da cultura da comunidade profissional dos arquitetos que as desenham, mais do que daqueles da organização que as encomenda? Pode-se afirmar que a produção da cadeira comum de madeira resulta de uma negociação centrada menos em sua ontologia do que em sua estética. Em outras palavras, é possível dizer que a decisão de que a cadeira é um artefato em que se pode sentar é preliminar e essencial; a partir daí, no entanto, a questão do tipo de artefato organizacional que ela realmente é dá origem a conflitos, demonstrações de poder e a uma negociação estética entre culturas organizacionais que podem ser muito diferentes. Consideremos as organizações responsáveis pelo *design* de nossa cadeira comum de madeira. O seu trabalho no que diz respeito à aparência estética da cadeira é examinado minuciosamente não só pela organização que a encomendou, como por outras organizações de *design*. Os cânones estéticos que governam o *design* das cadeiras comuns de madeira são aqueles propostos e debatidos pela comunidade profissional dos *designers*, nas escolas ou departamentos universitários de *design* gráfico e no setor de *design* industrial. Os cânones estéticos da cadeira são aqueles propostos e ilustrados pelas publicações acadêmicas de *design*, pelas revistas de decoração de interiores, pelos materiais publicitários das organizações de *design*. Em conseqüência, a organização que fez a encomenda se vê forçada a impor sua concepção estética de cadeira a culturas organizacionais que não são nem de menor importância, nem estão particularmente inclinadas a fazer concessões.

Eis um resumo da argumentação apresentada até agora. Primeiro, uma pluralidade de culturas organizacionais, bem como as culturas das comunidades profissionais e ocupacionais estão envolvidas no *design* e na fabricação de um artefato organizacional. Esse artefato é o resultado de um processo de construção social coletiva estruturado pelas organizações e pelas relações que elas estabelecem umas com as outras. O artefato é um produto humano, mas somente no sentido de que é concebido e construído em termos históricos específicos. A primeira e principal manifestação dessa especificidade histórica é o fato de que, no decorrer do século XX, os artefatos se tornaram cada vez mais obra de organizações, e não tanto de indivíduos, famílias ou oficinas de artesãos. Mas devemos conceber essas organizações como culturas organizacionais — e, portanto, coletivas — que surgem, se fragmentam, se recompõem ou declinam como resultado da aprendizagem constante, da invenção e da negociação de suas identidades.

Segundo, as negociações, os conflitos e a dinâmica do poder centrados na concepção, no *design*, na fabricação e no uso de um artefato organizacional não dizem respeito a suas propriedades ontológicas, mas a suas características estéticas. É aqui que estão em jogo as identidades organizacionais. A cadeira deve refletir a organização à qual pertence e na qual é utilizada. Ela deve refletir também a organização que a produziu, bem com aquela que a desenhou. E essas são apenas as culturas organizacionais mais envolvidas no processo de construção e reconstrução desse artefato organizacional. Contudo, mesmo que restrinjamos a discussão a essas culturas, pode-se notar que, na arena metafórica em que elas se enfrentam, é possível tocar o artefato, olhá-lo, escutar seus ruídos, sentir seus odores. Nossas mãos deslizam sobre seus relevos decorativos, ou acariciam seu espaldar. Sentamos com facilidade na cadeira, ou achamos sua forma e sua altura desconfortáveis. Nossas costas sentem suas bordas duras ou suas curvas repousantes. Nossos cotovelos descansam confortavelmente ou de forma incômoda sobre seus braços. Apoiar-se nos braços pode ser relaxante ou, talvez, depois de algum tempo, pode causar formigamento ou dormência. Nossos pés apóiam-se numa barra da cadeira, ou facilmente no chão, ou são impedidos de fazer isso e não podem ser enfiados sob o assento. Quando bem ajustada, a cadeira é silenciosa e não estala. A pintura solta um cheiro agradável, ou levemente irritante. A cor é agradável aos olhos, ou escura demais, clara demais, suave demais. A forma é a que queremos: austera e sem enfeites, ou barroca e adornada. A cadeira tem um estilo padrão da época em que foi feita, ou é típica da firma que a desenhou ou recebeu a encomenda. Todos esses elementos conflitantes e negociados, todas essas tentativas de impor uma idéia do que a cadeira deveria ser superam a ontologia do artefato organizacional.

Terceiro, nenhuma das relações até aqui consideradas está confinada a uma determinada organização. A relação entre a organização que encomenda a cadeira e aquela que a produz não é somente uma relação na qual se troca dinheiro por uma mercadoria; ela é atravessada por culturas organizacionais e pelas culturas das comunidades profissionais estranhas a essas duas organizações.

Voltemos por um instante à residência particular. Quantas organizações a cadeira introduz na casa — na cozinha, na sala, no escritório, no quarto, no quarto das crianças, no terraço, na garagem ou no jardim? De outro ponto de vista, quantas estéticas organizacionais a cadeira traz para dentro do lar? Um número modesto, talvez, mas ainda assim significativo. É por meio da estética organizacional que a estética individual da esfera privada se exprime. O artefato organizacional penetra na casa com as culturas organizacionais que projetaram, fabricaram e venderam o artefato. A troca de dinheiro pelo artefato organizacional é essencial, mas é apenas uma preliminar para os cânones estéticos que permeiam o lar. Trata-se de uma estética híbrida, fruto da negociação e da dinâmica do poder, bem como da mescla das várias culturas organizacionais envolvidas na produção do artefato. A última camada estética é aplicada pela pessoa que mobilia a casa — sozinha ou com a ajuda de parentes e amigos, ou seguindo o conselho de um decorador de interiores. Isso torna o resultado ainda mais composto e ressalta ainda mais que não se trata apenas de uma questão de artefatos para sentar.

O artefato organizacional que é simultaneamente material e imaterial

Uma cadeira cumpre também a terceira exigência do enigma, a saber, que o artefato organizacional deve ser ao mesmo tempo material e imaterial. Consideremos o que acontece quando desenhamos uma cadeira na tela do computador, usando um programa de computação gráfica. Incontáveis pixels no monitor representam nossa cadeira. Não os notamos, não os examinamos um por um, como a varredura da tela faz. De fato, somos indiferentes a eles, a não ser que queiramos ajustar seu tamanho, seu número ou suas cores. Jamais anotamos pixel por pixel: o que vemos, o que lemos, o que reconhecemos é a imagem da cadeira contra o fundo. Isso nos leva às seguintes considerações:

1. O objeto concreto — o pixel — não é levado em conta, porque um processo de simbolização nos induz a reconhecer uma cadeira desenhada sobre um fundo de tela.

2. A cadeira assim representada é uma cadeira cuja base material é feita de pixels na tela, e não de madeira, couro ou metal.

3. Essa cadeira é a simulação de uma cadeira, e não uma cadeira. Nem retrata uma cadeira em particular do mesmo modo que uma foto poderia fazê-lo. A fotografia, como um vídeo ou um filme, reproduz aquela determinada cadeira que se encontra diante da objetiva. Os programas de computação gráfica não seguem esse processo analógico, nem mesmo quando cartões e softwares de digitalização de imagens produzem uma fotografia de uma cadeira tirada com uma câmera de vídeo ou fotográfica. Em vez disso, há um modelo matemático na base da visualização da cadeira na tela do computador. Assim, alterando um parâmetro desse modelo por meio do software, é possível ajustar o brilho, o tamanho ou a cor dos pixels. Em contraste, para alterar a fotografia de uma cadeira — exceto quando se usa um filme Polaroid (que pode ser manipulado enquanto é revelado, e que apresenta arranhões ou manchas na superfície) —, a própria cadeira, ou a iluminação, ou o cenário precisam ser modificados. Em conseqüência, se preferimos digitalizar a imagem fotográfica ou o vídeo de uma cadeira em particular a fim de projetá-la na tela, ela deve ser manipulada utilizando-se todos os efeitos gráficos permitidos pelos softwares compatíveis. Portanto, não há relação de analogia entre a cadeira fotografada e sua reprodução por computação gráfica. Essa relação é digital e pouco importa se a imagem da cadeira na tela resulta de uma fotografia ou se é produzida mediante um programa de desenho auxiliado por computador (CAD). A cadeira que vemos na tela é obra exclusiva da capacidade do hardware do computador e do programa de computação gráfica utilizado.

4. A cadeira simulada pelo computador é bidimensional, embora a percebamos — ao contrário de uma fotografia e de um desenho — em três dimensões.

A cadeira virtual é um exemplo de artefato organizacional ao mesmo tempo material e imaterial. O que vemos representado na tela é um conjunto composto de pixels, que, por meio de um processo complexo de simbolização, é identificado como uma cadeira contra um pano de fundo. Trata-se realmente de uma cadeira? Se fosse, poderíamos sentar nela. Mas se desejássemos fazer isso, teríamos de entrar no monitor do computador. Para poder sentar em cadeiras virtuais, as pessoas também precisam ser virtuais. Ou seja, seus corpos também precisam ser convertidos em um modelo matemático compatível com o da cadeira e do cenário. No caso do corpo humano também vale o princípio de que, ao mudar um dos parâmetros, o corpo é modificado e sua imagem na tela do computador consiste de um conjunto de pixels.

Porém, a cadeira virtual — sozinha contra a tela de fundo, ou quando é usada por uma pessoa virtual — não deixa de ser uma cadeira. Os processos de simbolização garantem que a reconheçamos como tal. Na realidade virtual, depois que a digitalização está completa, a cadeira é sempre um artefato em que sentamos. Portanto, a materialidade ou imaterialidade do artefato não tem influência sobre suas características ontológicas. Segue-se, portanto, que não podemos usar essas características para decidir se o contexto em que operamos é virtual ou não, se a cadeira é um artefato organizacional virtual ou não.

Contudo, essa distinção é importante, pois os dois contextos são muito diferentes. Voltemos à situação inicial do desenho de uma cadeira numa tela de computador e imaginemos o processo de digitalização e, especificamente, a digitalização de nós mesmos sentados numa cadeira diante de uma tela de computador. Criamos assim os dois contextos. Imaginemos agora que nos instalamos de modo mais confortável na cadeira e que fazemos isso nos dois contextos: no virtual e naquele que, embora não seja imaterial, pois é imaginado, não é virtual. No contexto simulado, mudamos uma série de parâmetros e elevamos o espaldar até a base da nuca, ajustando seu ângulo de modo a que se adapte ao nosso corpo mais confortavelmente. Não podemos dizer como nos sentimos depois desses ajustes. Por outro lado, é mais difícil fazer essas mudanças na cadeira em que estamos sentados enquanto trabalhamos com o computador, mas podemos relatar as sensações que sentimos. Voltemos ao mundo virtual e alteremos nosso físico encurtando nossas pernas. Ajustamos a cadeira porque o espaldar agora está alto demais. Mudamos alguns dos parâmetros do modelo matemático, esperamos até que o computador efetue as operações necessárias e nos asseguramos de que a varredura da tela, pixel por pixel, nos simulou com as pernas mais curtas. Agora, queremos verificar como estamos sentados olhando a cadeira de baixo, de um determinado ângulo e utilizando uma determinada iluminação, e descobrimos que tudo isso é possível no ambiente da cadeira simulada. Mas não é possível no cenário da cadeira diante do computador porque não podemos simultaneamente sentar numa cadeira e olhar para nós mesmos sentados na cadeira de um ângulo inferior. E isso é menos possível ainda se as pernas precisam ser encurtadas e o espaldar elevado e ajustado. Porém, a ontologia da cadeira não nos permite compreender a diferença entre o contexto virtual ou não-virtual em que nos encontramos. Se conseguimos discernir diferenças, estas são as relacionadas com o conhecimento estético. São as diferenças que vemos na tela, tal como os odores e as sensações que não sentimos. É o conhecimento estético que se funde com a materialidade e a imaterialidade do artefato organizacional.

Aqui, no entanto, demos um passo além da definição básica do artefato organizacional como algo ao mesmo tempo material e imaterial. Na verdade, já apresentei a materialidade e a imaterialidade da cadeira quando discuti a cadeira no sentido amplo e considerei uma variedade de artefatos organizacionais que difeririam muito em termos de forma, tamanho e uso: selins de bicicleta e espreguiçadeiras, poltronas de escritório e assentos de cabines de veículos pesados, bancos de desenhista e cadeiras usadas no culto católico. Todos esses assentos e cadeiras são materiais, mas também são imateriais na sua simbolização enquanto cadeiras. Se não fosse assim, teríamos de lidar com um conjunto de materiais muito difíceis de interpretar: em um caso, uma composição de pixels na tela do computador, em outro, um conjunto de madeira, pregos e parafusos, em mais outro, de couro e metal, em outro ainda, de materiais sintéticos, madeira e metal. Se o artefato organizacional consistisse somente de um objeto físico composto de diferentes combinações de materiais, seria absolutamente impossível captar sua significação. O artefato, ao contrário, é material e imaterial ao mesmo tempo, de tal modo que quando vemos esses pixels, ou aquele conjunto tridimensional de diferentes materiais, os reconhecemos como constituintes de cadeiras.

Demos um passo adiante também em outro argumento. As cadeiras são ao mesmo tempo materiais e imateriais por outra razão. Nas organizações, elas são usadas para denotar posição ou status, por exemplo, quando são usadas para indicar a posição hierárquica organizacional do diretor-geral. Uma cadeira é um artefato com essas características mesmo quando serve para denotar as posições de poder ocupadas por indivíduos nas organizações. Pode ser um trono real, a cadeira do patrão, aquela em que jamais devemos ser apanhados sentados. Do mesmo modo, há uma cadeira que provoca sentimento de horror — a cadeira elétrica —, uma que causa ansiedade, como a do dentista, ou uma que dá prazer, como aquela em que nos sentamos para relaxar. Uma cadeira é simultaneamente um artefato material e imaterial em sua conexão com as estruturas e eventos organizacionais. A cadeira do dentista é, ao mesmo tempo, um artefato organizacional físico e um artefato simbólico constituído por nossa imagem dele e das emoções que essa imagem provoca. O mesmo se aplica à cadeira em que jamais devemos ser apanhados sentados. Não é a materialidade dessa cadeira que importa, mas sua conotação imaterial de ser intocável. Quanto à cadeira usada para relaxar, tendo em vista o prazer que ela promete, observamos a imaterialidade de nossa imagem mental quando imaginamos por um instante que estamos sentados nela. Trata-se da cadeira de nossos sonhos, como o é aquela ocupada pelo chefe de uma organização e que alguns de seus membros cobiçam com tanta intensidade. Trata-se certamente de artefatos organizacionais materiais, mas ao mesmo tempo são símbolos e fontes de poder em uma organização.

O artefato organizacional que é individual, mas pertence a todos

Salvo em casos excepcionais, duas pessoas não se sentam na mesma cadeira, nem no assento do motorista de um carro ou de um trator, nem na poltrona da mesa de trabalho do presidente. Elas podem se alternar no uso da cadeira, mas não a ocupam simultaneamente. Isso se aplica também a uma cadeira universitária: ela não é designada a duas ou mais pessoas ao mesmo tempo, embora todo mundo aspire a ela.

Por outro lado, nunca se recusa uma cadeira a alguém. Se uma pessoa entra num escritório e há cadeiras disponíveis, ela é convidada a sentar-se. "Disponível" significa desocupada. Não convidamos uma pessoa que acabou de entrar no recinto a sentar-se numa cadeira já ocupada por alguém, porque isso significaria que a pessoa que já está sentada teria de ceder o lugar para quem acabou de chegar. Pode-se também fazer uma abordagem metafórica da questão, na qual "cadeira" ou "lugar" significam a posição ocupada na organização. Portanto, o que essa quarta exigência nos diz em relação ao artefato organizacional?

Primeiro, a cadeira especifica a posição adquirida numa organização: a posição do motorista de empilhadeira num armazém, se estamos falando sobre o assento desse tipo de veículo; a posição da pessoa que preside uma reunião, se a cadeira pertence ao presidente ou ao diretor-geral; a do professor universitário, se a referência é a uma cadeira acadêmica. É claro que este não é o único meio de assinalar a posição ocupada pelas pessoas nas organizações, mas ela indica que um indivíduo ganhou temporária ou permanentemente um lugar na organização. Consideremos uma sala em que não é possível realizar uma reunião porque não há cadeiras suficientes, ou não há espaço bastante para o número necessário de cadeiras. Pensemos num vôo que não conseguimos pegar porque todos os assentos estavam tomados. São apenas dois exemplos, mas são relevantes para a vida de uma organização. Há decisões que precisam ser tomadas nos dois casos. Reservar um lugar em outro vôo pode significar a necessidade de adiar uma reunião. Se a sala é pequena demais, alguns dos convocados para a reunião talvez tenham de ser excluídos, ou talvez seja necessário dividir a reunião em duas, se outra sala for encontrada, ou procurar uma sala com número de cadeiras suficientes para todos.

Segundo, a cadeira faz parte dos rituais e das cerimônias organizacionais. Elas são importantes em rituais de encontro, por exemplo. Os indivíduos são convidados a sentar, a tomar lugar à mesa, a sentar e conversar por um instante. Os encontros que acontecem com as pessoas de pé, talvez no corredor, não têm o mesmo sabor, nem a mesma legitimidade. O conselho de diretores de uma organização jamais realizaria uma reunião em pé, pois isso impediria qualquer discussão séria. As decisões tomadas "de pé" são como os alimentos ingeridos às pressas na lanchonete: não são bons para a saúde. O ritual organizacional determina o uso de cadeiras nesses casos — para sentar-se, conversar, discutir, decidir. Seja uma reunião que envolva duas pessoas ou toda a organização, seja seu propósito comunicar impressões ou tomar decisões, seja a atmosfera confidencial ou formal, o ritual organizacional prescreve que essas atividades devem ser realizadas com todos sentados. Isso é ainda mais evidente por ocasião de cerimônias organizacionais, como a atribuição de um prêmio a empregados merecedores: somente aqueles que recebem o prêmio e a pessoa que o entrega ficam de pé, enquanto uma regra não escrita determina que o público fique sentado.

Terceiro, qualquer que seja sua forma específica, o artefato "cadeira" é ao mesmo tempo individual e pertencente a todos porque é propriedade da organização e não de um indivíduo. Porém, isso não se aplica a todas as organizações, pois há algumas nas quais as pessoas que precisam ou desejam cadeiras são forçadas a obtê-las por conta própria. Existem organizações nas quais cada indivíduo possui sua cadeira, mas em muitos outros casos é a organização que fornece as cadeiras: a pessoa não possui a cadeira, mas apenas a usa a fim de permanecer na organização. Aqui, o artefato organizacional evidencia a variabilidade, a mobilidade e a intercambialidade das pessoas que se sentam nele. Sejam visitantes, clientes, usuários ou membros da organização, todos são indivíduos que ocupam apenas temporariamente a cadeira enquanto artefato organizacional.

O artefato organizacional que põe em destaque quem não o tem

O quinto requisito do artefato organizacional é que chame a atenção para quem não o utiliza. Isso é exatamente o que a cadeira faz. Aqueles que ficam de pé são especialmente visíveis no cenário organizacional, que, como vimos, costuma exigir que cada um sente em seu devido lugar. Quem quer enfatizar um ponto numa reunião ou numa aula universitária levanta-se, como se esse gesto tornasse o argumento mais inteligível. A negociação envolvida opera em dois níveis: o primeiro diz respeito à atenção dos outros; o segundo, igualmente importante, diz respeito ao fato de se ficar em evidência. A cadeira salienta esse processo por não estar momentaneamente em uso, mas, ao mesmo tempo, disponível para ser usada. Isso não acontece somente em contextos organizacionais que envolvem ensino e treinamento. O ato de erguer-se para falar é um ritual extremamente comum numa ampla variedade de contextos organizacionais. Consideremos uma assembléia de sindicato. Em geral, convida-se a pessoa do público que pede a palavra a se levantar para que possa ser vista enquanto fala. Pensemos no jantar formal que encerra um evento de uma organização. A pessoa que faz o discurso de encerramento e aquela que depois agradece aos responsáveis pelo sucesso do evento se levantam para falar.

O ato de erguer-se da cadeira e, portanto, o não-uso da cadeira, faz parte do ritual de se pôr em destaque e chamar a atenção para si mesmo em contextos organizacionais predominantemente formais. Em cenários mais informais, é mais difícil recorrer a esse ritual e, mais ainda, se há poucas pessoas presentes. Mas, mesmo nessa situação, é possível dar mais força, importância ou ênfase ao que dizemos se nos levantamos. A ação reforça o fato de uma mudança estar em andamento. O soerguimento físico do corpo enfatiza que a pessoa está mudando de posição no contexto organizacional. Primeiro, ao levantar-se, a pessoa mostra que está deixando seu lugar, mas sem cedê-lo a ninguém; depois, embora por apenas um momento e num contexto específico, a pessoa se coloca em destaque por não usar a cadeira.

O artefato organizacional que é constantemente procurado

De novo, isso se aplica à cadeira. Se não encontrarmos uma cadeira, podemos ser excluídos. Consideremos a situação em que chegamos um pouco atrasados à assembléia geral da organização em que trabalhamos. A sala já está cheia e todos os assentos tomados. A reunião já começou e o presidente está falando. Você esquadrinha as fileiras de cadeiras em busca de um assento vago, indicando sua intenção de sentar com movimentos dos olhos, sobrancelhas erguidas e gestos de mão. Enquanto faz isso, fica de ouvido atento ao que o presidente está dizendo para entender o que se passa. Desse modo, você se engaja em duas ações simultâneas: seguir o discurso do presidente e procurar um assento.

Mas como todos os assentos parecem ocupados, a cadeira torna-se um objeto de busca. Se alguma é encontrada, deixa-se de estar em destaque, uma vez que, nesse caso — ao contrário do descrito acima, em que a cadeira não é usada momentanea e deliberadamente —, a visibilidade está em desacordo com a situação organizacional. Enquanto se permanece de pé, ressaltam-se as falhas de uma organização que é incapaz de acomodar todos os seus membros fornecendo-lhes um número suficiente de cadeiras. Seu fracasso em encontrar uma cadeira é, portanto, um incômodo tanto para você quanto para a organização.

É ainda mais incômodo pedir ajuda para achar um assento por meio de contato visual, de movimento das sobrancelhas e da cabeça quando a reunião já começou. Por um lado, você tenta ouvir o que está sendo dito, por outro, interfere com o que está sendo dito ao procurar um lugar para sentar e ao pedir a outros presentes que o ajudem. As duas atividades não são similares, nem são coordenadas ou complementares. Além disso, elas interferem na reunião. A pessoa que fala deve recuperar a atenção da platéia, a pessoa que procura um assento deve dar atenção ao que está sendo dito e aqueles que a ajudam devem fazer a mesma coisa. O atrasado pode até perturbar a reunião e sair para procurar uma cadeira em outro lugar, trazê-la de volta à sala de reunião, instalá-la em um bom lugar e finalmente sentar. Outras pessoas atrasadas podem seguir seu exemplo e sair da sala para buscar cadeiras. Desse modo, por vários minutos, desenvolve-se paralelamente à reunião uma atividade organizacional considerada importante por aqueles envolvidos nela: a ação de procurar uma cadeira e trazê-la para a sala de reunião. Aqueles que chegam ainda mais tarde, ao notar que a sala contém cadeiras de diferentes tipos, ou que elas foram arrumadas num padrão diferente daquele das cadeiras que costumam estar na sala, ou ainda estimulados pelo exemplo dos que saíram para buscar cadeiras de outro lugar, fazem a mesma coisa, estabelecendo assim uma rotina organizacional, embora paralela à reunião e perturbadora. O que possibilita que tudo isso aconteça enquanto a reunião está em andamento? É o fato de a cadeira ser um artefato organizacional que faz parte de uma organização, de seus rituais, de suas cerimônias, de suas atividades formais. Sem uma cadeira, somos excluídos de participar de forma devida e legítima dos eventos e ações importantes na vida da organização.

Evidentemente, um tal comportamento durante reuniões não é permitido em todas as organizações. Muitas delas não autorizam essas idas e vindas de retardatários, que entram na sala de reunião, não encontram assento, saem da sala, retornam com uma cadeira talvez diferente das que já estão na sala, a colocam ao lado das outras — talvez pedindo aos que já estão sentados que abram espaço — sentam-se e finalmente participam da reunião escutando o orador. O barulho das portas que se abrem e se fecham, das cadeiras carregadas e postas no lugar, as perguntas murmuradas para saber se um assento está desocupado e as respostas sussurradas, o ruído das pessoas que se deslocam trazendo cadeiras para a sala, pedem aos outros para abrir espaço e finalmente se sentam, pedem desculpas e agradecem: todas essas ações perturbam e distraem os oradores e os ouvintes. Contudo, há um outro fator em jogo nesses contextos organizacionais em que esse comportamento não acarreta sanções formais, nem é impedido, mas é considerado inevitável ou, pelo menos, tolerado. Refiro-me ao fingimento de que, em termos do evento organizacional em andamento, tudo o que diz respeito à busca da cadeira não está de fato acontecendo. Ou, se preferirmos, embora esteja acontecendo, não faz parte da realidade organizacional, como se fosse algo que é e deve ser estranho à reunião e às lembranças que teremos dela. Observamos isso ao lermos a ata da reunião, que não faz menção a tais incidentes, ainda que costume registrar minuciosamente os nomes daqueles que saem no meio da reunião. A agitação causada pelos retardatários com suas cadeiras, o deslocamento das cadeiras já ocupadas, a energia dedicada a encontrar um lugar, nada disso faz parte da rotina comum da organização. Em outras palavras, as cadeiras estão rigorosamente excluídas dos eventos organizacionais, uma exclusão que abrange também as cadeiras como metáforas do pertencimento à organização. Nas universidades anglo-saxônicas, a cadeira indica a posição acadêmica de maior prestígio e poder, o fato de ser professor titular. Obter uma tal cadeira comporta uma carga de trabalho extra que desvia a energia da pesquisa e do ensino. Com efeito, uma carreira é "feita", e em todas as organizações ela deve ser especificamente construída; mas, por outro lado, em todas as organizações, finge-se que essa construção não faz parte da prática de trabalho cotidiana.

Em suma, a busca de uma cadeira é um comportamento instigado pelas organizações. É estimulada pela celebração simultânea dos princípios da colaboração organizacional — "vamos sentar em torno da mesa e examinar o problema" — e dos princípios da competição organizacional — "mais cedo ou mais tarde o cargo será seu". Naturalmente, as organizações nem sempre têm as cadeiras necessárias para acomodar todos os que trabalham para elas, então alguém será forçosamente excluído. Não obstante, a observação das cadeiras fornece uma imagem um tanto bizarra da organização como um âmbito em que, de um lado, todos buscam um lugar, enquanto, de outro, ninguém ocupa de maneira estável o lugar que tem. Observamos nessa imagem um movimento constante das pessoas que se levantam de uma cadeira e sentam-se em outra, como se a participação na vida de uma organização se baseasse num constante empenho em trocar de lugar.

O artefato organizacional que é uma metáfora da hierarquia dos níveis organizacionais

A cadeira assinala níveis específicos da organização. Também nesse caso, sua forma, sua estrutura e seus materiais, sua fabricação, sua aparência, seu odor transmitem informações. A cadeira do presidente de uma organização não é, em geral, uma cadeira comum, feita de madeira, nem uma cadeira de cozinha, nem o assento da cabine de controle de um guindaste. Costuma ser uma poltrona bem estofada e almofadada. Em outras palavras, uma cadeira que indica o nível organizacional de seu ocupante e não apenas a organização na qual ele trabalha. Começo por este último ponto.

Um certo número de espreguiçadeiras alinhadas numa praia indica a presença de uma organização envolvida no negócio do turismo de verão. Cadeiras de madeira presas umas às outras em filas, de cor escura e com assentos que podem ser erguidos quando ninguém está sentado nelas ou nenhuma coisa pesada como um casaco ou sacola está sobre elas nos dizem que estamos num cinema, uma organização onde as pessoas se reúnem para assistir filmes. Mas nenhum desses tipos de cadeira garante que estamos na esfera das organizações às quais eles são normalmente associados. A espreguiçadeira pode estar num jardim particular; a fileira de assentos de cinema pode estar na casa de alguém que gosta desse tipo de móvel. Há obviamente menos dessas cadeiras e seu arranjo envolve uma certo grau de descontextualização. Além disso, mesmo que as cadeiras estejam num cinema, poderíamos muito bem estar sentados nelas não para ver um filme, mas para ouvir uma palestra, ou participar de uma reunião de sindicato, ou de um comício político. Como observei em várias ocasiões, a cadeira é um artefato organizacional que ultrapassa as fronteiras da organização. Não obstante, é sempre um artefato ligado à organização em que é habitualmente usada: assentos de cinema são distinguíveis como tais graças ao conhecimento estético e, sob esse aspecto, são muito diferentes de espreguiçadeiras numa praia.

Tendo isso em mente, pode-se analisar a cadeira dentro dos limites organizacionais para mostrar que ela exibe traços do nível organizacional no qual se encontra. Isso é possível graças ao conhecimento estético e não à ontologia da cadeira. Assim sendo, embora seja possível sentar-se em qualquer cadeira de uma organização, sua forma, sua cor e seu cheiro indicam em que nível da hierarquia organizacional se situa seu ocupante atual. Nossas faculdades sensoriais nos dizem que estamos no escritório do diretor-geral ou nos escritórios administrativos, nas salas de recepção ou no restaurante da empresa. Em certas organizações, os diretores podem estar sentados em cadeiras comuns, enquanto o presidente ocupa uma poltrona superestofada, mas isso não deve ser considerado um princípio organizacional válido para todas as organizações. Não podemos formular regras gerais para serem aplicadas indiscriminadamente. Em outras palavras, só porque notamos a presença de uma cadeira comum em uma sala, não podemos deduzir que não estamos no escritório do presidente, mas no de sua secretária. Só podemos fazer isso depois de observar a cadeira mais de perto, em sua utilização na organização, embora o artefato organizacional já tenha, é claro, fornecido algumas dicas.

Imagine-se visitando uma organização de porte médio para fins de pesquisa. É a primeira vez que você entra nas instalações da empresa e nota que a telefonista está sentada numa cadeira particularmente elegante, que você já viu numa loja de móveis especializados. Você sabe que se trata de um artigo muito caro, obra de uma famosa firma de *designers*. Você não pode olhar mais de perto porque foi levado para a sala da secretária, onde todas as pessoas estão sentadas em poltronas de couro confortáveis. Mas você não tem tempo de testar a maciez desses assentos porque lhe dizem que o diretor-geral já pode recebê-lo. Enquanto caminha pelo corredor, você olha de relance para os escritórios ocupados por alguns dos gerentes: todos contêm cadeiras de madeira dobráveis, como as que se encontram comumente nos jardins ou junto às mesas de bares com terraços, com uma estrutura de metal, e todas são velhas e um tanto dilapidadas. A pessoa que o acompanha é um guarda que ocasionalmente faz as vezes de porteiro. Ele não tem escritório próprio, mas senta-se numa mesa baixa, com alguns papéis, um telefone e um canapé, no corredor que leva à direção. Você entra no escritório do diretor-geral. Ele se levanta de sua cadeira de madeira dobrável, pega uma das três empilhadas num canto, abre-a e o convida a sentar-se.

Se você deixar de lado por um instante seu conhecimento racional e intelectual da ontologia da cadeira, talvez se pergunte: "Em que espécie de organização me meti?". Sua pergunta baseia-se no pressuposto de que a cadeira é uma metáfora dos níveis organizacionais: a cadeira mais cara, feita de materiais mais finos, corresponde ao nível da direção da organização, enquanto a cadeira mais simples e austera corresponde a um trabalho mais rotineiro e a um nível hierárquico organizacional inferior. Agora, é verdade que a organização que acabei de descrever não existe; mas o fato de a julgarmos inverossímil mostra imediatamente que a cadeira organizacional, por sua forma e qualidade, pode ser associada de modo plausível ao poder, ao prestígio e à hierarquia do nível organizacional em que é utilizada. Que conclusões podemos então tirar disso?

1. A cadeira é um artefato organizacional cujas forma e qualidade denotam níveis organizacionais hierarquicamente ordenados.

2. Essa hierarquia diz respeito aos escritórios e não às pessoas que trabalham neles.

3. No que diz respeito à ontologia da cadeira, a hierarquia dos níveis organizacionais é um absurdo estranho à capacidade explicativa da cadeira.

O artefato organizacional que, se ostentado, pode provocar críticas e acarretar sanções

Este é o oitavo componente do enigma; ele ressalta o *éthos* do artefato organizacional, ou seja, o conjunto de valores éticos adotados pela organização e aos quais a cadeira também deve se adequar. A cadeira satisfaz esse critério também, e em primeiro lugar, como metáfora da hierarquia dos níveis organizacionais, pois ela simboliza uma fonte organizacional de poder e prestígio.

Se poder, prestígio e hierarquia são características de organizações e não de indivíduos, a cadeira enquanto artefato organizacional as encarna em sua estética e as manifesta por meio dessa estética. Enquanto a cadeira não constitui um refúgio organizacional que permita viver de rendas, em vez de produzir, sua visibilidade não provoca críticas nem sanções. Os códigos éticos das organizações, como aqueles das comunidades profissionais e ocupacionais, estabelecem limites para a exibição da cadeira. Esses limites são determinados pelos processos de negociação organizacional que dizem respeito, como vimos, à forma e à fabricação da cadeira, e não à sua essência como artefato em que sentamos. A bem da verdade, a estética da cadeira não constitui sua visibilidade.

A questão é que, quando a visibilidade do prestígio e do poder se torna ostentatória, essa alteração nem sempre se faz sem críticas, reclamações ou zombarias. Algumas dessas restrições se aplicam à busca do poder pessoal, que explora as oportunidades oferecidas pela organização formal, e expressam críticas e sanções que derivam dos códigos de ética organizacional e profissional. Essas críticas, quando feitas a uma pessoa em particular, a descrevem mais ou menos nos seguintes termos: "Lá vai alguém que está atrás da cadeira do patrão". Trata-se de uma expressão que não só critica a ação organizacional da pessoa referida, mas também a castiga, atribuindo-lhe um rótulo pejorativo. O artefato organizacional cadeira faz parte da expressão e está bem definido em termos estéticos. Não se trata de qualquer cadeira, mas daquela que denota uma alta posição na hierarquia organizacional. Desse modo, embora a busca de uma cadeira para si mesmo dentro da organização seja julgada de modo positivo, partir para a conquista da cadeira do patrão é uma atitude condenada, indicando uma dimensão do *éthos* da organização: se a cadeira é ostentada, em vez de simplesmente ocupada — se é usada como propaganda de si mesma, e não para participar das atividades da organização — então esse comportamento é estigmatizado como um abuso do que a cadeira pode contribuir e de fato contribui para a organização. O *éthos* do artefato organizacional ressalta o seguinte:

1. Por meio da cadeira, os indivíduos podem galgar posições de poder que relutam em abandonar, uma vez que as ocupam mais para fins pessoais do que organizacionais. A cadeira ostentada é escravizada pelas pessoas que a ocupam, e não servida por essas pessoas.

Estética organizacional, experiência e plausibilidade 69

2. A ostentação da cadeira e as críticas que isso provoca por conta do *éthos* desse artefato organizacional em particular fazem a cadeira passar de uma metáfora das posições e dos níveis organizacionais a uma metáfora de toda a organização. Em outras palavras, a cadeira é um artefato capaz de simbolizar a organização como um todo. Com efeito, o *éthos* desse artefato pune aqueles indivíduos que tentam usar a organização para obter poder e desejam ostentar esse poder, em vez de se colocarem a serviço da organização.

As características "banais" que eliminam as dúvidas restantes quanto à identidade do artefato organizacional

Abordamos agora as duas últimas pistas da adivinhação que permitem que o artefato organizacional seja identificado inequivocamente. Ao mesmo tempo, elas se referem a características habitualmente consideradas triviais demais para serem incluídas entre aquelas que tipificam o artefato. Contudo, as explicações destas duas últimas dicas costumam abreviar a discussão entre os estudantes e eu sobre se poder, cultura ou expertise podem ser igualmente soluções para o enigma. O valor desses dois critérios é exatamente o de atribuir a esse artefato que parece "banal" ou "sem importância" a posição decisiva que ele realmente ocupa no processo de coleta de conhecimento.

A primeira pista estipula que se o artefato organizacional escorrega ou se desloca, seus ocupantes podem cair no chão e ser alvo de zombaria. O fato extraordinário é que, nessas ocasiões, o riso pode superar as barreiras culturais e lingüísticas. Se uma pessoa cai porque sua cadeira se moveu, ou porque fizeram uma brincadeira com ela, ou porque ela foi desastrada, a explosão de riso provocada pelo incidente não parece ser culturalmente mediada. É como se essa utilização particular da cadeira construísse a hilaridade.

A segunda característica é que a cadeira nivela as posições por baixo, no sentido de que as pessoas ficam fisicamente mais baixas quando estão sentadas. Nesse caso, a cadeira é pura e simplesmente um artefato organizacional sobre o qual sentamos. Observa-se, portanto, que essa característica aparentemente "banal" é aquela que ressalta as propriedades ontológicas da cadeira.

Disso decorre um fato geral relativo ao conhecimento dos artefatos organizacionais: eles não são facilmente confundíveis. Não o são pragmaticamente porque uma cadeira não é um artefato idêntico, equivalente ou similar ao artefato, por exemplo, do poder ou da dominação organizacional. Uma cadeira é uma cadeira, de tal modo que se alguém a retira quando estamos prestes a sentar, todos riem. Do mesmo modo, ela nivela todos por baixo. No entanto, o conhecimento pragmático e íntimo desse artefato organizacional não oferece certezas, mas paradoxos e ambigüidades, que — como já vimos e veremos de novo na próxima seção — derivam sobretudo das definições racionais do artefato organizacional que se baseiam em suas propriedades ontológicas.

Estética organizacional e processos de simbolização

Esta seção conclui o primeiro capítulo. Nela, discutirei a construção e a reconstrução da vida cotidiana de uma organização através de processos de compreensão estética e construção simbólica. Farei isso examinando alguns dos artefatos organizacionais descritos.

Um dos artefatos examinados longamente neste capítulo foi o artefato organizacional didático baseado na adivinhação. Se considerada em abstrato, a organização universitária em que o episódio ocorreu foi sempre a mesma. Mas se observada na prática da ação organizacional, a organização didática rotineira, no começo da aula de duas horas, foi inicialmente mudada e redefinida como organização didática efêmera por meio do enigma, e depois restaurada em sua forma original quando a lição se aproximou do fim. Quando apelamos para o conhecimento pragmático, em vez do hipotético-abstrato, da organização, notamos que, durante as duas horas de aula, a organização foi transformada várias vezes em outra organização por meio dos processos de construção e desconstrução, de desconstrução e reconstrução, de criação e de memória. Porém, com base em opções epistemológicas muito diferentes daquelas que estão subentendidas pelo argumento deste capítulo, nada impede que se veja a adivinhação apenas como um meio *ad hoc* engenhoso para dar um pouco de animação ao curso. Afinal, aqueles que o freqüentam são sempre os mesmos, bem como o espaço organizacional, os horários e as normas institucionais. Essas dimensões, observadas de uma certa distância e de uma perspectiva temporal de longo prazo, pouco são alteradas pelo mecanismo didático *ad hoc*. O mesmo se aplica às relações de poder naquela organização. Com efeito, olhando mais de perto, o poder do orador serviu constantemente de pivô da ação organizacional e, paradoxalmente, quanto mais os estudantes se tornaram protagonistas da construção do artefato da aula baseada no enigma, mais isso ficou evidente. O mesmo pode ser dito do *éthos* organizacional. A nova organização didática não só conserva o *éthos* anterior centrado na importância da aprendizagem universitária, como, à sua maneira, a celebra.

Porém, não se pode deixar de observar que alguma coisa mudou na organização dessa aula de duas horas, e mudou devido à estética. Isso vale para ambas as opções epistemológicas mencionadas. Mas enquanto uma delas salienta o valor do conhecimento organizacional para os sujeitos que operam naquele contexto, e para aqueles que empreendem seu estudo enquanto pesquisadores, a outra prefere vê-la como uma espécie de falsificação didática. No entanto, esta última opção nega a evidência e, ao fazê-lo, estabelece um limite preciso para o domínio em que as teorias organizacionais têm valor legítimo.

Mesmo se considerarmos a estética organizacional apenas um meio de facilitar a aprendizagem dos alunos, ela não é um simples ornamento. Ela engendrou mudanças nas atividades dos estudantes ao redefinir a tarefa a ser realizada, de tal modo que a organização da aula baseada na adivinhação pôde seguir adiante e ser um sucesso. Ela deu lugar a estruturações secundárias formalizadas quando os estudantes formaram grupos, se separaram ou exibiram sua individualidade; em outras palavras, ela deu origem a subníveis organizacionais específicos. Ela alterou a relação de dependência entre os estudantes e a organização já definida e atribuiu aos primeiros o papel de diretores participativos da nova organização. As dimensões espaciais e temporais da aula de duas horas foram modificadas, aumentando as oportunidades de movimento no interior do espaço organizacional e permitindo que os atores estruturassem as cadências temporais de suas interações. Essas e outras mudanças não foram embelezamentos destinados a acrescentar estilo e beleza à organização, como parecia no início da aula. Por mais modestas e insignificantes que essas mudanças tenham sido, elas diziam respeito ao modo de organizar e não se limitavam a enfeitar o que já estava organizado.

A primeira e mais importante conclusão deste capítulo é, portanto, que a estética na vida organizacional é o motor da organização e não uma *maquilagem* dela. A estética organizacional leva os atores organizacionais a adotar reações opostas, como vimos com relação às reações entusiásticas, incertas ou hostis dos estudantes. Ela induz os sujeitos a se imaginarem vivendo na organização antes mesmo que ela exista. Na verdade, a aula baseada no enigma foi antevista como interessante por alguns estudantes e como perda de tempo por outros. Tudo isso aconteceu na imaginação deles. Foi uma experiência imaginada antes da experiência construída e reconstruída no decorrer da aula baseada na adivinhação. A experiência que os sujeitos adquirem a partir de suas faculdades sensoriais e de seus juízos estéticos socialmente construídos é uma condição *sine qua non* da vida organizacional.

A segunda conclusão é que seja qual for a informação dada aos sujeitos pela estética organizacional, isso é feito por meio de processos contínuos de construção, desconstrução e reconstrução simbólica. Um exemplo disso é a tradução dos significados organizacionais das atividades, do tempo e do espaço, como mostrou o artefato efêmero da aula baseada no enigma. Como salientei em vários momentos deste capítulo, o significado atribuído à adivinhação diferia de um sujeito para o outro, assim como adquiria diferentes nuances, conforme as ações organizacionais executadas. Dito de outro modo, sem um processo de simbolização que desse significados e valores à organização, esta, tal como foi traduzida no decorrer da aula baseada na adivinhação, tanto enquanto o enigma estava sendo resolvido, quanto quando a organização inicial estava sendo restaurada, não teria sido coletivamente construída ou coletivamente desconstruída. O processo de simbolização é uma atividade que envolve constantemente os coletivos que geram organizações — como vimos em relação ao prêmio em dinheiro a ser conferido ao indivíduo ou ao grupo que adivinhasse a resposta do enigma. Ninguém solucionou a adivinhação e o monte de moedas perdeu seu valor simbólico enquanto prêmio, mas reteve seu valor como capital organizacional. Por mais que a perda de significado simbólico do dinheiro enquanto prêmio pudesse ser um efeito previsto pelos sujeitos da ação organizacional, requeria que a organização possuísse o dinheiro para desconstruir e reconstruir seu simbolismo antes que fosse utilizado.

Os processos de simbolização criam também memórias organizacionais. A aula baseada no enigma foi um artefato organizacional efêmero, de duração limitada. Mas os sujeitos que participaram da construção dessa organização didática podem tê-la transformado então em um artefato muito mais duradouro com base na lembrança de sua experiência estética: foi lindo, foi feio, foi uma perda de tempo. Hoje, portanto, é uma experiência estética sujeita a constante reconstrução segundo a ocasião, a vontade e, sobretudo, o prazer dos sujeitos envolvidos que evocam o episódio; o mesmo acontece se ela passa a fazer parte das histórias organizacionais que caracterizam aquela universidade. Em cada caso, a memória organizacional focaliza menos os detalhes da organização ativados pelo enigma do que seu simbolismo para os sujeitos realmente envolvidos na busca de sua solução, e para aqueles que ouviram falar da história depois.

Pode-se observar também esse fenômeno em documentos organizacionais, especificamente naqueles que dizem respeito a um esforço estético explícito para transmitir a cultura de uma organização. Refiro-me à iconografia, à escultura e à arquitetura; em suma, à cultura visual de determinada organização. Os documentos organizacionais produzidos relacionados com as culturas visuais exibem as relações entre sujeitos e artefatos que a organização julga de importância especial. A documentação visual representa pessoas e coisas postas em relações que são por vezes apenas delineadas, por vezes puramente aleatórias, mas que em outras ocasiões são intencionais e até ostensivamente exibidas; uma ostentação que a estética das culturas visuais enfatiza para contrabalançar o desaparecimento e o esquecimento da organização.

O retrato é um documento visual de indiscutível importância para identificar as relações entre pessoas e objetos consideradas importantes pela memória organizacional. Seja uma pintura, uma fotografia ou um clipe mostrando um indivíduo ou um grupo, quanto mais o retrato é oficial, mais ele dá proeminência aos valores predominantes da organização, às atividades que mais comemora, aos seus heróis, às personagens que transforma em figuras de culto laico ou religioso. O retrato faz isso baseado na relação entre a simbologia da pessoa representada e os objetos que a cercam na imagem. Em alguns retratos, um desses artefatos é uma cadeira, que, quando posta no primeiro plano da composição iconográfica, resume significativamente a simbologia da organização. A estética da cadeira permite que o observador capte os valores de poder, capacidade e riqueza abertamente exibidos e os introspectivos de simplicidade, modéstia e intimidade.

Examinemos o retrato de Federico, duque de Montefeltro, que se encontra no Palazzo Ducale, em Urbino, na Itália. Entre 1476 e 1477, Federico encomendou ao pintor espanhol Pedro Berruguete um retrato oficial que celebraria também sua intrepidez militar. Portanto, o duque está retratado de armadura. Assim equipado, e provavelmente muito sobrecarregado, ele está sentado e lê um livro, ato que supostamente simboliza o valor que ele atribuía às qualidades humanísticas. Esse valor é também celebrado no retrato da Madona atribuído a Rafael, em afresco que se encontra em uma das paredes de sua casa, também em Urbino. A Madona está sentada em uma cadeira de madeira escura, com o menino Jesus nos braços, enquanto lê um livro. A cadeira é linda em sua simplicidade e combina bem com a composição, assim como a cadeira ricamente decorada de Federico faz parte integrante do retrato feito por Berruguete.

Mas a cadeira como artefato nem sempre ganha tamanha ênfase. Às vezes ela é deixada totalmente de fora do campo visual, não sendo incluída na representação iconográfica. Há pinturas, fotografias, postais, afrescos e filmes que documentam essa ausência. Para permanecer na esfera do retrato oficial e da exibição de intrepidez militar, cito a fotografia do guerreiro samurai tirada pelo fotógrafo japonês Hikoma Ueno em 1865,[31] que retrata o samurai com suas armas e sentado no que é provavelmente uma almofada. Esse assento não pertence explicitamente à representação iconográfica de dons militares, do poder, da riqueza ou da reputação, e outras cadeiras também não.

O que deduzimos disso? Que as culturas visuais não ilustram somente que as cadeiras têm diferentes valores em diferentes sociedades e organizações, mas também que, em algumas civilizações, sociedades e organizações, esse artefato é um elemento que serve para identificar os indivíduos, de tal modo que as pessoas "com cadeira" dessas organizações e sociedades são distinguidas claramente daquelas "sem cadeira". Ademais, quantas cadeiras aparecem mesmo nos filmes mais recentes passados em residências particulares japonesas? Tomemos a iconografia erótica,[32] por exemplo. Observamos que, nas imagens européias, a cadeira é parte integrante dos quartos representados, quase como se fosse uma atriz no erotismo da iconografia. Mas isso não acontece nas imagens japonesas, nas quais as cadeiras são raramente representadas, exceto por motivos puramente decorativos.

É preciso ressaltar que essas características independem de uma diferença geral entre Europa e Japão, ou entre Ocidente e Oriente. Nem a decisão de inserir e enfatizar na imagem o elemento não-humano constituído pela cadeira, ou a decisão de excluí-lo, deriva da estética das culturas visuais na Europa e no Japão. Uma confirmação disso é propiciada por outra obra fotográfica japonesa. Nesse caso, a iconografia enfatiza a cadeira precisamente como um artefato em uso numa organi-

---

[31] Colombo et al., 1979:30.

[32] Kronhausen e Kronhausen, 1968-1970.

zação. Na década de 1970, o fotógrafo japonês Ikko Narahara tirou uma série de fotos de monges budistas pertencentes a uma seita zen fundada no Japão no século XII. Essas famosas fotografias foram tiradas no templo Sojiji de Tsurumi.[33] Em uma delas, os monges são mostrados em meditação, sentados com as pernas dobradas em torno de uma pequena almofada, o que torna o objeto em que estão sentados invisível e apenas presumido. Mas aqui e acolá, vêem-se almofadas, porque ninguém está sentado nelas. Aliás, em um lado do templo há toda uma fileira de almofadas não ocupadas. Desse modo, a foto parece enfatizar não só a relação desse elemento não-humano com os monges zen e sua organização, mas também que os assentos estão ali para simbolizar os lugares que pertencem a outros fiéis, ou que foram reservados para aqueles que desejassem participar dessa atividade da organização. A fotografia é ambígua: ela não revela se aqueles assentos são individuais ou se pertencem a todos. Não obstante, no que diz respeito à minha discussão do artefato organizacional, aquelas pequenas almofadas redondas são assentos em uso naquela organização.

As culturas visuais reconstroem, portanto, a conexão entre a pessoa e os objetos não-humanos na vida organizacional em termos de conhecimento estético. Fazem-no ressaltando a simbologia relativa às características consideradas distintivas daquela conexão, e documentando o ser-em-uso dos artefatos vistos como simbolicamente importantes numa organização — ou seja, aqueles que atribuem uma configuração específica ao ator organizacional. Tomemos, por exemplo, a filmografia sobre a conquista do Oeste americano: *saloons* com cadeiras ao redor das mesas, escritórios de xerifes com uma cadeira atrás da escrivaninha, o xerife sentado do lado de fora com uma espingarda nos braços, caubóis sentados em suas selas e, aos domingos e nos funerais, nos bancos da igreja. Os nativos americanos, ao contrário, são representados como pertencentes a sociedades e organizações "sem cadeira": eles sentam no chão em suas assembléias e cavalgam em pêlo.

---

[33]Colombo et al., 1979:118-119.

Suas tendas, mesmo as dos chefes, são desprovidas de cadeiras. Se um valor particular é dado ao artefato "banal" da cadeira na análise das organizações e das sociedades, por uma ironia do destino pode-se ver uma distinção geral traçada entre atores organizacionais construídos e identificados como "pessoas com cadeiras" e outros, definidos como "pessoas sem cadeiras". Além dessa conclusão um tanto provocativa, há outra, mais modesta e menos visível, que diz respeito ao fato de que a compreensão estética da vida organizacional interpreta o ator organizacional em termos da conexão entre pessoas e elementos não-humanos. É essa relação, tão específica e diferente de um caso para outro, que o conhecimento estético das organizações traz com tanta ênfase para o primeiro plano e, ao fazê-lo, utiliza as faculdades que os sentidos humanos têm de coletar conhecimento.

Com relação a isso, saliento que as faculdades sensoriais às quais faz referência a abordagem estética das organizações não são tanto as faculdades inerentes à percepção humana e, sim, as faculdades educadas e sofisticadas desenvolvidas por processos de construção social e coletiva. A razão principal disso é que os juízos estéticos têm sua própria história: eles são moldados por negociações sociais complexas, sendo muito menos imediatos do que se crê comumente. Mas um outro motivo é o fato de a construção social da estética fundadora dessa abordagem do estudo das organizações ser, como veremos a partir do segundo capítulo, um fenômeno complexo, ramificado e pouco racional. Em outras palavras, a qualificação de "estética" dada a essa abordagem exige um aprofundamento, uma vez que as definições de estética são muitas e, com freqüência, conflitantes. Mas antes de avançar para o próximo capítulo, quero uma vez mais enfatizar a não-confiabilidade do conhecimento intelectual e racional das organizações, e faço isso com uma observação final sobre o fato de a ontologia não ser suficiente para o conhecimento profundo das organizações.

A abordagem estética procura mostrar que as características ontológicas de uma organização não fornecem um conhecimento preciso e exato dela. Consideremos as cadeiras de novo. Elas não são artefatos em que todos podem sentar, em todas as civilizações, em todas as épocas. Em outras palavras, a ontologia do artefato não é evidente por si mesma. Não só uma cadeira nem sempre é uma cadeira, porque podemos colocar os mais diferentes objetos sobre ela, ou usá-la como escada ou genuflexório, como vimos neste capítulo, como uma cadeira não é invariável e universalmente interpretada, compreendida e usada como um artefato para sentar. Na Índia, por exemplo, a cadeira não é vista principalmente nesses termos. Ao contrário, ela é antes uma "base de suporte" e, somente ocasionalmente, "um artefato para sentar". Em conseqüência, quando viajamos de trem pela Índia, encontramos numerosos passageiros que preferem se agachar sobre seus calcanhares a usar os assentos dos vagões. Ou nos cinemas indianos, descobrimos que a platéia, depois de ver calmamente o filme sentada em poltronas de madeira, relaxa durante o intervalo deixando os assentos e agachando-se nos corredores. Não é uma observação de menor importância, pois ela mostra que um número considerável de pessoas no mundo não concebe a cadeira como assento apenas porque ela foi definida como tal pelo conhecimento racional. Essas pessoas estão conscientes da ontologia da cadeira como um artefato em que sentamos, mas preferem ignorar esse dado intelectual e se recusam a agir de acordo com essa prescrição intelectual.

Após essa discussão, que levantou sérias dúvidas sobre se o conhecimento das propriedades ontológicas dos artefatos organizacionais e, portanto, também das organizações é *a* mais alta forma de conhecimento delas, podemos agora passar à definição da estética e suas categorias, começando com as questões metodológicas levantadas pela abordagem estética no que tange à teoria organizacional.

2

Conhecimento estético da ação organizacional

No primeiro capítulo, examinei a ubiqüidade da estética organizacional e como os sujeitos recorrem constante mente ao conhecimento estético da organização. Minha intenção foi salientar a importância das faculdades estéticas dos atores organizacionais, mas isso não exclui a discussão das características ontológicas e éticas da vida organizacional. Em várias ocasiões, o *ethos*, o *logos* e a estética da vida organizacional foram examinados em termos de seus entrelaçamentos, suas diversidades e seus paradoxos quando moldam o conhecimento organizacional. A análise não nos permitiu sugerir que a estética enquanto forma de conhecimento organizacional devesse ser ignorada, muito menos abandonada. Ao contrário, ficou claro, a partir do exame das relações entre características ontológicas, éticas e estéticas, que estas últimas são um "motor" importante da vida organizacional.

Neste capítulo, considerarei as implicações teóricas e metodológicas do estudo da estética organizacional. Muito já foi dito ou sugerido sobre essas questões no primeiro capítulo. Nas organizações, os sujeitos podem atribuir conotação estética a um evento ou fenômeno organizacional, ou podem negá-la. Quando interpretam a vida organizacional, os indivíduos empregam suas faculdades perceptivas e sua sensibilidade estética para decidir se ela é feia, grotesca ou repressiva, ou se é agradável, atraente e bela. Desse modo, expressam um juízo estético que alguns membros da organização aceitam, outros rejeitam, contestam ou ainda contradizem com suas próprias opiniões.

80

Organização e estética

Notamos isso no primeiro capítulo quando examinei os conflitos e as negociações subjacentes à definição, redefinição, afirmação, difusão e até repressão da estética organizacional: comportamento intencional, ação significativa, um padrão complexo de interação organizacional.

A ação social significativa é, portanto, um conceito fundamental para a interpretação estética das organizações. É por essa razão que retorno ao primeiro grande debate metodológico sobre as ciências culturais, os assim chamados *Methodenstreit* do início do século XX, e a Max Weber, cujas idéias metodológicas e teóricas diziam respeito também à análise empática, artística e emocional da ação intencional. De fato, este último tema é o elo de ligação entre o estudo estético das organizações e as questões metodológicas tratadas na sociologia weberiana. Parte da "evidência da compreensão" da ação social, escreve Weber (1922b:5; trad. bras. 2004:4), "pode ser de caráter [...] empático ou receptivo-artístico".[34] Ora, como tentarei mostrar neste capítulo, a questão metodológica da empatia é um dos fundamentos teóricos da estética moderna e constitui uma contribuição importante da estética para a emancipação das ciências sociais em relação às ciências naturais. Ilustrarei também a importância da questão metodológica da empatia para a compreensão estética da vida organizacional.

A escolha entre paradigmas e considerações estéticas

Para voltar a Weber, apresso-me a dizer que ele certamente preferia a análise intelectual, racional e causal da ação significativa à sua compreensão empática. Ele sempre deu importância secundária à compreensão empática, que consiste em se imaginar no lugar de uma pessoa cujos propósitos, motivos e sentidos se deseja explicar. Seu objeti-

---

[34] N. do T.: A tradução brasileira diz literalmente: "pode ser de caráter [...] intuitivamente compreensivo (emocional, receptivo-artístico)". "Intuitivamente compreensivo" refere-se ao alemão *Einfühlung* (intuição) e ao verbo *einfühlen* (ver com os olhos de outrem), ou seja, a empatia, termo preferido pelas traduções para o inglês e o francês e que é um dos conceitos fundamentais deste livro. Por isso mesmo, optamos por manter ao longo da tradução empatia e empático, em lugar de intuição e intuitivo.

vo principal era oferecer uma explicação causal da ação intencional a fim de formular modelos causais e verificá-los. A investigação da ação significativa, portanto, não era para ele uma questão de imaginar e compreender os humores e o contexto emocional em que tal ação se desenrola, por mais importantes que possam ser. Em lugar disso, razões, significações e emoções deviam ser imputadas à ação social dentro de uma estrutura teórica usada para predizer cursos de ação e compará-los com o comportamento real dos atores sociais.

Pode-se discernir uma influência estética na escolha metodológica e teórica de Weber de favorecer mais a compreensão baseada na causa do que a compreensão empática, artística ou intelectual. Essa escolha foi determinada também pela necessidade de combater o vitalismo psicológico que circulava em várias áreas disciplinares da cultura européia no início do século XX. Mas as considerações estéticas podem ser vistas na conexão estreita estabelecida por Weber entre o indivíduo e o momento em que ele é "objetivado" em um fato social por sua ação. E elas também são aparentes no *pathos* que Weber atribuiu à objetividade e a uma fecunda operatividade, sem, com isso, reduzir o peso da subjetividade, da responsabilidade individual, ou da ética. O indivíduo está ancorado na ação que produz efeitos verificáveis. É esse *"pathos* da objetivação"[35] que dá sentido a uma realidade em si mesmo desprovida de sentido e que revela a estética da escolha paradigmática de Weber.

Creio que sua preferência derivava de considerações estéticas, no sentido dado à expressão por Thomas Kuhn (1962; trad. bras. 1991:193-200), quando pergunta por que um cientista prefere um paradigma a outro, ou abandona um velho paradigma por um novo. Sem dúvida, a capacidade de uma abordagem científica para resolver problemas é um fator crucial em sua escolha, especialmente nos conflitos paradigmáticos entre cientistas como Copérnico, Galileu ou Einstein. E assim foi para Weber em seu esforço para estabelecer se as previsões baseadas em modelos explicativos causais correspondiam às ações reais dos atores sociais. Mas, como escreve Kuhn:

---

[35] Bodei, 1997:52-53.

Para que se perceba a razão da importância dessas considerações de natureza mais estética e subjetiva, recordemos o que está envolvido em um debate entre paradigmas. Quando um novo candidato a paradigma é proposto pela primeira vez, muito raramente resolve mais do que alguns dos problemas com os quais se defronta e a maioria dessas soluções está longe de ser perfeita (1962; trad. bras. 1991:196).

Felizmente, observa Kuhn, é preciso fazer também considerações estéticas sobre essas questões, aquelas que apelam à sensibilidade do estudioso e o atraem graças a sua estética:

> Refiro-me aos argumentos, raras vezes completamente explicitados, que apelam, no indivíduo, ao sentimento do que é apropriado ou estético — a nova teoria é "mais clara", "mais adequada" ou "mais simples" que a anterior (1962; trad. bras. 1991:196).

As considerações estéticas podem às vezes ter importância decisiva. Isso não significa que, como observa Kuhn, a importância decisiva de alguma forma de estética mística permita que um paradigma triunfe sobre seus rivais. Contudo, permanece o fato de que a teoria de Einstein ainda é capaz de atrair cientistas graças a sua elegância, e que embora as considerações estéticas "seguidamente atraiam apenas alguns cientistas para uma nova teoria, o triunfo final desta pode depender desses poucos. Se esses cientistas nunca tivessem aceito rapidamente o novo paradigma por razões pessoais",[33] a nova teoria que se propõe como candidata a paradigma poderia não ter recebido as elaborações necessárias para que ganhasse o endosso e a legitimação da comunidade científica como um todo. Sobre essa questão, Michael Polanyi observa que o senso de beleza intelectual funciona na comunidade científica como um critério que permite distinguir entre fatos demonstráveis cientificamente e de interesse científico, e aqueles fatos que, ao contrário, não o são:

> Somente uma minúscula fração de todos os fatos cognoscíveis é de interesse para os cientistas, e a paixão científica serve também de guia para avaliar o que é de maior e de menor interesse; o que é brilhante em ciência e o que

---

[36] Kuhn, 1962; trad. bras. 1991:196.

é relativamente sem importância. Quero mostrar que essa apreciação depende, em última instância, de um senso de beleza intelectual: que é uma resposta emocional que não pode jamais ser definida de modo desapaixonado, assim como não podemos definir desapaixonadamente a beleza de uma obra de arte ou a excelência de uma ação nobre (1962:135).

A opção epistemológica que dá prioridade à compreensão estética e à consciência do "sensível" nas organizações também se funda em considerações estéticas. O *pathos* da objetivação deveria ser contrastado com o *"pathos do sensível"*. A compreensão empática ou artística, com suas características distintivas lúdicas e misteriosas, é preferida à compreensão causal, por mais atraente que possa ser do ponto de vista estético. A escolha é determinada pelo fato de que o conhecimento do "sensível", no estudo da ação intencional, é que distingue de modo mais nítido as ciências sociais das ciências naturais e seus métodos de investigação e explicação. No entanto, para Weber, também a experiência vivida e a compreensão empática punham em destaque essa distinção.

Essa escolha, que tem raízes estéticas no *pathos* do sensível, deveria ser examinada no contexto da disputa metodológica que atravessa as ciências sociais desde que estas se separaram das ciências naturais. Um dos aspectos atuais dessa disputa metodológica é a divisão entre os cientistas sociais que buscam interpretar e compreender a ação intencional e aqueles que preferem estratégias heurísticas baseadas na explicação, na teoria da evolução e nas descobertas das ciências biológicas. A clivagem entre as duas abordagens da ação social é profunda e, no que diz respeito à perspectiva estética adotada neste livro, não pode ser erradicada. Ilustrarei isso voltando a um sentimento estético mencionado várias vezes no primeiro capítulo. Refiro-me ao prazer.

Jean-Pierre Changeux (1994:43-46) escreveu que, sem nos deixar levar por uma especulação imaginativa demais, parece agora legítimo formular uma hipótese sobre o prazer estético capaz de deter a progressiva "descerebralização"[37] das ciências sociais. Ligadas ao cé-

---

[37] Changeux, 1994:16.

rebro, existem três diferentes evoluções: a da espécie, a das pessoas e a das culturas. Se não se levar em conta a ação dessas três evoluções, não se pode contemplar uma obra de arte intelectualmente e muito menos compreender sua criação. A descerebralização das ciências humanas implica a não-relevância da investigação do cérebro para a história, a linguagem e o pensamento, que são vistos como processos inteiramente independentes dessa investigação. Mas o prazer, sustenta Changeux, deveria ser estudado em termos de suas relações com o cérebro, pois a hipótese de que ele ativa um conjunto de neurônios, e que o faz de forma coordenada, parece plausível. De fato, os estudos do cérebro indicam que o prazer estético é gerado pela mobilização coordenada de neurônios localizados em diferentes níveis da organização do cérebro (a saber, aqueles que ligam o cérebro anterior ao sistema límbico).

Embora tenha certamente muito interesse, esse tipo de análise envolve uma opção epistemológica e um conjunto de pressupostos sobre a estética que diferem muito dos considerados neste livro. Não obstante, isso mostra até que ponto a estética filosófica e as teorias da arte estão imbuídas do paradigma evolucionista e da naturalização da ação intencional que dele decorre.

Ao contrário, a compreensão da estética na ação social não está fundamentada na crença de que é possível dar conta do prazer estético situando-o em uma determinada combinação dos níveis organizacionais do cérebro. Quando afirmamos — e ainda não temos certeza disso — que o prazer estético é resultado da atividade neuronal entre o lobo frontal do cérebro e o sistema límbico, será que compreendemos realmente como ou por que o enigma descrito no primeiro capítulo provocou prazer em meus alunos? De que modo essa "cerebralização" do prazer explica a decisão dos estudantes de desempenhar papel ativo na construção de uma forma de organização diferente para a aula sobre o artefato organizacional? Os dois conjuntos de noções e argumentos são bem distintos.

E, no entanto, a explicação evolucionista e biológica do prazer levanta uma questão muito importante, embora muito diferente dos argumentos de Changeux, porque não fornece uma explicação, mas

Conhecimento estético da razão organizacional

estimula considerações racionais e estéticas. Se o córtex frontal for danificado ou malformado, disso podem decorrer conseqüências dramáticas, e não apenas porque a pessoa em questão não consegue sentir prazer. A idéia de tal dano provoca sentimentos de natureza estética porque sentimos uma compaixão chocada pela vítima e compreendemos a tragédia de sua vida. Em conseqüência, o fosso entre as duas maneiras de definir o problema da ação intencional é intransponível. No caso do prazer estético, tanto o paradigma interpretativo quanto o biológico-evolucionista constroem seus objetos de estudo, mas não fornecem hipóteses que possam ser justapostas. Eles não se completam, de tal modo que, mesmo quando considerados em conjunto, indicam maneiras completamente diversas de adquirir conhecimento sobre a ação significativa.

Trata-se de um debate teórico e metodológico que, segundo Luca Ricolfi (1997:38-39), pode ser expresso em termos dos dois mitos fundadores da pesquisa social: o da adequação e o da objetividade. Esses dois mitos expressam a independência duramente conquistada pelas ciências sociais em relação às ciências naturais, mas também reproduzem a controvérsia que cercou a construção social e coletiva das várias e conflitantes identidades das ciências sociais. As idéias de Weber contribuíram para ambos os mitos, porque dizem respeito tanto à análise quantitativa e estrutural-comparativa da ação intencional quanto à sua análise qualitativa.[38]

Nesse debate, os proponentes da independência das ciências sociais dos métodos das ciências naturais sustentam que se deve levar em conta a complexidade dos fenômenos sociais, respeitar os pontos de vista dos atores sociais e garantir o caráter não-arbitrário das interpretações dos pesquisadores. Estes preferiram romper claramente com as ciências naturais, dando primazia à especificidade "social" de seus campos de pesquisa e aos seus critérios de validade. A compreensão, a hermenêutica e a supremacia do objeto de estudo foram desse modo

---

[38] Schwartz e Jacobs, 1979:17.

afirmadas contra a explicação, o positivismo e a primazia do método defendido pelos admiradores das ciências duras, que criaram o mito da objetividade. Essa controvérsia, observa Ricolfi (1997:38), foi considerada por alguns metodologistas enganadora e mesmo artificial. Porém, por mais indefensável que possa ser em termos lógicos, ela dá conta dos estilos de pesquisa e de análise que estão profundamente enraizados na comunidade científica enquanto formas alternativas de conhecimento, como vou ilustrar em minha discussão da estética e da compreensão da ação organizacional neste capítulo.

O *pathos* do "sensível" e a ação intencional

Ao longo do primeiro capítulo, empreguei constantemente as ferramentas da compreensão empática e artística da ação intencional. Ou seja, a compreensão da interação social significativa foi produzida em larga medida, mas nem sempre:

a) pela intuição, pela imaginação e pela analogia;

b) imaginando-se agir no lugar de outra pessoa, ou acrescentando a própria presença, ainda que por meio da imaginação, à dos outros participantes na vida organizacional;

c) fazendo tudo isso para apreender os aspectos estéticos da ação organizacional.

Esse processo de coleta de conhecimento carece do *pathos* da objetivação mencionado acima em referência a Weber. Isso não ocorre porque intuir, imaginar, fazer analogias ou colocar-se no lugar de outro sejam estranhos à experiência dos atores organizacionais. E também não implica que a estética seja incapaz de ancorar o indivíduo na ação, ou enfatizar o momento em que a subjetividade é objetivada em alguma entidade, atividade ou desempenho organizacional. Em outras palavras, o *pathos* da objetivação não está presente porque a estética é incapaz de produzir efeitos verificáveis ou fatos sociais. Está ausente porque a causalidade não é o critério usado para explicar a ação

Conhecimento estético da razão organizacional   87

organizacional significativa — nem mesmo nos termos sutis, complexos e elaborados de Weber.

A estética organizacional refere-se à ação intencional, no sentido de que ela consiste no que os atores sociais fazem acontecer ou, ao inverso, evitam que aconteça, ou ainda permitem que não aconteça. Davide Sparti (1992:24-25) nos dá um exemplo convincente do fato de que, em geral, as ações não consistem no que acontece aos atores sociais. Ele mostra que cada um de nós, neste exato momento, viaja para o leste a cerca de 1.200 quilômetros por hora. Mas essa situação em que cada um de nós está sendo movido pela rotação da Terra pode ser descrita em nossa ação? Trata-se certamente de uma coisa que fazemos; aliás, é algo que estamos fazendo agora. Porém, essa ação carece de um requisito fundamental, a saber, o de ser "intencional". E uma vez que não é intencional, não pode ser considerada uma ação, pois não há uma categoria de ação genérica que nos permita distinguir entre ação intencional e não-intencional.[39] Além disso, pode-se acrescentar que essa ação também carece do requisito estético fundamental de ser cognoscível por meio das faculdades perceptivas e sensoriais. Porém, o dado científico de que estamos viajando para o leste de forma tão rápida e incessante pode inspirar um juízo estético sobre essa idéia em particular de ser-em-ação. Isto é, podemos ficar fascinados pela idéia de nos deslocarmos a tal velocidade sem perceber e julgá-la fantástica, grandiosa ou bela. Trata-se de um paradoxo intrigante do conhecimento estético, porque focaliza a importância de imaginar uma ação em comparação com sua experiência direta, como observei no primeiro capítulo, durante a discussão da observação participante imaginativa. Este capítulo se concentra em um aspecto ainda mais importante: as relações entre a intenção da ação e a estética, e as maneiras pelas quais somos capazes de apreender e ilustrar adequadamente a intencionalidade distintiva do comportamento social dos atores organizacionais quando adotamos uma abordagem estética.

---

[39] Wright, 1980.

Os pressupostos básicos compartilhados pelas compreensões empática e racional

As notas metodológicas e teóricas de Weber contêm vários pressupostos básicos que são compartilhados pelas interpretações que utilizam o critério da causalidade e por aquelas fundadas no reviver da experiência da ação intencional. O primeiro desses pressupostos é que o conhecimento sobre a ação intencional dos atores sociais carece de verdade objetiva. Por mais que alguém insista na explicação causal e racional no método de estudo, para Weber, essa explicação não se baseia na "crença em uma predominância efetiva do racional sobre a vida" (1922b; trad. bras. 2004:5). Em momento algum Weber afirma que as considerações racionais determinam o comportamento intencional. Ao contrário, ele enfatiza o perigo de generalizar as interpretações racionalistas da ação social. Embora as ações das pessoas possam ser racionalmente motivadas, podem igualmente estar baseadas na irracionalidade, em mitos, na estética, na afetividade, ou ainda na tradição. Desse modo, surge aquela pluralidade de motivos diferentes dentre os quais o pesquisador nem sempre é capaz de selecionar aquele que realmente deflagra certas ações. E por isso não é possível obter um conhecimento objetivamente válido e correto sobre a ação significativa:

> Toda interpretação pretende alcançar evidência. Mas nenhuma interpretação, por mais evidente que seja quanto ao sentido, pode pretender como tal e em virtude desse caráter de evidência, ser também a interpretação causal *válida*. Em si, nada mais é do que uma *hipótese* causal de evidência particular (Weber, 1922b; trad. bras. 2004:7).

Portanto, a causalidade não implica necessariamente a verdade; ela depende do sentido da ação humana. Esse é o sentido desejado pelo agente, seja no que diz respeito a um certo evento, seja quanto a um constructo intelectual. Mas é um sentido que não engloba uma verdade estabelecida metafisicamente ou uma exatidão objetiva. É o sentido que o estudioso consegue captar levando em conta tanto a subjetividade das pessoas que o constroem quanto as conotações acrescentadas a ele pelas atitudes dos outros. Os motivos de que os indivíduos têm consciência e que apresentam como responsáveis por sua ação intencional ocultam, com freqüência, as várias motivações e repressões que são a verdadeira força motriz de sua ação. Em conseqüência, até mesmo os testemunhos mais sinceros têm valor apenas relativo na explicação causal. Ademais, as ações das pessoas são muitas vezes guiadas por impulsos contraditórios e a influência relativa dos diferentes referentes envolvidos só pode ser estabelecida de modo aproximado quando se interpretam as causas da ação. Além disso, ações que podem parecer equivalentes ao estudioso talvez sejam induzidas por conexões dos sentidos que, para os sujeitos envolvidos, são muito diferentes.

Tudo isso demonstra a natureza complexa da compreensão e da interpretação. Há um amplo espectro de significações intencionais — do cálculo racional aos estados emocionais, estéticos e afetivos — a ser apreendido. Por isso, Weber não acredita que a "compreensão racional da motivação" seja a única forma de conhecimento capaz de interpretar a complexidade das significações intencionais da ação social. Embora prefira esse conhecimento, ele salienta que a ação significativa pode ser estudada de duas maneiras:

> Toda interpretação, assim como toda ciência em geral, pretende alcançar "evidência". A evidência da compreensão pode ser de caráter a) racional (e, neste caso, ou lógico ou matemático), ou b) empático (emocional, receptivo-artístico). No domínio da ação, é racionalmente evidente, antes de mais nada, o que se compreende *intelectualmente* de modo cabal e transparente em sua conexão de sentido visada. Intuitivamente [empaticamente] evidente, no caso da ação, é o que se revive plenamente em sua conexão *emocional* experimentada (1922b; trad. bras. 2004:4).

Há, portanto, um entrelaçamento particular entre compreensão intelectual e empática, um entrelaçamento que não é determinado apenas pela natureza complexa e opaca do objeto de investigação, mas que também surge dos seguintes pressupostos metodológicos:

1. Ambas as formas de conhecimento servem de base a uma certeza interpretativa.

2. Nenhuma delas reivindica cientificidade, objetividade, exatidão, correção, validade ou verdade.

3. Para compreender a ação significativa, devemos identificar sua determinação.[40] Dos quatro modos em que a ação social pode ser orientada — "racional referente a fins", "racional referente a valores", "afetiva" e "tradicional" —, somente o primeiro é estritamente racional. No caso da ação social racional referente a valores, o fator determinante é uma "crença consciente no valor — ético, estético, religioso ou qualquer que seja sua interpretação — absoluto e inerente a determinado comportamento como tal, independentemente do resultado".[41] Os exemplos são "o dever, a dignidade, a beleza, as diretivas religiosas, a piedade ou a importância de uma 'causa' de qualquer natureza".[42] A ação racional referente a valores pode estar relacionada de várias maneiras com a ação racional referente a fins. Na verdade, é muito raro que a ação social seja exclusivamente orientada numa direção ou noutra. Nem são esses os únicos tipos possíveis de orientação. Do ponto de vista da racionalidade referente a fins, "a racionalidade referente a valores terá sempre caráter *irracional*" e *a fortiori*, quando o valor para o qual a ação é orientada é postulado como absoluto. O tipo "afetivo" de ação social é "especialmente emocional" e determinado "por afetos ou estados emocionais atuais". Um comportamento estritamente afetivo "está no limite ou além daquilo que é ação conscientemente orientada pelo sentido" porque, segundo Weber, é mais uma reação a estímulos do que uma ação engendrada por motivos de vários tipos. O mesmo se aplica ao "costume arraigado" que determina a orientação "tradicional" da ação social. Evidentemente, quando Weber fala da estética, ou dos estados afetivos, como determinantes da orientação da ação social, ele o faz a fim de identificar uma

---

[40] Weber, 1922b; trad bras. 2004:15.

[41] Ibid.

[42] Ibid.

explicação causal da ação. Porém, escreve Alessandro Cavalli (1969:72-75), aqui aparece o dualismo da metodologia de Weber e a ambigüidade que ela engendra. No caso da racionalidade em função de um valor, a compreensão é acausal porque implica o ajuste do sentido ao valor e não o ajuste causal do sentido aos fins. Esse dualismo na racionalidade — causal e acausal — é flanqueado pelo dualismo entre a ética da responsabilidade e a ética da intenção. A primeira caracteriza a ação racional que leva em conta suas possíveis conseqüências. A última induz o agente a manifestar sua adesão a certos valores através de sua ação, em vez de considerá-la um meio para um fim. Ademais, em oposição à preferência de Weber pela explicação racional, pode-se legitimamente argumentar que tanto a ação orientada pelo valor quanto a orientada pelo afeto envolvem significativamente uma compreensão empática. E isso vale também para a ação "tradicional" e para a "racional referente a fins". Nada proíbe a identificação com um hábito adquirido dos outros, ou com o uso intencional das expectativas para alcançar objetivos racionalmente estabelecidos. Essas não são experiências estranhas aos atores sociais e não podem ser revividas a fim de serem compreendidas.

4. Nenhuma dessas formas de conhecimento permite a formulação de esquemas conceituais universalmente aceitos pela comunidade científica. Em ambos os casos, a premissa subjacente é que as interpretações dos estudiosos são inelutavelmente subjetivas. Os cientistas são tão humanos quanto os sujeitos cujas ações eles tentam compreender. É a interpretação ou, em outras palavras, a produção de significados e o uso de representações simbólicas e abstratas que permitem aos cientistas levar adiante o negócio da ciência. E é precisamente essa característica que eles compartilham com os seres humanos que estudam.

Porém, a compreensão racional e a compreensão empática não são equivalentes e, muito menos, têm o mesmo valor, pelas razões que se seguem:

1. Embora a ênfase no conhecimento empiricamente fundado seja uma característica compartilhada pelas duas formas de interpretação, é também a característica que as distingue. O conhecimento empático atribui grande peso à subjetividade e à capacidade de se imaginar na situação em que uma ação ocorre. Portanto, está enraizado na experiência, na medida em que seja possível para esta última ser vivida na imaginação de uma pessoa. Não se trata de uma experiência objetiva, nem demonstra a verdade da ação significativa. Ao contrário, o que as distingue é a construção dos tipos ideais empregados pela interpretação racional, mas inteiramente ausentes da compreensão empática. Por mais que os tipos ideais de Weber possam ser o produto de escolhas drásticas, e por mais que sejam constructos meramente imaginários, segundo Remo Bodei (1997:52-54), eles são objetivos não só porque são intersubjetivos, como porque operam cientificamente com base em nexos de causalidade. Não se trata de uma questão de determinismo de causa e efeito, pois Weber negava a existência da causalidade absoluta, assim como negava a existência do indeterminismo absoluto, do papel preponderante do acaso, da liberdade humana de decidir e agir. O que está em jogo é antes o sentido e a previsibilidade da ação humana. Daí que a "sociologia compreensiva" de Weber estude tanto as ações individuais quanto os eventos históricos, e proceda por inferências causais, decomponha os fenômenos a fim de imaginá-los, talvez desprovidos de algumas de suas premissas, e os reconstrua de maneira irreal, com "se" e "mas", estabelecendo a medida em que um elemento ou outro é capaz de efetuar sua objetivação.

2. O estudo dos fenômenos racionais e irracionais envolve um processo de distanciamento e de abstração da realidade, em vez de um processo de convergência e imersão. A intenção é pôr ordem na realidade por meio da construção de tipos ideais

que possam ser usados na interpretação desse universo sem sentido ao qual a ação intencional dos atores sociais confere sentido.

Os pressupostos básicos sobre o tema e o método de compreensão da ação intencional se fundem e distinguem "explicação compreensiva" e conhecimento "de um caráter empático ou receptivo-artístico". A contribuição fundamental de Weber, escreve Cavalli (1969:73), está em seu uso da causalidade para traduzir o conhecimento científico em conhecimento histórico, porque, sem verificação das conexões causais, a história não pode jamais se tornar uma ciência e não passa de literatura ou, na melhor das hipóteses, arte. Isso não significa que a compreensão coincida com a explicação causal, uma vez que o método de Weber pode ser usado para adquirir conhecimento não-causal. O fato é que, como mostra Cavalli (1969:71), a noção mesma de compreensão (*Verstehen*) está longe de ser definida com rigor, embora a literatura sobre o tema seja enorme e tenha ramificações na filosofia e na teoria metodológica das ciências sociais. Em suma, há opiniões divergentes sobre esse entrelaçamento da compreensão racional e do conhecimento empático no método de Weber.[43] Porém, predominam aqueles que sustentam, como Davide Sparti (1995:44), que Weber distingue claramente compreensão de empatia e, desse modo, rejeita toda implicação metarracional e psicológico-imediatista da compreensão e da interpretação. Neste capítulo, ao contrário, enfatizo a importância do conhecimento empático ou artístico no pensamento sociológico de Weber.

Conhecimento empático na estética e nas ciências sociais

A preocupação principal de Weber ao atribuir importância ao conhecimento empático era distinguir a sociologia das ciências naturais. Nessa tentativa, ele foi muito influenciado pelo filósofo e historia-

---

[43] Abel, 1953 e 1967; Baar, 1967; Chisholm, 1979; Collingwood, 1946; Coser, 1971; Dray, 1957; Hempel, 1942; Martin, 1969; Outhwaite, 1975; Schwartz e Jacobs, 1979; Scriven, 1971; Stewart, 1956; Van Evra, 1971; Wax, 1967.

dor da cultura Wilhelm Dilthey, a quem deve, em larga medida, seu conceito de *Verstehen*. Foi influenciado também pelo filósofo e psiquiatra Karl Jaspers, para quem o funcionamento da mente só podia ser compreendido pelo conhecimento empático.[44] Tanto Dilthey quanto Jaspers afirmavam que era preciso estabelecer distinção entre explicação e compreensão. Dilthey procurou dar fundamento especulativo ao que chamou de "ciências do espírito" (*Geisteswissenschaften*), que depois passaram a ser conhecidas como "ciências humanas". Os temas característicos que emergem dos 20 volumes de suas obras completas[45] constituem sua oposição ao positivismo e sua busca de um método científico que fosse diferente do das ciências naturais, embora reconhecesse que este último tinha significação teórica. Dilthey argumentou que a explicação da ação humana não se reduzia a um conhecimento puramente extrínseco, porque, nesse caso, o ser que investiga coincidiria, pelo menos em parte, com o ser investigado. Em outras palavras, escreve Franca D'Agostini (1997:304), o ser que investiga "pertence" à história e à sociedade que ele está empenhado em estudar e descrever. E, em certo sentido, "cria" o mundo histórico-social que busca ilustrar. Portanto, Dilthey afirmava que o sujeito pertencia ao seu contexto e que participava da constituição de seus "objetos de experiência".

Esses objetos não são apenas textos. Esculturas, notas musicais, gestos, sistemas econômicos ou instituições são igualmente coisas que pertencem ao mundo do espírito. Eles são fruto da experiência vivida (*Erlebnis*) e requerem interpretação. Desse modo, Dilthey ampliou o alcance da hermenêutica, a tradição filosófica da interpretação textual que tirou seu nome de Hermes, o Investigador, e que se desenvolveu como disciplina independente durante o Renascimento e a Reforma. Friedrich Daniel Ernst Schleiermacher (1959) enfatizou que o romantismo via a interpretação como parte da existência humana e, assim, antecipou a hermenêutica contemporânea, influenciando a filosofia de

---

[44] Coser, 1971:245-247.

[45] Dilthey, 1914-1936.

vida de Dilthey e sua contribuição para a disciplina. Bodei (1997:62-65) destaca que o ego descrito por Dilthey não é monolítico; ao contrário, parece-se com um tecido feito de milhares de fios. Por meio da *Verstehen* — a "compreensão" típica da hermenêutica —, o eu é capaz de reativar o que parece se encontrar em universos simbólicos inertes e de viver vidas paralelas à sua como se fosse dotado de várias biografias.

Verstehen, portanto, é o mecanismo que liberta os indivíduos de seu isolamento. Compreendemos o sentido da ação humana baseados nas conexões dinâmicas e em relação aos objetivos e valores, graças a um processo de experiência interior que revive esses valores e objetivos e depois os decifra e reconstrói. Além disso, esse processo nos liberta da necessidade de ter vivido diretamente a experiência ou a emoção que desejamos compreender. Mas essa compreensão não é possível quando estudamos insetos, por exemplo. Não podemos reviver e refazer a experiência da vida dos insetos e, em conseqüência, somos obrigados a formular explicações racionais do comportamento deles.

Isso introduz a importante diferença de objeto de estudo que destaquei antes, quando evoquei o debate que deu origem às ciências sociais e à compreensão estética das organizações. Uma vez estabelecida essa diferença de objeto, a diferença de método seguiu-se naturalmente: se a explicação causal era o método das ciências sociais, então a compreensão era o procedimento usado por elas. Essa compreensão, sustentava Dilthey, impede que a experiência interior seja impermeável à mediação histórica, e que a história seja um processo objetivo inexorável desprovido da mediação individual do sentido. Ele desenvolveu um procedimento interpretativo que produziu resultados singulares e não-generalizáveis, e salientou a miríade de iniciativas individuais que dão sentido a organizações políticas e econômicas cada vez mais rígidas. Em outras palavras, as vidas das pessoas se manifestam de uma infinidade de modos diferentes que escapam às fórmulas preestabelecidas. Em conseqüência, observa Alberto Izzo (1994:132), Dilthey foi obrigado a criticar tanto o idealismo de Hegel quanto o positivismo de Comte. Ambas as doutrinas exibiam fé na história como um progresso necessário que avança através de estágios igualmente necessários. Ao contrário, Dilthey examinava as pessoas em situações concretas, junto com a história dessas situações e das ações e artefatos que as constituíam, independentemente de qualquer pressuposição metafísica.

A estética é ideal para esse tipo de indagação, observa Dilthey (1914-1936, v. 6) em *Die Einbildungskraft des Dichters: Bausteine für eine Poetik* (1887) e em *Die drei Epochen der modernen Äesthetik und ihre Aufgabe* (1892). "Poética", diz ele (1887; trad. it. 1995:742-745), é o termo que utilizamos para designar a natureza que nos torna aptos a apreciar a vitalidade. "Poética" é a ação de uma forma de arte que nos fala de sua própria vitalidade. A poesia consiste, sobretudo, em nutrir, fortalecer e despertar dentro de nós mesmos essa vitalidade, essa energia do sentimento da vida, um sentimento que ressoa em imagens, em música, em palavras, porque é o fundamento de toda poesia. Só é possível apropriar-se inteiramente dessa experiência por meio da reflexão; relacionando-a com outras experiências vividas, porque ela não pode jamais ser expressa em pensamentos e idéias. É assim que a experiência vivida é compreendida em sua essência, ou seja, em seu sentido.

Os poetas são capazes não só de apreender esse sentido, mas também de reproduzi-lo. Eles vêem o mundo com intensidade e em seus próprios termos; eles escutam com ouvidos muito afinados, sentem a intensidade das sensações, registram as percepções sensoriais em imagens. Mas, sobretudo, eles reproduzem vividamente os estados psíquicos que experimentaram diretamente, bem como os estados psíquicos de outros e suas inter-relações. A imaginação poética molda livremente a experiência e sua reprodução para além dos confins da realidade. Desse modo, a estética nos permite passar da experiência vivida ao plano concreto e produtivo das ciências humanas, para enriquecer nossa experiência interior e ligá-la a uma dimensão histórica e espiritual mais ampla, mas sem cair no subjetivismo ou no relativismo.[46]

Stefano Zecchi e Elio Franzini (1995:815) nos informam que Dilthey — tal como Husserl e Scheler — havia lido e discutido o livro

---

[46] Franzini e Mazzocut-Mis, 1996: 89.

Conhecimento estético da razão organizacional

de Theodore Lipps, *Äesthetik* (escrito entre 1903 e 1906), que atribui importância central ao conceito de empatia (*Einfühlung*). Nenhuma arte, escreveu Lipps em trabalho posterior sobre a empatia (1913; trad. it. 1977:190-191), pode transformar em ocasião de alegria o que, ao contrário, causa repulsa e desaprovação íntima. Mas a arte é capaz de extrair o que há de humano no repulsivo e nos permite perceber nele a vida, a força, a vontade, o trabalho — em uma palavra, a atividade —, que provoca ecos dentro de nós. Aquilo com que "empatizamos" é, portanto, a vida enquanto força, o trabalho interior, a atenção aos outros, a percepção.[47]

Portanto, não temos empatia com o que percebemos com nossos sentidos. Se me sinto ameaçado por uma tempestade, não posso nem ouvir nem ver sua fúria e sua ameaça, apenas senti-las dentro de mim. Mas a fúria e a ameaça residem num objeto sensível, o que significa que me encontro dentro dele. Isso é empatia. Em seu sentido mais geral,[48] o termo significa que, se apreendo mentalmente um objeto, realizo uma atividade dentro dele ou me realizo como se fosse parte daquele objeto em particular. Em alguns casos, isso se produz sem conflito entre mim e minha tendência natural à auto-realização, de um lado, e a atividade que é suscitada ou engendrada em mim pelo objeto, de outro. Mas há situações em que sou ao mesmo tempo atraído por um objeto e repelido por ele, o que constitui uma situação de empatia negativa. Contudo, se além de estar em situação harmoniosa de empatia positiva, eu me realizo em um objeto sensível e distinto de mim, então sinto o prazer de meu eu objetivado, o que constitui o gozo estético.

Lipps desenvolveu esses argumentos sobre a empatia dentro de uma concepção mais ampla de estética que levou o nome de "estética científica". Ele realizou estudos experimentais de grande interesse, em especial sua investigação sobre a impressão óptica e estética produzida na percepção de formas visuais geométricas. No ato de perceber, o essencial não é a percepção em si, mas seu significado para nós de um

---

[47] Lipps, 1913; trad. it. 1977:179-180.

[48] Ibid., p. 184.

certo ponto de vista. A estética, afirma Lipps (1903-1906), é uma disciplina psicológica, porque o ato de avaliação estética se funda no objeto e só pode ser realizado em uma consciência. A prova de que a empatia é um fato singular, observa Lipps (1913; trad. it. 1977:180-181), e de que representa o conceito fundamental da estética moderna, é oferecida pela descoberta de que minha consciência pode ser conectada com alguma coisa que é percebida pela sensibilidade ou pertencer a ela.

A *Einfühlungstheorie* estimulou um debate que foi vital para o desenvolvimento da estética.[49] De acordo com Gianni Vattimo (1977:35-36), foram os teóricos da empatia, e Lipps em especial, que mais contribuíram para transferir os argumentos da estética filosófica para as ciências humanas. O *status* realçado das humanidades provocou mudanças no programa seguido pela estética científica de Lipps em particular, e pela estética que se ligou estreitamente aos métodos e teorias das ciências sociais em geral. Como diz Vattimo, muitas das questões abordadas pelo sociologismo e pelo psicologismo do século XIX se tornaram temas específicos da sociologia, da psicologia, da etnologia e da antropologia cultural. Ao mesmo tempo, "o empenho em dar definição científica às leis que governam a arte concentrou-se nas disciplinas que estudam a linguagem", a saber, a lingüística e a semiótica.

A questão metodológica da empatia era parte integrante dos fundamentos tanto da estética moderna quanto das ciências sociais, enquanto disciplinas distintas e independentes das ciências naturais. Embora a "compreensão explicativa" baseada na causalidade fosse privilegiada, a empatia estava no centro da *Methodenstreit* do início do século XX. Esse debate fazia parte do empenho de grande envergadura para redefinir a ciência e a filosofia, que envolvia o historicismo, o neokantismo, o empirismo lógico e a sociologia de Max Weber.[50] E a empatia continuou a fazer parte da controvérsia metodológica desde então, com sua ênfase nas seguintes teses:

---

[49] Scialpi, 1979:82.

[50] D'Agostini, 1997:24.

1. O conhecimento do mundo humano — da sociedade em geral aos artefatos nela produzidos, da vida organizacional à experiência estética do indivíduo — é claramente distinto do conhecimento da natureza, em virtude de seu objeto de estudo e de seu método.

2. A compreensão é o procedimento legítimo das ciências sociais.

3. Os motivos "irracionais" e o cálculo estratégico, os hábitos e as considerações estéticas, as emoções e os valores constituem a ação humana e devem ser citados na explicação do comportamento intencional.

4. Todos os fenômenos e acontecimentos sociais são únicos e irreproduzíveis; os sujeitos envolvidos nesses fenômenos e acontecimentos pertencem a eles e, ao mesmo tempo, os criam.

Na segunda metade do século XX, o debate sobre o conceito de empatia concentrou-se em sua operacionalização como método e em sua validade científica. Os conceitos de *Verstehen* e *Einfühlung* foram freqüentemente considerados sinônimos de "compreensão".[51] Como Howard Schwartz e Jerry Jacobs (1979:19) salientam, numerosos estudiosos supuseram que o termo *Verstehen* denota uma forma de análise sociológica que procura empreender uma avaliação empática. Desse modo, associaram o conceito a Weber, para quem, segundo eles, a compreensão empática era o objetivo principal de sua investigação sobre a ação intencional. Em conseqüência, a noção de compreensão foi enquadrada em termos de compreensão empática, sendo uma ampla variedade de sentidos associada aos conceitos de *Verstehen* e compreensão: "Ambos os termos referem-se ao ato de compreender os fatores subjetivos ou mentais envolvidos no comportamento humano, tais como sentido, percepção, avaliação, motivação, atitude, a 'definição da situação' de Thomas e o 'coeficiente humanístico' de Znaniecki".[52]

---

[51] Van Evra, 1971:381.

[52] Abel, 1967:334.

100   Organização e estética

Portanto, como indica Abel, outros pensadores, além de Weber, foram associados à questão metodológica da empatia. Com efeito, escreve Murray Wax (1967:323), "uma galáxia internacional" de intelectuais notáveis e bem conhecidos, como "C. H. Cooley, P. Sorokin, R. M. MacIver, M. Weber, bem como Dilthey, Jaspers e Rickert [...] não só defenderam esse procedimento metodológico como o utilizaram". Devemos então concluir que compreensão empática é o conhecimento científico da ação significativa? A resposta é "não", porque a "operação de *Verstehen* nada acrescenta a nossa provisão de conhecimento", escreve Theodore Abel (1953:687), naquilo que muitos consideram a oração fúnebre do conhecimento empático, embora ele tenha afirmado mais tarde que considerava a operação de *Verstehen* "a principal fonte de hipóteses na sociologia".[53] É provavelmente por essa razão que a questão metodológica da empatia continua a ser matéria de controvérsia científica. Não obstante, ela é considerada a fonte teórica de hipóteses de trabalho e de *insights* que estão na base de pesquisas empíricas subseqüentes, proporcionando assim acesso ao contexto em que a análise se realiza.

Roderick Chisholm também adotou uma posição favorável ao conhecimento empático ou intuitivo. Não se trata apenas de ter uma fonte rica de hipóteses, escreve ele (1979:243); devemos também ser capazes de justificá-las. Em conseqüência, precisamos desenvolver princípios epistemológicos que nos permitam afirmar que a compreensão intuitiva fornece hipóteses justificadas sobre os estados mentais dos outros, de tal modo que

> além dos princípios da lógica indutiva e dedutiva, dos princípios da evidência perceptiva e do princípio da evidência mnemônica, existem também princípios de evidência que são tais que, ao aplicá-los à nossa base de provas ampliada perceptiva e mnemonicamente, justificarão certas proposições sobre as mentes dos outros. Esses princípios se referem ao fenômeno chamado de *Verstehen* (1979:241).

---

[53] Abel, 1967-336.

Conhecimento estético da razão organizacional   101

Portanto, as hipóteses não são conseqüências "deduzidas" de um conjunto de provas, nem surgem da aplicação da lógica "indutiva". Elas são justificadas por princípios de evidência que são tão válidos quanto os princípios epistêmicos da lógica dedutiva ou indutiva. Em resumo, a empatia é um método que propicia ao pesquisador intuições não apenas plausíveis, mas efetivamente verdadeiras.

Por mais plausível ou verdadeiro que seja o conhecimento produzido pela compreensão empática, ele está, contudo, confinado ao âmbito da formulação de hipóteses.[54] Essas hipóteses devem depois ser verificadas por métodos de pesquisa diferentes dos da empatia. Em conseqüência, o conhecimento empático pode ter valor para a pesquisa — por fornecer hipóteses justificadas por sua verdade, ou apenas por produzir uma "apreensão intuitiva" —, mas deve ser sempre seguido por uma "verificação não-intuitiva antes de ser chamado de conhecimento".[55] Desse modo, a compreensão empática deixa de ser apenas o método autônomo de compreensão da ação social definido por Max Weber, para se transformar num estágio preliminar ou primeiro, útil à análise científica da ação intencional. Do mesmo modo, a empatia é inteiramente funcional e subordinada aos métodos de pesquisa baseados na verificação científica de hipóteses e no controle objetivo e universal dos procedimentos de coleta e processamento dos dados usados no estudo da ação significativa. Seria igualmente errado,

> nos casos de forte plausibilidade inicial, que o método usado para produzir as hipóteses (isto é, o "método de descoberta") *tomasse o lugar da metodologia de verificação*. Se, por exemplo, a hipótese fosse de tal ordem que não pudesse, em princípio, ser verificada nem provada falsa, então, mesmo que inicialmente plausível, não poderia obter o estatuto de conhecimento científico (Van Evra, 1971:380).

Em apoio a esse argumento, Van Evra aprofunda um tópico delicado, o das idéias que surgem no curso da pesquisa científica. Isso é especialmente ilustrativo do raciocínio por trás das idéias de Van Evra e

---

[54] Hempel, 1942; reimp. 1994:50.

[55] Van Evra, 1971:381.

da precisão analítica de suas distinções e classificações aplicadas à ação significativa, e que provêm, em minha opinião, de um conjunto de motivações opacas que resistem às divisões em classes e categorias. Por mais idéias científicas que uma bela intuição possa gerar, elas não fazem parte do pensamento científico em virtude de sua beleza:

> É tentador pensar que a beleza da intuição de Schrödinger bastava para qualificar a equação do conhecimento científico. Mas, embora bela, a equação *não poderia* se tornar parte do *corpus* do conhecimento científico sem corroboração experimental. Nesse caso, a beleza teria sido totalmente enganadora. [...] A empatia, em outras palavras, não é uma "boa fornecedora de conhecimento", nem pode produzir "sinais seguros" para a ciência.[56]

A questão não é a transposição da estética para uma esfera diferente e inapropriada para ela, a saber, o domínio da prova científica. O interessante é que se pode dizer — parafraseando — que, embora as hipóteses de pesquisa possam surgir da compreensão empática, a empatia não lhes dá valor heurístico. Assim como a beleza que gera a intuição de uma equação científica nada tem a ver com a ciência, a empatia que gera a intuição de uma hipótese de pesquisa nada tem a ver com as ciências sociais.

Felizmente, nem todos os pesquisadores aderiram a essa distinção extrema entre compreensão empática e explicação causal. Essa distinção, como vimos, não deveria ser expurgada das questões metodológicas referentes ao estudo da ação intencional. Certos estudiosos, ao contrário, insistiram na especificidade do valor heurístico da compreensão empática e em sua autonomia. As teses neopositivistas dos proponentes da verificabilidade científica das hipóteses e da controlabilidade dos procedimentos de pesquisa foram criticadas por fazer referências excessivas a elas mesmas. Ou seja, foram atacadas por se basearem em hipóteses de pesquisas que pertencem, de fato, a suas metodologias particulares de análise,[57] críticas feitas por Van Evra tan-

---

[56] Hempel, 1942; reimp. 1994:381.

[57] Scriven, 1971.

to à estética quanto à empatia. A autonomia do *Verstehen* foi, ao contrário, defendida em relação às tentativas de subordiná-lo a outros procedimentos metodológicos e de obscurecer seu potencial de produção de conhecimento.

Já abordei essas questões, mas devo insistir nelas para enfatizar a via heurística aberta pela autonomia da compreensão empática, a inteireza dessa via e sua diferença irredutível dos métodos racionalistas e positivistas nas ciências sociais.

Murray Wax considera quatro níveis de sentido diferentes do *Verstehen* no estudo da ação social: o extracultural, o intracultural, o da interpretação e o da intuição interpessoal. Ele afirma (1967:324) que somente o nível intracultural é apropriado e realmente útil. Este certamente não é o ponto de vista exposto neste capítulo, no qual enfatizo que os outros níveis propostos por Wax também são importantes e apropriados. Não obstante, ele tem o mérito de reacender o debate sobre a compreensão da ação intencional. Os argumentos de Wax pressupõem que o sujeito cognitivo não tem qualquer ligação com a cultura e a linguagem do sujeito cuja ação intencional é estudada. Em que consistem, então, esses quatro níveis de sentido na compreensão que vão da intuição extracultural à intuição interpessoal?

O nível extracultural baseia-se nas inferências que podem ser feitas das necessidades e sentimentos elementares de outra pessoa, ou de formas mais complexas de transação e acordo que envolvem a empatia e a simpatia, dada a impossibilidade ou a grande dificuldade de aceder à cultura e à linguagem de uma outra pessoa e de utilizá-las de maneira adequada. Porém, é o segundo nível do *Verstehen* que, como já disse, Wax considera o mais apropriado. É também o nível que mais nos interessa, pois o nível intracultural é que põe em evidência a diferença e a autonomia do conhecimento produzido pelo *Verstehen*. Nesse nível, a compreensão da ação intencional de uma pessoa baseia-se na familiarização com sua vida cotidiana. O *Verstehen* torna-se assim compreensível em suas características essenciais,

> se deixamos de enfatizar esses usos incorretos como "a aplicação do *Verstehen*" e consideramos, ao contrário, *a aquisição do Verstehen*, a saber, a

socialização, seja a socialização primária em nossa cultura nativa, ou a socialização secundária (ou ressocialização) numa cultura estrangeira, ou — ainda que de forma mais tênue — uma socialização vicária (1967:327; grifo meu).

Compreender, portanto, é um processo, e a socialização lhe é essencial, assim como a aprendizagem de línguas e dos sistemas simbólicos e de sua formação. Os exemplos mais marcantes são fornecidos pela pesquisa baseada na observação participante — etnografia e etnometodologia —, uma vez que o pesquisador passa um período de tempo se familiarizando com a cultura dos nativos e aprendendo suas características essenciais. O objetivo é ver as coisas do ponto de vista dos nativos, algo muito difícil de conseguir quando se usam ferramentas científicas como questionários, ou se fazem análises quantitativas.

Portanto, o *Verstehen* não deve ser visto como uma "operação", nem como um "instrumento", mas como uma forma de socialização na cultura que constitui o campo da pesquisa, e como uma forma de aprendizagem. A socialização e a participação são também de grande importância para a interpretação — o terceiro nível do *Verstehen*. Uma vez mais, o objetivo é obter conhecimento empírico do ponto de vista dos atores e, desse modo, enriquecer as percepções com o significado sociológico do reconhecimento de um modelo implícito.

O último nível de sentido do *Verstehen* — o da intuição interpessoal — é "produto de uma confusão embutida na tradição sociológica". Wax (1967:324,331) a rejeita tachando-a de "incorreta". Trata-se do tipo de conhecimento que uma pessoa obtém sobre outra por meio da compreensão intersubjetiva. Wax declara também que a interpretação (o terceiro nível) deveria permanecer distinta do primeiro nível, aquele mais repleto de empatia. Ele discute em seguida o estreito entrelaçamento desses quatro níveis de sentido do *Verstehen* e o contrasta, enquanto forma autônoma de conhecimento, com as metodologias positivistas e estruturalistas que os pesquisadores "impõem à sociedade, utilizando suas concepções teóricas das exigências de um sistema social" (p. 330), com o resultado de que "o leitor de seus relatórios raramente tem a impressão de encontrar em suas páginas pessoas que percebem o mundo diferentemente dele e dos autores" (p. 328).

Contudo, o quarto nível do *Verstehen* — o da intuição interpessoal — e o primeiro nível da compreensão extracultural entre pessoas não totalmente alheias umas às outras em matéria de cultura e linguagem não são de forma alguma secundários. Além de Max Weber, o sociólogo norte-americano Charles Horton Cooley, entre outros, salientou a importância desses dois níveis: eles são importantes se quisermos afirmar e ilustrar a diferença entre a compreensão e os outros métodos empregados no estudo da ação intencional.

No início do século XX, mas trabalhando de forma totalmente independente de Weber, Cooley afirmou que os significados subjetivos atribuídos pelos atores a suas ações deveriam ser estudados, pelo menos em parte, por meio da compreensão interna ou baseada na identificação.[58] O conhecimento dos seres humanos, argumentava Cooley (1930: 290), fundamenta-se em nossa capacidade de compreender os motivos e as origens da ação humana por meio de uma relação solidária que, em sua expressão mais manifesta, pode ser chamada também de "teatral", no sentido de que dá lugar à visualização de estados mentais. Ao compartilhar os estados mentais de outras pessoas, ao experimentar um processo emocional ou intelectual similar ao delas, por meio da comunicação e do contato com suas mentes, desenvolvemos o conhecimento que é uma "síntese mental fecunda". Nela reside a possibilidade de captar a significação da vida social das pessoas e, ao mesmo tempo, a diferença entre esse tipo de conhecimento e aquele que temos de um cavalo ou um cão. Richard Brown (1977:144-145) acrescenta o seguinte a uma citação de Cooley (1926), a fim de sublinhar a sutileza da compreensão da ação intencional imaginada por Coolley em sua descrição da autonomia da compreensão e do papel central desempenhado a esse respeito pela compreensão empática:

> Há, sem dúvida, uma maneira de conhecer as pessoas com quem não simpatizamos que é essencialmente de caráter externo ou animal. Um exemplo disso é o conhecimento prático, mas completamente behaviorista, que

---

[58] Coser, 1971:311.

os homens com muita experiência sexual às vezes têm das mulheres, ou as mulheres dos homens — algo que não envolve uma verdadeira participação em pensamento e sentimento [...] Dito de forma mais grosseira, *um homem compreende às vezes uma mulher como compreende um cavalo*, não compartilhando os processos psíquicos dela, mas observando o que ela faz.

Pressupostos teóricos da compreensão empática das organizações

Até aqui, discuti o valor heurístico da compreensão empática na estética e nas ciências sociais. Descrevi também as conexões entre a estética e o estudo da ação humana e social, evidentes desde os primórdios das ciências sociais. Podemos agora nos voltar para o exame da compreensão empática no estudo das organizações, com referência, em particular, à abordagem estética. A compreensão empática da ação intencional exige, essencialmente, que o pesquisador se ponha no lugar do ator social estudado; só depois ele procurará descrever a ação deste último. Esse processo pressupõe uma disposição ativa, métodos de coleta de conhecimento, a definição da situação de empatia, a arquitetura e o estilo dos relatos e uma opção pela personagem dominante no processo de conhecimento. Esses aspectos variados serão agora discutidos em detalhe.

Primeiro, *a disposição do pesquisador* de se pôr no lugar do ator organizacional. Isso não pode ser dado por certo, como se fosse um ato formal, porque implica que o pesquisador esteja pronto para coletar a experiência vivida por meio de sua imaginação. Em outras palavras, o pesquisador deve estar disposto a ganhar experiência da ação social, que, em nosso caso, se desenvolve em organizações ou nas relações que estas estabelecem com outras organizações ou com a sociedade em geral. Essa disposição ativa tem dois aspectos principais:

1. A *imersão* na ação organizacional estudada, que é a característica mais geral da compreensão empática. Isso significa que a disposição do pesquisador não se deve somente a sua capacidade de formular interpretações intelectuais, racionais e objetivas. Ele não formula hipóteses que são apenas pensamen-

tos, por mais exatas que sejam, mas as vive e experimenta por meio de sentimentos e emoções. Desse modo, está descartado o distanciamento objetivo e neutro do cientista social, que não pode permanecer distante do evento ou ação em curso, porque a identificação com outra pessoa, a fim de compreender sua ação intencional, acarreta também o envolvimento em experiências pessoais.

2. A ativação das *faculdades perceptivas e sensoriais* do pesquisador. Ele procura obter experiência direta daquilo que motiva esteticamente a ação intencional dos outros. Sua disposição de fazer isso torna-se ativa porque não ofusca sua capacidade de sentimento estético ou sua faculdade de juízo estético, nem atenua sua capacidade de sentir emoções ou realizar uma reflexão intelectual.

Segundo, *os métodos de coleta de conhecimento* específicos da empatia. Mediante o uso conjunto desses métodos, o pesquisador infere por indução as múltiplas combinações dos motivos sociais e pessoais que melhor ilustram a ação intencional do ator organizacional. Há quatro desses métodos, e embora sejam freqüentemente usados juntos, isso não significa que deva ser sempre assim. O importante é a primazia do caráter indutivo sobre o dedutivo da investigação, seja qual for a combinação selecionada. Esses métodos são os seguintes:

1. *Auto-observação.* O pesquisador se observa enquanto se põe no lugar de uma outra pessoa. Ele observa as sensações provocadas pela ação, os motivos que a induzem, os julgamentos que podem ser feitos sobre ela. O pesquisador constata e descreve os humores nele provocados, as emoções sentidas, os pensamentos secundários que surgem, a atração estética de um curso de ação em particular, sua gestão ou encerramento. Essas anotações revelam como o pesquisador se interpreta nos detalhes da ação e nos seus vários estágios organizacionais. O procedimento é analítico porque se destina a captar as diferentes nuances que tornam aquela ação em particular distinta

de outras de tipo semelhante, de tal modo que seja possível ilustrar a complexidade da ação intencional. Com efeito, é por meio da auto-observação que os dados qualitativos essenciais ao conhecimento empático são produzidos, e sua anotação precisa é crucial para a compreensão adequada da ação intencional nas organizações.

2. *Intuição*. Sem intuição é impossível obter conhecimento empático da ação intencional do ator organizacional. O pesquisador deve ativar suas capacidades intuitivas a fim de assumir o papel do ator organizacional. Ele faz isso utilizando os sinais que, em sua opinião, manifestam os humores, as impressões e as avaliações do ator organizacional. Alguns desses sinais ativam a capacidade intuitiva do pesquisador, mas não todos. Somente certos sinais são fonte de intuição para o pesquisador, e é neles que ele se concentra a fim de intuir os estados cognitivos, emocionais e estéticos do ator organizacional e, desse modo, ganhar a necessária experiência íntima e pessoal. Como disse, sem intuição não há conhecimento empático. Ao que eu acrescentaria agora que essa pressuposição é mais uma razão para que a compreensão empática seja parcial, fragmentária e específica.

3. *Analogia*. Tal como o método intuitivo precedente, a analogia possibilita que o pesquisador estabeleça uma relação dinâmica com o que pensa e sente o ator organizacional e, assim, com a ação intencional em exame. Desse modo, o pesquisador é capaz de reconhecer os sinais indicativos dos estados estético-emocionais do ator organizacional. É capaz também de ir além das aparências e explorar as familiaridades que o colocam à vontade no processo de coleta de conhecimento empático. Além disso, a analogia permite que o pesquisador suponha a existência de sinais que manifestam os estados de espírito do ator organizacional, bem como seus estados cognitivos. A analogia é uma fonte fecunda de dados qualita-

tivos para o estudo da vida organizacional. Por meio dela, o pesquisador pode imaginar o que o ator está pensando, está sentindo, e que outras sensações pode estar prestes a sentir no curso da ação organizacional. Por meio desse método de coleta de conhecimento, o pesquisador pode também supor sentidos para a ação do ator organizacional dos quais este não tem consciência.

4. *Reviver a experiência na imaginação*. Esta é a fonte principal de dados qualitativamente ricos para o conhecimento empático. O pesquisador utiliza suas faculdades intuitivas, emprega a analogia, ou confia numa combinação dos dois métodos para se pôr no lugar de outrem. Ele se observa nesse papel e descreve a ação intencional com sua complexa série de motivos para si mesmo e para os outros. O método empático permite que o pesquisador reconheça humores, pensamentos e sentimentos estéticos estreitamente ligados à ação intencional do ator organizacional. Mas, para compreender essa ação, ele deve revivê-la ou reatualizá-la. Ao reviver a experiência na imaginação como um processo experiencial e não-intelectual, o pesquisador pode criar os dados qualitativos necessários ao conhecimento empático.

Terceiro, *as definições da situação de empatia*. A situação é definida de três diferentes maneiras. A primeira delas é "dura", as outras duas são "moles":

1. *Verificação da hipótese*. Nessa definição de empatia, as hipóteses sobre os motivos da ação intencional do ator organizacional são submetidas à verificação empática. Por meio da intuição, da analogia e da experiência revivida, o pesquisador verifica qual a combinação de motivos capaz de explicar a ação intencional nas organizações. Pode haver muitas dessas combinações. Algumas delas serão confirmadas, outras serão consideradas de menor significação, outras ainda serão julgadas estranhas à ação organizacional sob exame. Nessa definição

da situação de empatia, postula-se uma coincidência entre o pesquisador e o ator organizacional — isto é, entre o observador e o observado. Porém, trata-se de uma coincidência que põe em destaque a inversão da relação entre o sujeito cognitivo e o sujeito da ação intencional. Embora a situação seja definida em termos de identificação cada vez maior com o Outro, o pesquisador atribui ao ator organizacional o que ele de fato sente ou pensa. Surge então uma situação paradoxal: enquanto o observador coincide com o observado, na realidade, este último coincide com o primeiro. Esta é a definição "dura" da situação de empatia porque, embora, de um lado, ela pressuponha a verificação rigorosa do conhecimento hipotético, de outro, pressupõe também que a compreensão empática é tanto mais rigorosa quanto maior for a coincidência entre observador e observado.

2. *O compartilhamento da experiência.* Nesse caso, o conhecimento empático só é possível se o pesquisador já viveu essa experiência e já se viu nessa situação, o que postula não a coincidência, mas a analogia da situação com outras consideradas similares e familiares. Esse tipo de definição da situação empática é, portanto, muito diferente da verificação da hipótese, uma vez que o pesquisador que o utiliza não presume que a verificação será feita, mas que serão produzidas descrições plausíveis da ação intencional.

3. *Observação participante imaginativa.* Nesse caso, embora use a intuição e a analogia, o pesquisador não se põe necessariamente e apenas no lugar do ator organizacional. Ele pode optar por fazê-lo, mas essa é apenas uma das opções disponíveis. Além da identificação com o ator organizacional, ele pode optar por "flanqueá-lo" ou "segui-lo de perto". Em outras palavras, o pesquisador pode adotar vários pontos de observação da ação intencional, mas sempre baseados em sua imaginação. Graças a ela, como nas duas definições anteriores da

situação de conhecimento empático, o estudioso participa da ação intencional. A característica que distingue a observação participante imaginativa dos outros métodos é que o pesquisador não é obrigado a se identificar com o autor da ação, seja por coincidência, a fim de verificar hipóteses, ou por analogia, a fim de descrever a plausibilidade das emoções, das sensações e dos pensamentos experimentados. A imaginação do pesquisador permite-lhe assumir a aparência de outra pessoa: seja a do ator organizacional, a do condutor da observação participante de sua ação, a de outro sujeito envolvido na ação intencional e considerado importante pelo ator organizacional, ou enfim, daquele que observa à distância ou distraidamente. Tal como a coincidência e a analogia, a imaginação põe tudo o que pode ser pensado ou sentido a respeito da ação intencional no plano do "vivido na fantasia". Sem obrigar o observador a compartilhar o ponto de vista do observado, e sem obrigá-lo a se pôr no lugar de todos os que participam da ação, essa situação permite que o pesquisador considere a ação organizacional de vários pontos de vista, mesmo que sejam incompletos e fragmentários.

Quarto, a *arquitetura e o estilo da descrição*. A descrição do conhecimento fornecido pelos métodos empáticos discutidos acima pode, sob muitos aspectos, ser considerada um método genuíno de coleta de conhecimento empático. Porém, ao mesmo tempo, a descrição não é usualmente considerada capaz de gerar dados empíricos e, portanto, não é um método de investigação. Esse dilema está sempre presente no caso da empatia, com sua ambigüidade e seus paradoxos. No decorrer da descrição do conhecimento produzido pela combinação dos quatro métodos descritos, criam-se constantemente dados qualitativos. A reconstrução na imaginação — onde se encontra o conhecimento memorizado da ação social — é capaz de gerar mais informações. A descrição não é anterior à produção dos dados qualitativamente ricos necessários para a compreensão empática. Mas o "artesanato" (pelo qual uma sensação é relacionada a um pensamento, um tópico é abordado com prioridade, uma certa sensibilidade ou elegância é descrita, uma ênfase implícita é acrescentada com base em considerações estéticas) envolve um processo contínuo de revisão, releitura, recompreensão, reargumentação. Trata-se, embora nem sempre, de um processo ativo de reconstrução da experiência vivida na imaginação. Nesse sentido, constantes reanálises da arquitetura de um texto não são apenas o resultado de uma reconstrução teórica por meio da definição contínua das categorias ou subcategorias usadas para explicar o significado de nossa investigação. No caso da empatia, elas podem constituir também um método para criar a experiência revivida relativa à ação intencional sob exame. No conhecimento empático, a descrição não pode ser considerada "o gravador perfeito e universal", ou a "placa fotográfica de um único tipo". Tudo que é escrito, filmado, posto em palavras e fixado em imagens para um livro ou um vídeo, gravado para uma apresentação audiovisual, é produto do constante reexame da experiência pessoal. Mas essa experiência não reside na memória, fixa, imóvel e sedimentada, como se o processo de compreensão empática da ação tivesse parado inesperadamente. A descrição evoca a experiência, aguça seu foco e, conforme o método usado e a definição de situação selecionada, acrescenta detalhes e argumentos. Em conseqüência, o conhecimento organizacional empático não visa nem prescreve a existência de uma cesura clara entre a produção de dados qualitativos ricos e a comunicação do conhecimento adquirido sobre a interação intencional nas organizações. Ao contrário, uma clivagem desse tipo é tão inadequada à produção de conhecimento quanto é injustificada pelas características essenciais do processo empático. Isso é corroborado pelo fato de que as características estéticas da descrição podem influenciar a arquitetura dos argumentos que ela descreve. Trata-se de uma estética fundada nos cânones estilísticos pessoais, naqueles que se aplicam na comunidade profissional envolvida, naqueles citados ou manifestados pelos usuários imaginados. Com base na estética pessoal e naquela afirmada ou imposta por outros sujeitos individuais ou coletivos considerados importantes, a descrição é embelezada, enfatizada e transfigurada. Esses processos variados têm o poder inegável de tornar a descrição teatral, incisiva ou persuasiva, ou então impessoal, neutra e asséptica. A estética da descrição pode ser diversa ou contraditória, mas não deixa de ser uma estética. No caso do conhecimento empático, a decisão consciente é tomada para ilustrar como a experiência vivida que passa por uma reconstrução ainda é vida sensível nas organizações. Em sua arquitetura e estilo, portanto, a descrição deve se esforçar para refundir o *pathos* da vida organizacional, sua sensualidade e seu fascínio, e não para enfatizar uma separação e um distanciamento que nunca existiram.

Quinto, a *escolha da característica dominante no processo de conhecimento*. As características dominantes da empatia são essencialmente as seguintes:

1. *Cognitiva*. Quando essa característica predomina, a atenção se concentra nos pensamentos, nas reflexões e nas conjecturas. A investigação focaliza os estados cognitivos do ator organizacional. O pesquisador procura compreender as razões interiores da ação intencional, formulando hipóteses sobre que combinações particulares de motivos pessoais e sociais podem oferecer pistas para compreender as interações organizacionais, de tal modo que interpretações persuasivas da intencionalidade da ação possam existir. O pesquisador baseia-se em sua sensibilidade e em seu talento para reviver os estados cognitivos do ator organizacional. São capacidades que diferem das habilidades intelectuais empregadas pela investigação racional das causas internas da ação organizacional. Elas se baseiam na identificação empática com o Outro, em vez de numa tentativa de raciocinar do mesmo modo que o Outro. É apenas a ênfase nas reflexões e nos pensamentos do ator organizacional que distingue esse procedimento de compreensão empática dos métodos estéticos e emocionais. A compreensão empática da vida organizacional também se baseia na definição da situação empática, na disposição do pesquisador de usar sua imaginação, na arquitetura e no estilo da descrição.

2. *Estética*. Ao contrário da empatia cognitiva, a empatia estética não se preocupa principalmente com o estado cognitivo do ator organizacional. Outros estados igualmente importantes se cruzam ou se entrelaçam com o estado cognitivo. Refiro-me aos estados estéticos que palavras e imagens são capazes mais de sugerir do que explicar; estados como aqueles manifestados por expressões como "que lindo!", "foi encantador", "isso me tocou profundamente". Trata-se de estados de espírito estético-sensoriais gerados pela admiração e pela sensualidade, ou pelo choque e pela diversão. Desse modo, a interpretação da ação intencional baseada na evocação do que é indizível e inefável substitui a interpretação que persuade, porque ela é capaz de dramatizar as razões da ação intencional. Uma tal evocação provém das faculdades sensoriais do observador e do observado, mas também da construção social e coletiva dos juízos estéticos. Em conseqüência, não são as motivações dominadas pelo pensamento que são revividas, mas impressões brutas, reflexões sem sentido, julgamentos estereotipados, paradoxos sem solução, distrações aleatórias, escolhas absurdas. Em suma, a empatia estética revive todos os elementos da ação intencional que não podem ser traduzidos em estados cognitivos sem que sejam radicalmente deformados. O objetivo principal da compreensão empática é, portanto, evocar e apreender não só os elementos persuasivos, plausíveis ou bem motivados da ação intencional, mas também aqueles inexplicáveis, imprevistos ou incongruentes. A intencionalidade da ação adquire assim mais elementos, assume nuances e emerge sob formas mais multifacetadas. Em uma palavra, ela se torna mais "humana".

3. *Emocional*. Nesse caso, a empatia fixa-se em estados emocionais, adentrando neles antes que sejam traduzidos em processos cognitivos. São estados experienciais distintos dos estados estético-sensoriais da compreensão empática estética e,

ao mesmo tempo, entrelaçados com eles, mas são distantes e distintos dos estados privilegiados pela empatia cognitiva. A compreensão dos determinantes internos da ação intencional baseia-se na capacidade de explorar os estados emocionais experimentados pelo ator organizacional no decorrer da ação, de tal modo que eles possam então ser revividos. Ansiedade e mau humor, frustrações e satisfações, raiva e desprazer, sentimentos de gratificação e auto-realização, orgulho do próprio trabalho e um sentimento de posse do cenário material e não-material do local de trabalho, tudo isso compõe o conjunto complexo de motivos emocionais que o pesquisador se propõe a reviver a fim de compreender a ação organizacional.

O itinerário seguido pela compreensão empática (ver quadro) começa com a imersão do pesquisador no papel do Outro e com a ativação de suas faculdades sensoriais e estéticas para coletar dados qualitativamente significativos da auto-observação, da intuição, da analogia, da experiência revivida e, com freqüência, da construção da arquitetura e da definição do estilo da descrição. Isso é acompanhado por uma escolha que define a situação de empatia, a qual pode envolver verificação da hipótese, experiência prévia do fenômeno ou de um similar a ele, ou a observação participante imaginativa pela qual o pesquisador não só assume o ponto de vista do ator organizacional, como adota outros por meio dos quais, embora de modo fragmentado, possa experimentar, observar e analisar a ação intencional.

Ao descrever a compreensão empática, salientei que ela produz uma forma de conhecimento indutivo. Como itinerário independente e auto-suficiente para o conhecimento, a compreensão empática opera fora do quadro teórico da ciência dedutiva.[59]

---

[59] Baar, 1967:339.

Os componentes da compreensão empática da organização

Disposição do pesquisador de "empatizar"	Identificação com o Outro
	Ativação das faculdades perceptivas ou sensoriais
Métodos de coleta de conhecimentos	Auto-observação
	Intuição
	Analogia
	Reviver a experiência na imaginação
Definição da situação de empatia	Verificação da hipótese
	Compartilhamento da experiência
	Observação participante imaginativa
Arquitetura e estilo da descrição	Texto aberto
Aspecto dominante do processo heurístico	Cognitivo
	Estético
	Emocional

Além disso, a compreensão empática não exige linearidade ou seqüencialidade. Por exemplo, os quatro métodos descritos acima podem ser usados em várias combinações, em vez de em seqüência, quando um é adotado depois do outro. Quanto à descrição, mostrei que se trata de parte integrante da produção do conhecimento empático, não sendo de forma alguma marginal. As definições das situações de conhecimento empático não são mutuamente excludentes, nem se misturam, nem devem ser adotadas conjuntamente.

Ao delinear o conhecimento empático da ação intencional nas organizações, descrevi um processo que não é normativo, embora algumas de suas características essenciais tenham sido analisadas de forma relativamente detalhada. Discuti as características dominantes do processo de coleta de conhecimento empático em termos da estratégia heurística preferida pelo pesquisador. Essa estratégia pode ser cognitiva, de tal modo que tudo que é conhecido empaticamente é relacionado com o pensamento. Ou pode ser estética, caso em que as faculdades sensoriais, os juízos e os sentimentos estéticos são parte integrante da produção de conhecimento. Ou pode ser emocional, de tal maneira que o pesquisador se coloca no lugar de alguém a fim de "empatizar" com os estados emocionais do ator organizacional.

Este livro trata da compreensão empática que prioriza a estratégia estética. É um método específico e parcial, especialmente se comparado com o mais geral descrito quando ilustrei os componentes da compreensão empática das organizações. Ele liga a ação intencional ao conhecimento estético dos sujeitos envolvidos e, baseado nisso, descreve a ação significativa nas organizações. Contudo, isso significa inverter a relação entre compreensão empática e causal tal como estabelecida por Weber e debatida na *Methodenstreit* mencionada no início deste capítulo. É um método centrado no fato de que o dilema entre uma objetivação baseada na causalidade, de um lado, e o reviver da experiência do ator organizacional, de outro, está longe de ter sido resolvido. É a significação e a força desse dilema que constituem o motor da compreensão estética da vida organizacional. Como procurei mostrar, e continuarei a fazê-lo nos próximos capítulos, essa compreensão está muito distante — e até mesmo em oposição a eles — da compreensão causal e do *pathos* da objetivação, tão próprios das análises da ação intencional.

3

O caráter elusivo da estética organizacional

No capítulo anterior, destaquei o valor da compreensão empática, em oposição à compreensão causal, para uma abordagem estética da ação significativa nas organizações. Porém, utilizar o conceito de estética para caracterizar distintamente uma abordagem do estudo das organizações não significa que esse estudo deva ser unívoco e padronizado.

A esta altura, é prudente definir o que significa "estética", tanto em termos filosóficos, quanto no que diz respeito às teorias da arte e aos estudos da criatividade. Como veremos neste e nos próximos capítulos, os filósofos sempre se dividiram quanto à definição da estética. E, no curso do século XX, em especial, o debate chegou a antropólogos, psicólogos, semiólogos, sociólogos, críticos de arte e também aos próprios artistas. Por um lado, a definição de estética tem uma longa história, cujas origens remontam à filosofia do século XVIII e cujas raízes chegam à Grécia antiga; por outro, a estética organizacional é social e coletivamente construída pelos sujeitos das organizações. Começo por esta última e, para tanto, devo voltar ao artefato organizacional da adivinhação discutido no primeiro capítulo.

A estética como diferença de sentimento

A construção, a desconstrução e a redefinição dos artefatos organizacionais examinadas no capítulo 1 ressaltaram a importância da negociação da estética. Mostrou-se também que uma característica particular dos artefatos organizacionais é o processo de negociação pelo qual a estética é afirmada ou negada. Em conseqüência, a estética organizacional não constitui um terreno imaginário de paz, harmonia e amor. Ao contrário, salientei várias vezes que ela está submetida ao conflito social nas organizações, à violência das culturas empresariais, ao poder das coalizões dominantes na vida organizacional.

A lembrança da estética de um artefato organizacional determinado propicia provas vívidas disso. Certas conotações estéticas do artefato persistem na experiência dele que os sujeitos lembram de ter tido na organização. Ao reviver a lembrança desse artefato, eles fazem aparecer o que eu chamarei de "características estéticas dominantes", ou de "estética dominante" da experiência que têm dele. Essas características representam a estética afirmada e transmitida pelas negociações realizadas ao longo do tempo entre diversos atores organizacionais até que, em muitos casos, elas não são mais postas em dúvida. Ou seja, pode ser dado como certo que um artefato organizacional, por mais efêmero que seja, provoque alguns sentimentos estéticos, em vez de outros, nos sujeitos que conservam lembranças dele.

Isso aconteceu com o artefato do enigma. Quando o propus aos meus alunos, o fiz na suposição de que havia uma estética organizacional compartilhada em relação ao artefato. Tomei como certo não só que a adivinhação tinha sua própria estética, como também que algumas qualidades estéticas lhe eram particulares e predominavam sobre as outras. E isso se revelou correto. Nenhum dos alunos me perguntou: "Uma adivinhação. Mas por quê?". Eles imediatamente se divertiram ou se ofenderam com a idéia; mas esse resultado pode não ocorrer em todos os contextos ou situações. A estética organizacional do enigma foi de imediato explicada ao leitor, uma ação que estaria deslocada numa sala de aula italiana.

Quero ressaltar, antes de mais nada, que em alguns contextos sociais e organizacionais não é aconselhável considerar como favas contadas o artefato organizacional em termos do conhecimento estético dele, ao passo que em outros contextos, é apropriado fazê-lo. Trata-se, sem dúvida, de uma observação de importância capital para a compreensão estética das organizações. Ela enfatiza que a estética não deve ser examinada partindo-se da pressuposição de que é objetiva e universalmente verdadeira.

Em segundo lugar, quero destacar que essa estética, nesse contexto organizacional específico constituído pela sala de aula italiana, foi dada como certa para garantir o sucesso do curso de ação que havia sido ativado. Em outras palavras, havia um acordo presumido quanto à estética dominante do artefato em sua reconstrução experiencial nas lembranças dos membros da organização. Em conseqüência, a menção ao artefato deflagrou quase automaticamente sua reconstrução e sua ressurreição na memória. Os pressupostos sobre a estética dominante foram dados como certos graças a um processo de compreensão empática estética. Aliás, foi precisamente a forma estética do conhecimento organizacional — que é aprendido e reconstruído graças às organizações e vivido e revivido graças aos artefatos organizacionais — que foi usada para gerir os processos organizacionais e criar novos artefatos organizacionais. No que concerne à adivinhação, a estética utilizada com objetivo pedagógico para intrigar os estudantes foi a do prazer e do jogo. Essa estética não era compartilhada por todos os alunos, como vimos, mas caracterizava o artefato mesmo quando descontextualizada de seu cenário costumeiro da escola maternal e reconstruído no da universidade. Era uma estética dominante no enigma, mas não nos artefatos da educação infantil.

Todo artefato organizacional pode, assim, ser caracterizado por uma estética particular dominante que não é vista, mas ativada e utilizada na gestão da vida organizacional. Vimos bons exemplos disso no primeiro capítulo, quando discuti as cadeiras: esses objetos diferem em sua estética, dada por certa e, portanto, invisível devido à estética dominante diversa, e são usados de modo diverso devido a diferenças no sentimento estético.

A experiência da diferença, observa Mario Perniola (1997:154-155), assinala o abandono do conceito de identidade, em torno do qual girava a lógica aristotélica, e do conceito de contradição, que constituía o cerne da lógica hegeliana. Diferença significa "não-identidade", escreve Perniola, tem sua origem no sentimento e opera no interior dele. É um sentimento impuro, pois está imbuído das ambivalências da experiência vivida, que são impossíveis de recompor numa representação coerente e unitária porque são irredutíveis à identidade. Em vez de ser um conceito análogo à noção lógica de diversidade ou à idéia dialética da contradição, para a compreensão estética da vida organizacional, diferença significa:

1. *Exploração da ação intencional nas organizações.* Isso se faz por meio do sentimento e se harmoniza entre termos assimétricos em relação uns aos outros. A estética destaca a diferença de sentimento nas organizações, não empregando explicações estéticas lógicas, mas permitindo que a própria existência da diferença se manifeste com seus paradoxos, suas incongruências e suas explicações inacessíveis ou inexistentes.

2. *Experiência da inevitabilidade do conflito organizacional.* Isso não só é impossível de eliminar ou evitar, como não pode ser resolvido por meio da dialética que afirma uma posição contra a outra e deriva disso uma ordem organizacional superior. A estética enfatiza esse conflito e sua irredutibilidade na vida cotidiana das organizações, em decisões estratégicas e microdecisões, nos artefatos produzidos ou reconstruídos nas organizações. Trata-se de uma estética dominante nos artefatos organizacionais e na memória que reconstrói os atores organizacionais. Há uma irredutibilidade de "não gosto disso" ou "não sinto assim", comparada com a racionalidade do "não entendo" que pede esclarecimento e, portanto, persuasão.

3. *Viver e reviver as múltiplas características da ação intencional nas organizações e sua natureza específica e individual.* A estética salienta que a pluralidade dos sentimentos nas organizações não deveria ser conceituada de forma a ficar contida nos esquemas especulativos e teóricos da interpretação relativista. Isso desnaturaliza o caráter da diferença, superpondo nela as manifestações multiformes da verdade e da singularidade da organização.

4. *A fusão e a interconexão estreita do sentimento humano reificado e a "coisidade" que aparece como dotada de sua própria sensibilidade.* A diferença de sentimento nas organizações não existe além e acima da "coisidade" dos artefatos organizacionais, sejam materiais ou impalpáveis. Os fenômenos e eventos que ocorrem nas organizações não são a síntese de algum procedimento especulativo e ideal. São "coisas", e a estética os torna cognoscíveis em seu ser-diferente observando seu uso efetivo na rotina cotidiana de uma organização.

A diferença de sentimento revelada pela estética é, assim, uma premissa teórica essencial da abordagem estética das organizações: não por pressupor a diferença, mas porque a estética traz a diferença de sentimento para primeiro plano.

Diferença de sentimento, existencialismo, hermenêutica e desconstrutivismo

O filósofo hermenêutico e existencialista italiano Luigi Pareyson (1954, 1971) formulou o problema de enfrentar o processo inexaurível das diferenças irredutíveis que concerne à estética afirmando que a realidade independe completamente do pensamento. A interpretação da realidade, por mais autêntica que seja, jamais pode levar a uma verdade definitiva. Um processo infinito é posto em movimento pelo qual há sempre uma nova verdade, presente em sua integralidade.

A pessoa humana, argumenta Pareyson em seus escritos sobre o existencialismo (1943), deveria ser concebida em termos do eu existente, da liberdade do eu e da irredutibilidade do sujeito a um começo formal ou a uma instância ontológica. A "pessoa" é concreta, ela é a encarnação do corpo e é participação na existência. Há um abismo, uma exterioridade e um atrito nessa consideração hermenêutica entre a coisa e o sujeito que a interpreta, embora o sujeito sempre participe da coisa a ser interpretada.[60] Daí que a realidade e sua verdade só possam

---

[60] D'Agostini, 1997:301-302.

ser compreendidas por meio da interpretação. Em conseqüência, a verdade não é objetivável; só pode ser alcançada por meio de uma formulação pessoal e no âmbito da individualidade dessa formulação.

Para Pareyson, a diferença é a auto-referência que constitui a pessoa, e uma pessoa, ao mesmo tempo, pertence à existência das experiências sensíveis com que se envolve e participa dela. Segundo esse filósofo italiano, "verdade", "coisa", "obra de arte", "texto" são apenas "apelos" aos quais a "pessoa" pode ou não responder. Sua posição, portanto, está em desacordo com a de Heidegger e com a ontologia hermenêutica de Gadamer, observa Franca D'Agostini (1997:319). Pareyson não aprovava o esquecimento heideggeriano da concretude da existência humana, do caráter vivo e carnal da pessoa. Rejeitava também a desresponsabilização do eu no processo interpretativo pensado por Gadamer. Isso está evidente em seus escritos sobre estética.

Partindo de um ponto de vista enraizado na hermenêutica de Wilhelm Dilthey e Schleiermacher, Pareyson, em seu livro *Estética: teoria da formatividade*, descreve a interpretação como uma reconstrução do processo subjacente ao texto a ser interpretado. Toda operação humana é formativa, declara;[61] diga ela respeito ao pensamento ou à ação; toda operação humana "forma" alguma coisa. Por exemplo, quando circunscrevemos e resolvemos um problema, realizamos "movimentos de pensamento" e, mediante um "ato de invenção", descobrimos os mais apropriados desses movimentos e os formulamos. Formar significa dar forma, e isso envolve a atividade interpretativa da pessoa e a reproposição da diferença. O trabalho do pensamento ou da prática é determinado e especificado, e realizado ao mesmo tempo em que se inventa o processo pelo qual ele deve ser feito. A teoria da formatividade estabelece assim uma relação entre formas e pessoas: as pessoas interpretam as formas que foram geradas por um processo interpretativo que é inexaurível em termos concretos e objetivos e que nada tem a ver com uma abstração teórica. A interpretação é possibilitada pela

---

[61] Pareyson, 1954; trad. bras. 1993:25.

remoldagem que a pessoa faz da dinâmica formativa que deu origem a uma forma particular.

De acordo com Franco Restaino (1991:226), Pareyson endossou a afirmação de Dewey de que a estética diz respeito a toda a complexidade das experiências humanas. Dewey (1934) desenvolveu uma teoria pragmático-naturalista segundo a qual a experiência estética não é um aspecto excepcional da vida humana. E também não se restringe aos objetos estéticos produzidos pelo que se convencionou considerar "as artes". Ao contrário, a estética é uma característica particular da experiência humana que a sociedade moderna abafou com suas distinções e circunscrições. Há um elemento artístico em todo trabalho humano, escreve Pareyson. Em cada campo do esforço humano há um esteticismo fundamental enraizado na vida espiritual das pessoas, e restringir a estética à arte é efetuar uma "amputação" crua e artificial. A arte é outra coisa. Todo trabalho é formativo, mas o trabalho artístico é *"formação*, no sentido de se propor intencionalmente a formar".[62] Isso significa dizer que a arte é pura formatividade, é a formação pela pura formação. E é assim porque um trabalho artístico envolve um processo de invenção e produção realizado somente para si mesmo e não para produzir obras que sejam práticas ou especulativas, ou de algum outro tipo. Porém, a arte exige "matéria a formar",[63] um receptáculo da forma. De outro modo, a formatividade pura seria uma abstração, em vez de concretude, determinação e singularidade. A arte precisa de um "material", mas esse material não deve transformar a pura formatividade artística em formatividade comum. A característica peculiar do trabalho artístico, na verdade, é a intencionalidade de dar forma com o único objetivo de dar forma.

A compreensão da ação intencional, tal como discutida no capítulo 2 — e não apenas quando é dirigida para a criação artística —, repousa então nos seguintes princípios:

---

[62] Pareyson, 1954; trad. bras. 1993:25-26.

[63] Ibid., p. 30.

1. A estética faz parte de toda a gama de experiências humanas na vida organizacional cotidiana. Ela diz respeito a todas as áreas do esforço humano, do prático ao especulativo.

2. A arte não coincide com a estética. Pode-se observar a arte de organizar observando o trabalho dos gestores, ou a arte do entretenimento observando o desempenho de músicos ou atores. Pode-se observar um mecânico quando ele se dedica à arte de regular um motor, ou um designer em sua mesa de desenho absorto na arte de desenhar a carroceria de um automóvel. Segundo Pareyson, tudo isso são artes, que se distinguem por um "de" que as liga a uma atividade em particular. Não são ações intencionais realizadas puramente por elas mesmas, como as do artista.

3. A necessidade de um material e a diferença descrita por Pareyson põem em destaque o componente "sensível" da compreensão da ação intencional nas organizações. Já encontramos essas características no primeiro capítulo, onde mostramos que a coisidade e a diferença distinguem os vários artefatos organizacionais examinados. Uma cadeira, por exemplo, é sempre concreta e diferente graças ao seu ser-em-uso — isto é, graças à seqüência infindável de atos interpretativos que fazem dela uma "coisa particular".

Em conseqüência, não há um "original" que possa ser apreendido pela interpretação. Existem apenas significados substitutos que surgem no contexto de uma cadeia de diferenciais, como observa Jacques Derrida (1967a; trad. bras. 1973:194-195). Não devemos, portanto, submeter as diferenças de significação a um "sistema do sentido" (*système du sens*), pretendendo assim ter domínio absoluto sobre elas, mesmo que esse domínio seja apenas formal.[64] A atenção do sujeito que busca conhecer deve, ao contrário, se concentrar no nível da diferença

---

[64] Derrida, 1967b:401.

(*différance*), constituído de diferenças irredutíveis e polissemias.[65] Em conseqüência, a diferença não consiste em uma dialética de opostos que começa no postulado da identidade, mas em uma interação labiríntica de diferenciais, alusões e repetições, da remissão de signos a eles mesmos e a outros, de duplicação e simulacro. Somente esses elementos são suscetíveis de interpretação, pois, de um lado, o objeto original já é uma rede de interpretações e transcrições[66] e, de outro, embora toda interpretação exponha e revele, simultaneamente esconde e obscurece. Portanto, descrever é "desconstruir" essa cadeia de diferenciais, mas sem pressupor ingenuamente algum tipo de metafísica da diferença, como se existisse um princípio teleológico que impusesse ordem às diferenças e polissemias.[67]

O tema da metafísica nos leva aos argumentos que serão examinados na próxima seção. Aqui, para resumir, diria que, quando uma abordagem do estudo das organizações é dita "estética", isso significa que o pesquisador se concentra em elementos de distinção e diferença na vida organizacional. Esses elementos revelam o caráter elusivo da estética organizacional porque não há "realidade organizacional estética" a ser apreendida. Desse modo, a compreensão estética é um conhecimento enfocado e situado precisamente porque o próprio objeto de estudo sugere métodos de investigação e análise que propiciam *insights* tão afinados com a experiência vivida que esta pode ser revivida na imaginação. Essa é a característica crucial da compreensão estética da vida organizacional: uma forma de conhecimento ligada à experiência e à imanência, às nuances e aos detalhes, ao sensível e ao mundano, à construção e à reconstrução da experiência vivida.

Estética como finitude do conhecimento

Pode-se discernir no nascimento e no crescimento da estética no século XVIII a experiência sensível, a imanência e a finitude que sur-

---

[65] Derrida, 1967b:249.

[66] Ibid., p. 200.

[67] Ibid., p. 146.

gem das limitações do mundo concreto. Isso não quer dizer que filósofos ou estudiosos da estética não tenham tentado enquadrar o tema num contexto metafísico e transcendente. Mas, desde suas origens como disciplina moderna, a estética tendeu a se confinar à esfera especificamente humana e tangível em que os fenômenos só existem em relação com as pessoas e na medida em que constituem experiência vivida, isso porque a estética sempre considerou seu objeto tudo o que pode ser relacionado com o "sensível".

A estética não envolve a poesia escrita para cantar loas ao Deus cristão, a edificação de igrejas para transmitir Seus preceitos ou a criação de afrescos nas paredes para celebrar a palavra do Senhor. A estética não fala do paraíso, do inferno ou do purgatório, porque é o além que dá sentido à experiência terrena dos indivíduos. Tudo isso é arte, não estética. Esta, para citar a raiz *aisth* do verbo grego, que significa sentir, é o conhecimento produzido pelos órgãos sensoriais.[68] Assim, a estética difere totalmente do divino que dá sentido e valor à experiência sensível humana. A estética é a sensibilidade ativada para ajudar o ser humano a observar, assim como a "anestesia"[69] é o meio pelo qual as faculdades sensoriais são entorpecidas, e um desses meios pode ser a arte. Com efeito, é possível observar a transformação da sensibilidade em insensibilidade estimulada pela arte, a estetização da realidade cotidiana pela decoração, pelo hedonismo e pelo domínio da ilusão. Essas são maneiras de "anestesiar" os atores organizacionais e, desse modo, torná-los insensíveis e totalmente incapazes de compreender a vida organizacional. Ao contrário, a estética implica um esforço que ativa as faculdades sensoriais e aguça sua percepção dos fenômenos físicos. Não devemos, portanto, levar em conta apenas o que é estético, mas também o que é "anestésico" e embota, mesmo que temporariamente, as faculdades sensoriais.

A estética vê os seres humanos como "sujeitos" de suas experiências sensíveis, tanto experienciais quanto cognitivas. A esfera do sen-

---

[68] Barilli, 1995:16.

[69] Marquard, 1989:9, 11-12.

sível é totalmente dependente de todos aqueles significados que não são legitimados pelas faculdades humanas finitas, imperfeitas e socialmente construídas. É o domínio de tudo que pode ser reconhecido como extra-racional na experiência humana. Assim, ao postular a validade dos valores humanos acima e além das ordens cósmicas da religião, da filosofia e da política, no nível do conhecimento sobre os fenômenos humanos e sociais extra-racionais, a estética lança um desafio análogo ao do método científico cartesiano no século XVII. Aliás, foi o estudo do extra-racional, sem a busca de explicações teleológicas, que marcou a revolução intelectual do século XVIII, concomitante ao nascimento da estética.

Ainda hoje, os seres humanos são distinguidos dos animais por sua faculdade de raciocínio: por seu intelecto e, não, por sua sensibilidade. A estética do século XVIII não só se colocou fora do território da teologia como rompeu com o constructo social da pessoa humana como ser capaz de pensar. Em outras palavras, não eram mais as faculdades intelectuais que transformavam sozinhas um indivíduo em "sujeito". A estética permitiu que as faculdades sensoriais que produzem uma compreensão da experiência sensível se tornassem parte do constructo social que define as características distintivas dos seres humanos. Nesse sentido, a estética refletia a mudança radical que afetou todos os campos do conhecimento no século XVIII.[70] O ponto de vista da pessoa humana encontra legitimidade na finitude de seu conhecimento do sensível. Quando o estudo estético da ação humana tornou-se independente da teologia e da metafísica, encerrou-se uma fase da história humana e, com ela, um paradigma cultural.

Tudo isso significa que é possível estudar e compreender a ação humana em termos de sua finitude sensível, e não em termos de sua finalidade. A ação humana "torna-se" o que a visão, a audição, o tato, o paladar e o olfato — ou seja, as faculdades sensoriais — nos permitem perceber. Ela se torna o odor de um perfume ou a sensação muito

---

[70] Ferry, 1990:35.

diferente de um guincho dissonante. Ou o arranjo ordenado de nossos instrumentos de trabalho, algo que é agradável aos olhos e à mente. Ou a sensação íntima da pele de nosso(a) parceiro(a) pelo tato e pelo olfato, enquanto a exploramos com os olhos. É experiência humana adquirida por ela mesma, não em nome da religião, da ciência ou da ética. A carícia de um pai no filho não precisa significar nada, nem a pureza do amor, a bondade de um gesto, a verdade de uma relação natural. O carinho da mãe pode ter seu próprio *pathos*, pode significar beleza, provocar emoção, pode mesmo, paradoxalmente, ao mesmo tempo suscitá-la e transmiti-la. Do mesmo modo, o trabalhador não arruma suas ferramentas com o objetivo de trabalhar com mais eficácia ou porque esse ato desperta um sentimento de vinculação à organização. Ao contrário, a qualidade estética da ação reside em seu ser-em-uso dentro da organização, sem que esteja ligada aos objetivos da organização ou ao que seja funcional para ela.

Finitude, estética e teoria fenomenológica

Uma visão similar a essa delineada acima foi proposta por Edmund Husserl (1913) e exposta em seus cursos sobre a síntese passiva (1920-1926), que trataram da constituição original (*Urkonstitution*) da "coisa", observa Liliana Albertazzi (1989:137). O ponto de partida dessa teoria fenomenológica foi a especificidade de todo objeto material, e sua intenção principal era "descrever" a rede cerrada de atos de experiência ligados à percepção da realidade sensível.

Um som, por exemplo, tem a natureza de ser um som em geral e pertence, portanto, a uma "região" particular dos objetos empíricos perceptíveis pela sensibilidade. Ademais, ele tem a natureza de ser um som em particular porque possui propriedades materiais e temporais específicas — tais como duração, volume, timbre e tonalidade — que o distinguem no espaço e no tempo. Com essas estratificações de sentido e nessa forma particular, o som causa um impacto em nossas faculdades sensoriais. Não se trata de uma entidade objetiva e transformável em signos matemáticos, nem é uma entidade exclusivamente mental.

Na verdade, trata-se de um conjunto de qualidades que exigem a ativação das faculdades sensoriais pelo sujeito cognitivo, um sujeito que, por sua vez, possui um corpo que se move no espaço e no tempo e que não opera de maneira isolada, mas como um eu vivo cercado por outros sujeitos corpóreos que percebem a mesma realidade sensível.

O sujeito cognitivo da fenomenologia de Husserl encontra-se sempre numa relação intersubjetiva com outros sujeitos, e a percepção exata do mundo se funda na capacidade desses sujeitos de efetuar o ajuste recíproco dos juízos cognitivos compartilhados. Desse modo, o sujeito está relacionado com uma comunidade de sujeitos, e é na esfera das relações intersubjetivas que a natureza objetiva da descrição fenomenológica se forma. Essa objetividade nada tem a ver com um mundo presumido realista ou reificado, mas é construída por processos intersubjetivos cujo principal referente, escreve Elio Franzini (1991:51), é o sujeito corporal, o corpo estético.

A descrição fenomenológica deve ser capaz de apreender essas várias camadas de significação, porque são elas que oferecem um conhecimento do mundo circundante. Essas camadas tornam-se mais complexas quanto mais complexa é a "coisa" que percebemos, mas elas são inerentes ao sentido específico de seu "estar-no-mundo". Tomemos o caso da visita a um balneário litorâneo que não conhecemos, sugere Stefano Zecchi (1978:3). Eu conheço barcos, praias e o mar desde a minha infância e eles constituem os pontos de referência essenciais de uma imagem de "paisagem litorânea" que já faz parte de minha experiência vivida. Posso então relacionar esse balneário desconhecido com uma imagem que permite que minha consciência o reconheça. Porém, o lugar também tem características que diferem de minha experiência anterior e que atraem minha atenção. A imagem da paisagem litorânea revivida em minha memória é substituída por uma nova imagem que incorpora essas características diferentes que chamaram minha atenção. Minha imagem da paisagem litorânea tem "algo" novo que eu busco interpretar com base no que vejo e sinto agora. Esse "algo" do balneário que atraiu minha atenção é vivido na experiência sensível.

Em outras palavras, de acordo com o método filosófico da fenomenologia:[71]

a) tudo que é chamado de "objeto" é um objeto que pertence à consciência;

b) o que quer que sejam ou possam ser o mundo e a realidade, devem ser representados pela consciência através dos sentidos;

c) a corporeidade fundamental de toda realidade explica a percepção sensível e a experiência sensorial.

Nada disso justifica a distinção nítida traçada entre objeto e consciência pelo racionalismo cartesiano, com seu *ego cogito*, e pelo racionalismo moderno, com sua objetivação da realidade e sua relativização do sujeito. A fenomenologia visa descrever a qualidade das coisas em si mesmas, mas não numa objetividade abstrata ou metafísica, mas em sua especificidade de objetos de experiência que são intencionalmente utilizados pela experiência. Desse modo, o conhecimento funda-se nos atos da experiência e sua "descrição" revela as qualidades específicas de sua coisidade. Trata-se de um processo sensível, constituído nos próprios atos subjetivos e em sua imanência, tal como acontece na estética quando ela é definida como uma teoria da sensibilidade que vai além da arte. Imaginação, memória e percepção, enquanto fundamentos do conhecimento do "sensível", não são estudadas por meio de um factualismo positivista, mas voltando às coisas mesmas. Como observam Elio Franzini e Maddalena Mazzocut-Mis (1996:124), pode-se então afirmar legitimamente que a gênese mesma da fenomenologia era radicalmente "estética".

Essa associação estreita entre fenomenologia e estética foi sublinhada pelo próprio Husserl em uma carta de 1907 ao poeta Hugo von Hofmannsthal. Husserl escreveu que a teoria fenomenológica está muito próxima da estética na arte pura, exceto que a fenomenologia é um

---

[71] Husserl, 1913; trad. it. 1965:300 e 84.

"ponto de vista" adotado a fim de fazer afirmações na esfera filosófica. Mas o artista adota a mesma posição do fenomenólogo em relação ao mundo: ele o observa para coletar conhecimento sobre a natureza e os seres humanos que fornecerão material para suas criações. Enquanto ele contempla o mundo, este se torna um fenômeno. A existência do mundo é uma "questão indiferente"[72] tanto para o artista quanto para o fenomenólogo, porque todo conhecimento é constituído na experiência subjetiva. Ao mesmo tempo, porém, todo conhecimento capta a objetividade inerente a esse mundo.

Esse é, portanto, o problema fundamental da possibilidade de conhecer, o enigma a ser enfrentado. O conhecimento baseia-se na relação entre a consciência e tudo aquilo de que temos consciência. Por um lado, o verdadeiro objeto-em-si não existe independentemente da consciência que temos dele e, por outro, não há consciência-em-si que não seja consciência de alguma "coisa", ou, dito de outro modo, não há consciência que não seja intencional.

Na teoria da intencionalidade que Husserl derivou da conceituação de Brentano — mas que difere desta, como vimos, no sentido de que é a projeção da consciência na direção de algo externo, de tal modo que o objeto intencional é sempre imanente à consciência —, os conteúdos da consciência intencional referem-se à toda a esfera da experiência subjetiva, das representações aos juízos, dos atos volitivos aos emocionais e estéticos.[73] Nada disso, escreve Husserl (1907; trad. it. 1985:204), pressupõe que qualquer forma de existência seja predeterminada. Toda realidade, mesmo a de nosso próprio eu, torna-se puro fenômeno. Se nenhuma forma de determinação é admitida, somos obrigados a observar e investigar de maneira puramente visual e estética. Isso não significa que não se possa ir além de um quase-conhecimento. Ao contrário, significa que se pode adquirir um conhecimento autenticamente intuitivo e evidente por si mesmo sem ir além dos meros fenô-

---

[72] Husserl, 1907; trad. it. 1985:205.

[73] Zecchi, 1978:3-4.

menos e sem pressupor que eles compreendem uma existência transcendente.

Desse modo, o problema crucial para a fenomenologia é aprender a ver e sentir. Isso nos obriga a renunciar à obviedade e à imposição de significados das "coisas" pelo hábito ou pela tradição. Ver e sentir tornam-se a capacidade da consciência de traduzir uma intuição individual e empírica numa intuição essencial das formas permanentes do que se experiencia. O próprio corpo do sujeito consciente é importante nesse sentido, pois todas as significações da experiência estão envolvidas na especificidade e operacionalidade do corpo. O conhecimento está enraizado no corpo, que é seu *locus*. Essa compreensão empática que — como vimos no capítulo 2 — me possibilita experienciar o corpo de outrem como similar ao meu, e que fornece uma analogia qualitativa com esse outro corpo, apreende o ser-no-mundo da humanidade, especialmente quando as relações qualitativas apresentadas pelo objeto não o confinam numa relação de conhecimento causal.[74]

A estética como finitude da vida organizacional

A compreensão estética da vida organizacional enfatiza a experiência sensível finita e concreta. A qualificação de "estética" dada a essa abordagem destaca seu rompimento paradigmático com a visão das organizações como entidades dominadas pelas capacidades humanas intelectuais e raciocinativas, enquanto todas as outras faculdades só têm sentido se são subservientes a essas capacidades ou são controladas por elas. Ao contrário, a qualificação de "estética" busca dirigir a atenção do pesquisador para os aspectos sensíveis das organizações, para a construção, a redefinição ou a repressão da experiência sensível, para a experiência revivida na memória.

Com suas raízes na rejeição do século XVIII à tese de que os seres humanos se distinguem dos animais por sua capacidade racional, na filosofia fenomenológica do primeiro Husserl, no desconstrutivismo

---

[74] Franzini, 1991:54.

de Derrida e no pensamento hermenêutico e existencialista de Pareyson, a abordagem estética busca o "sensível" na ação intencional no interior das organizações, ao mesmo tempo em que problematiza o conhecimento exclusivamente mental da intencionalidade dessa ação. Discernimos então uma conexão direta com a filosofia humanista, e não com a científica, que considerava a lógica uma disciplina de conceito, em vez de cálculo, e que se fiava nas interpretações, construções e descrições, em vez de nos resultados produzidos pelas ciências exatas e naturais. É evidente que a estética e as teorias da arte são o fundamento filosófico dessa abordagem do estudo das organizações, mas que isso não consiste em desconsiderá-las como metafilosofia, mas em reconhecer seu valor antitético ao conhecimento da ação intencional totalmente mental e, com freqüência, inteiramente racional. Também está envolvida nisso a mudança ética ocorrida na filosofia durante os anos 1980 e 90,[75] que fez com que a investigação se concentrasse na "esfera prática" e, assim, salientasse o fracasso da concepção da filosofia como metafísica, propiciando a legitimização ética de princípios como o pluralismo e a contextualidade. Foi uma mudança ética orientada para a compreensão dos problemas fenomenológicos organizacionais e que desafiou o imperativo da aplicabilidade do conhecimento organizacional.

A finitude — como característica qualitativa atribuída pela estética ao estudo da vida organizacional — é também antitética ao assim chamado "paradigma da meta" na teoria das organizações. Esse paradigma, sustenta Petro Georgiou (1973:291-292) está tão profundamente arraigado em nossa consciência que constitui agora uma verdade, em vez de um constructo teórico, porque no âmago dos estudos organizacionais sempre existiu uma conceituação das organizações como meio de atingir fins. Citando Edward Gross (1969), Georgiou observa que há um acordo geral de que as organizações se distinguem de todos os outros sistemas pela presença dominante de um fim, uma meta que deve ser estudada a fim de avaliar como e em que medida ela é alcançada

---

[75] D'Agostini, 1997:9-10.

pelas organizações, mas que jamais é posta em xeque ou contestada. Em conseqüência, como um leito de Procusto, o paradigma da meta adapta a si mesmo todas as novas teorias da organização e absorve contraparadigmas no estudo da organização, independentemente do potencial explicativo deles. A raiz grega *organon*, que evoca a idéia de instrumento, e o fato de que o conceito de paradigma destaca o ato de fé realizado por aqueles que aderem a ele tornam o paradigma da meta profundamente diferente de um constructo teórico que pode simplesmente ser descartado quando perde a utilidade. É possível conceituar as organizações independentemente do paradigma da meta? Georgiou (1973:299-300) sustenta que sim, se considerarmos as organizações como:

a) não dotadas de personalidades;

b) não constituídas por indivíduos despersonalizados;

c) incapazes de influenciar de modo decisivo aqueles que lhe dedicam sua energia e seu trabalho.

Georgiou propõe, portanto, um contraparadigma que nos permite superar a concepção das organizações como meios de alcançar fins e segundo o qual as organizações são o produto das interações de seus membros. Em outras palavras, ele propõe uma inversão da relação entre indivíduo e organização, em que o primeiro tem mais peso que a segunda. Essa inversão de ênfase caracteriza também outras abordagens do estudo das organizações que, durante os anos 1970, se apresentaram como alternativas às análises estrutural-comparativas e às análises centradas nas contingências estruturais.[76]

Georgiou baseia seu contraparadigma nas teorias de Chester Barnard, que considerava as organizações instrumentos de cooperação, incentivo e distribuição. A abordagem estética também se inspira nas idéias de Barnard, em particular naquelas de cooperação e de dinâmica recíproca entre organização formal e informal. Surge assim uma visão

---

[76] Zey-Ferrel, 1981.

da organização como fundada principalmente nos sujeitos que são volitivos, capazes de ação intencional cooperativa e de escolha. Observando-se a direção ou o efeito de suas atividades, escreve Barnard (1938; trad bras. 1971:105), é possível deduzir o "objetivo comum" da organização. A meta, portanto, é o produto da ação organizacional deles, segundo o princípio de que o desejo vago de se associar a outros não basta para uma organização formal. Para que isso ocorra, a vontade de cooperar deve prevalecer e, para que isso aconteça, a cooperação deve perseguir um objetivo, em outras palavras, a meta da organização.

> Por isso, um propósito objetivo, que pode servir como base de um sistema cooperativo, é aquele que os contribuintes (ou contribuintes em potencial) *acreditam* ser o propósito determinado da organização. Inculcar a crença na existência real de um propósito comum é uma função executiva essencial. Essa função de inculcar explica muito trabalho educacional, ou dito moral, que se vê em organizações políticas, industriais e religiosas, e que de outra forma seria inexplicável (1938; trad. bras. 1971:106).

Essa ênfase atribuída à necessidade de persuadir os indivíduos da existência e do sentido do objetivo comum da organização acarreta o reconhecimento de que uma organização não é uma realidade objetivamente dada que transcende a intersubjetividade estabelecida na vida cotidiana organizacional. Ao contrário, a meta comum deve ser construída e reconstruída para tornar-se uma crença compartilhada. Essa deve ser uma das principais atividades das organizações se estas quiserem se beneficiar da vontade dos indivíduos de cooperar. A persuasão também ilumina a irredutibilidade e a pluralidade dos motivos pessoais que induzem as pessoas a cooperar. Barnard mostra que freqüentemente se supõe que a meta comum e a motivação individual são idênticas, ou que deveriam sê-lo. Mas nem sempre é assim:

> O motivo individual é, necessariamente, uma coisa interna, pessoal, subjetiva; o propósito comum é, necessariamente, uma coisa externa, impessoal, objetiva, mesmo que a sua interpretação pelo indivíduo seja subjetiva. A única exceção a essa regra geral, e importante, é que a realização de um propósito de organização torna-se, ele mesmo, uma fonte de satisfação pessoal e um motivo para muitos indivíduos em muitas organizações. Con-

tudo, penso que apenas no caso de organizações familiares, patrióticas e religiosas sob condições especiais, poder-se-ia dizer que o propósito da organização se torne, ou possa tornar-se o *único*, ou mesmo o maior motivo individual (1938; trad. bras. 1971:107).

Com efeito, as pessoas interagem, mantêm contato e se reúnem "sem nenhum propósito específico consciente de 'conjunto'".[77] Seja acidental ou organizado, esse comportamento implica interações que alteram as experiências, os conhecimentos e as emoções das pessoas envolvidas. Ao longo do tempo, ele dá origem a estados mentais e a hábitos que evidenciam o condicionamento social e a construção das experiências e da memória. Barnard refere-se a essas interações e formas agregadas quando descreve as "organizações informais", destacando que, "embora, por definição, sejam excluídos os propósitos conjuntos, não obstante, podem provir de tal organização resultados comuns ou conjuntos de tipo importante" (1938; trad. bras. 1971:129).

Essas organizações geram sobretudo costumes, conhecimentos, normas sociais, ideais, folclore e instituições. Elas precedem a constituição de organizações formais e criam as condições para elas. Portanto, as organizações formais e informais estão interligadas a partir do momento em que a organização é criada. Esse entrelaçamento persiste mesmo depois do desaparecimento da organização, e a organização formal procura perpetuá-la. A dinâmica entre elas é impulsionada por uma dependência recíproca e uma reação recíproca.[78] Enquanto as organizações formais são necessárias para a ordem e a coerência, as informais são essenciais para a vitalidade da organização e para a integridade do indivíduo, porque elas salvaguardam os sentimentos de independência, integridade pessoal e auto-respeito na vida organizacional.

Em suma, a abordagem estética da organização enfatiza que a experiência sensível das pessoas que pertencem a uma organização não é relativa ou funcional aos seus objetivos. A organização também não

---

[77] Barnard, 1938; trad. bras. 1971:129.

[78] Ibid., p. 272.

representa a ordem simbolicamente mais alta que nos possibilita dar sentido à experiência vivida dos indivíduos na organização ou explicá-la. Defendi essa posição ao discutir a diferença e a pluralidade de sentimentos na organização, e também quando descrevi as razões pelas quais a estética se afastou das teorias ambiciosas do racionalismo orientado por objetivos. A estética distingue e afasta o ser humano de qualquer explicação baseada numa finalidade, seja de uma divindade, de uma grande verdade ou, ainda, de uma organização. A estética salienta também a finitude e a importância da conexão dinâmica do espírito humano com a experiência sensível.

Estética e conhecimento tácito

Quando discuti a estética como a finitude da vida organizacional, também defini um conjunto de princípios teóricos que, como veremos, subjazem ao tema abordado nesta seção, a saber, a relação entre experiência sensível e o assim chamado "conhecimento tácito" dos atores organizacionais. A noção de conhecimento tácito foi desenvolvida pela primeira vez pelo filósofo húngaro Michael Polanyi (1946, 1962, 1966 e 1969) para definir o conhecimento que os indivíduos são capazes de pôr em prática, mas não conseguem dizer como fazem isso. A importância da relação entre estética e conhecimento tácito faz aparecer o caráter elusivo da estética organizacional. A fim de ilustrar essa relação, relatarei um incidente que ocorreu quando eu estava realizando essa pesquisa.

Eu participava de uma reunião de departamento de uma organização fabril na qualidade de observador. Como havia questões delicadas na agenda, pediram-me para não usar gravador, tomar notas muito discretamente e não deixar que minha presença fosse muito notada. Sentei-me no final da segunda fileira, perto de uma grande janela, como para simbolizar minha presença e minha não-presença simultâneas na reunião. Através da janela eu podia ver três operários que retiravam as telhas de uma pequena construção. Ao mesmo tempo distraído e atraído pelo barulho que vinha de fora, minha atenção se concentrou cada vez mais nos operários. "Que idiotas! Veja como eles estão trabalhando! E se um deles escorregar e se machucar?" Os operários ignoravam claramente todas as precauções de segurança, embora o telhado fosse muito inclinado e a construção tivesse dois andares. Na verdade, havia algumas cordas, mas ninguém parecia amarrado nelas. E nenhum deles cuidava da segurança dos outros, em vez de trabalhar.

A reunião continuava e eu prestava o máximo de atenção que podia. Mas freqüentemente esta se desviava para os acontecimentos no telhado. Estava impressionado com os movimentos de um dos operários. Embora gordo ao ponto da obesidade, ele subia e descia com surpreendente agilidade. Era obviamente o responsável pela operação, porque gesticulava ordens para os outros. Se notava que um dos colegas de trabalho estava fazendo algo errado ou não havia compreendido o que fazer, ia ajudá-lo, agarrando a corda com uma das mãos para descer, içando-se com a corda para subir, em algumas ocasiões chegando mesmo a se agarrar na base da chaminé. Quando chegava perto do outro operário, assumia o trabalho, quase o empurrando para fora do caminho. Tive também a impressão de que seu papel era o mais satisfatório, mais difícil e mais exigente. Porém, os três operários estavam concentrados em remover as telhas velhas da estrutura de madeira do telhado e depois jogá-las no pátio. Quando batiam no chão, faziam uma variedade de ruídos surdos e estrondos, todos irritantes, que perturbavam igualmente a reunião.

Espantou-me o fato de que, à medida que desmontavam o telhado, os operários removessem literalmente o chão sob seus pés. Também me impressionou a velocidade com que trabalhavam, como se estivessem tomados por um frenesi de destruição. Deviam sentir um prazer particular em jogar as peças maiores, que faziam mais barulho. Mas não achei que estivessem competindo entre si, apenas que queriam terminar o serviço o mais rápido possível. Não obstante, o que eu não conseguia entender era como não escorregavam, ou punham o pé no lugar errado. Sobretudo, estava surpreso com a intrepidez deles e pelo fato de não se deslocarem com mais cautela ou não trabalharem mais devagar: havia o declive do telhado, havia o esforço físico exigido para arrancar os materiais

O caráter elusivo da estética organizacional   **141**

velhos, havia a destreza exigida para que os materiais jogados caíssem no pátio e não sobre um colega de trabalho no próprio telhado.

Quando a reunião terminou e saímos para almoçar, parei no pátio para trocar algumas palavras com os operários, que estavam sentados no meio do entulho comendo sanduíches. Falei com o homem robusto que parecia ser o chefe e lhe perguntei: "Mas como vocês fazem?". Ele deu uma risada, os outros fizeram graça e se cutucaram com os cotovelos. Então ele bateu os pés e, como se falasse por todos, me contou que o segredo estava em sentir o telhado com os pés, como se estivessem amarrados a ele. A pessoa deve se firmar nas pernas, não fazer movimentos em falso com o torso e prestar muita atenção nos ruídos, porque eles informam o que está acontecendo. É preciso manter as mãos tão livres quanto possível, porque não se está escalando o teto, mas se está lá em cima para trabalhar.

Nos dias seguintes, conversei várias vezes com os operários, quando faziam seu lanche no pátio. O tema era sempre o mesmo: como haviam aprendido a andar no teto com tanta confiança e o que deveria saber alguém que subisse no telhado pela primeira vez. "A pessoa não deve ter medo de altura", disse um deles. "Não", corrigiu o chefe, "não adianta não ter medo de altura se a pessoa não sente o telhado com os pés. E isso é uma coisa que se precisa aprender de imediato, de primeira, porque depois é tarde demais". Eles riram, mas quando perceberam que eu não entendera a piada, explicaram que muita coisa era de fato ensinada ao novato: ensinavam-no a subir uma escada como um urso, olhando para cima e nunca para baixo, e usando pelo menos uma mão para se segurar. Ensinavam-no a não se inclinar no sentido do declive, mas sempre contrabalançar a inclinação, mantendo o corpo como se estivesse apoiado no ar, entre ele e o telhado. Ensinavam-no a reconhecer os bons pontos de apoio para se segurar enquanto trabalhava, ou para se agarrar caso perdesse o equilíbrio momentaneamente, e a tomar cuidado com os falsos pontos de apoio, incapazes de suportar seu peso. Ensinavam-no a escutar os ruídos emitidos pelo telhado, que lhe diriam se estava trabalhando com segurança. Por fim, ensinavam-no a sempre olhar para os colegas de trabalho.

Era muita coisa para aprender, admiti, mas também vago demais. Como uma pessoa pode estar segura num telhado simplesmente porque "sente" que seus pés estão fixados nele, "escuta" ruídos que nunca ouviu antes, "sente" cheiros antes desconhecidos porque estes funcionam como advertências, "se apóia" no ar e não "sente" medo. Eu aceitava que se ensinasse ao novato "ver" bons pontos de apoio, mas o ângulo que o corpo deveria adotar no telhado não estava muito claro, porque as características de base da postura correta eram deixadas para o "sentimento" individual e, portanto, dependiam da relação direta que o novato estabelecesse entre seu corpo e o telhado. A resposta foi curta e grossa: "Uma vez lá em cima, a pessoa sente logo se tudo isso vem naturalmente". Se não, "é melhor procurar outro trabalho". E depois, declarou o chefe, "a gente vê imediatamente" se alguém sabe como ficar de pé num telhado. Todo o resto vem com o tempo, mas não o conhecimento de como ficar de pé no telhado, porque isso é "difícil de ensinar". É uma coisa que "deve vir por ela mesma", sem que a pessoa pense que não pode fazer ou que estar no telhado significa apenas "estar em perigo". "Tem uma coisa bonita" no fato de trabalhar num telhado, disse ele, fixando o olhar em mim para ver se eu havia entendido. "Tem ar puro lá em cima, e pode-se ver tudo que há embaixo." São sensações "nunca sentidas" pelos que trabalham em segurança no pátio, acrescentou ele, enquanto os outros aquiesciam com satisfação evidente, embora eu não possa dizer se o faziam porque estavam de acordo ou porque o chefe havia escolhido as palavras certas para expressar seu pensamento.

Não vou me demorar mais nas minhas conversas com os operários, pois essas breves observações sobre "trabalhar no telhado" já nos levaram para o âmago das características organizacionais examinadas pela abordagem estética. Mesmo um estudo preliminar da organização da desmontagem do telhado revela várias características de sua vida organizacional: por exemplo, saber como se apoiar no ar, a beleza de uma atividade organizacional realizada com risco pessoal, o sentimento de estar preso ao telhado. Essas características não projetam uma luz significativa sobre essa organização?

É evidente que podem parecer até supérfluas quando consideradas em termos dos objetivos daquela organização. Na verdade, a descrição fornecida pelos três operários das características exigidas para trabalhar na organização deles não deixou transparecer seus objetivos. É verdade também que eu não perguntei explicitamente sobre as metas organizacionais. Perguntei como conseguiam fazer o que faziam e, em suas respostas, não houve qualquer referência a essas metas. Obviamente, isso não significa que tal referência não teria sido feita se eu tivesse conversado com outros membros da organização, ou tivesse feito uma pesquisa em contextos organizacionais diferentes do aqui discutido. Quero apenas salientar que os objetos da pesquisa empírica só raramente falam de metas quando lhes pedimos que descrevam sua organização, salvo quando especificamente estimulados a fazê-lo.

Este é um ponto importante, que tem uma influência polêmica no paradigma das metas discutido na seção anterior. Pode-se observar também que os três operários não mencionaram outros temas organizacionais, como o sucesso ou a sobrevivência da organização. Será que formulei mal minhas questões? Não creio, tendo em vista o que eles descreveram como o aspecto absolutamente vital de sua organização, o requisito essencial para a sua sobrevivência: "saber" como andar de maneira apropriada sobre o telhado enquanto o desmontam. Em conseqüência, se tentamos nos colocar no lugar deles, nos imaginar trabalhando no lugar deles ou ao lado deles — procurando dessa forma adquirir uma compreensão empática da ação significativa desses atores organizacionais —, mais clara é a importância crucial daquele conhecimento e das habilidades que a ele estão associadas para aquela organização em particular, para seu sucesso, seus lucros e sua sobrevivência. Em suma, adquirimos *insights* importantes sobre um bom número de questões consideradas essenciais pela teoria da organização. Porém, para restringir a discussão ao organizacional tal como descrito pelos três operários, observo que se trata de uma organização que:

a) exige que seus trabalhadores sejam capazes de ficar de pé em telhados, com os braços livres para o trabalho;

b) recruta operários baseando-se na sua capacidade de implementar esse conhecimento;

c) treina seus operários em muitos aspectos ligados a essa habilidade, mas não em seus aspectos principais: com efeito, nenhum dos operários mencionou qualquer tipo de treinamento em "práticas de trabalho em telhados";

d) é capaz de dizer se seus operários possuem realmente essa habilidade quando ela é utilizada numa atividade organizacional em andamento;

e) atribui ao trabalho de equipe a tarefa de aprimorar a habilidade, que faz parte do estoque de conhecimentos do operário e não da organização;

f) baseia sua característica distintiva — o de ser uma organização que monta e desmonta telhados — na ativação das faculdades sensoriais de seus operários a fim de aplicar sua habilidade.

A discussão precedente sobre o trabalho no telhado não pode ser considerada irrelevante para a estética sob o pretexto de que não diz respeito à publicidade da organização, à elegância de seus uniformes de trabalho, à beleza de suas máquinas e ferramentas, à elegância de suas relações com os clientes ou ao refinamento de seu logo. A estética, na verdade, tal como definida pela abordagem estética e discutida nos capítulos e seções precedentes, implica a ativação das faculdades perceptivas e a capacidade de fazer uma avaliação estética da ação intencional nas organizações. Por essa definição, a estética organizacional está estreitamente imbricada com o conhecimento tácito dos indivíduos. Isso significa que está ligada ao tipo de conhecimento que os membros das organizações são capazes de pôr em prática, mas que, ao mesmo tempo, escapa de uma descrição analítica e detalhada feita por esses sujeitos ou pelo pesquisador.

Mais do que qualquer outra afirmação, é a declaração do operário de que manter o equilíbrio sobre um telhado é "difícil de ensinar" que esclarece a questão. Essa frase expressa a consciência do chefe de que dizer ao novato qual é a postura a ser adotada no telhado só pode ser uma medida sem importância, porque a verdade é que ele deve "sentir por si mesmo", "compreender por si mesmo", em suma, "saber por si mesmo" o que fazer. Sentir, compreender e saber estão entremesclados e se fundem em seu ser-em-uso dentro da organização. Aqui, não há descrição explícita que possa nos dizer mais do que o sentimento de ser capaz de fazer determinada coisa, porque nossas faculdades sensoriais foram ativadas e porque temos consciência de ser pessoalmente capazes de realizar essa ação. Não há nada místico, inescrutável, inexplicável ou esotérico nisso, apenas a consideração de que as pessoas são capazes de conhecer e agir com as faculdades senso-riais de seus corpos. O *pathos* do conhecimento do "sensível", a consci-ência do que alguém é capaz de fazer com sua sensibilidade e sua per-cepção e a implementação de seu *know-how* reforçam, portanto, as capacidades das pessoas que trabalham nas organizações e/ou para elas.

A prática das habilidades, a estética e o conhecimento pessoal

Os membros das organizações utilizam habilidades que não con-seguem analisar, no sentido de que são mais capazes de aplicá-las do que de descrevê-las. Mesmo quando tentam descrevê-las em detalhes, como no caso dos operários do telhado, há uma área que permanece obscura e que diz respeito ao modo de pôr em prática essas habilida-des. Por mais detalhes que sejam dados, parece que o que conta mais na prática das habilidades permanece "indizível". A fim de ilustrar o conceito de conhecimento tácito na utilização das habilidades, Michael Polanyi cita exemplos, como manter-se flutuando quando se nada, ou manter o equilíbrio quando se anda de bicicleta ou se toca piano. São exemplos de relevância para meu tema porque implicam a ativação de uma faculdade perceptiva: o indivíduo envolvido tem um corpo e age junto com algum elemento não-humano, como o ar que o nadador respira enquanto nada, a bicicleta em que anda o ciclista ou o teclado que o pianista toca. Em outras palavras, são exemplos que não negligenciam o corpo para fazer a apologia do espírito; mostram, ao contrário, como a ação significativa ocorre graças às capacidades físicas e sensoriais dos corpos humanos e graças à relação estabelecida entre esses corpos e elementos não-humanos. São também exemplos tirados da vida cotidiana e, como vimos no primeiro capítulo, a vida cotidiana das organizações é marcada por artefatos que, como a cadeira ou o enigma, só aparentemente são de importância menor ou negligenciável. Além disso, como acabei de mostrar em relação aos operários, as organizações se beneficiam muitas vezes da utilização de habilidades desse tipo.

O principal interesse de Polanyi era o conhecimento científico e sua relação com a liberdade do cientista (1946, 1974). Thomas Kuhn (1962:44; trad. bras. 1991:69) observa que Polanyi desenvolveu "um tema muito similar" ao seu próprio argumento de que "a existência de um paradigma nem mesmo precisa implicar a existência de qualquer conjunto completo de regras". Polanyi era tão crítico do neopositivismo quanto Kuhn e, ao travar sua polêmica contra ele, fez companhia a Feyerabend, Lakatos, Popper e Toulmin. Ele atacou sobretudo, conforme observa Arcangelo Rossi (1988:9-10), a maneira pessoal pela qual o conhecimento científico é adquirido, validado e desenvolvido. A ciência, escreve Polanyi (1962:49), "é exercida pela habilidade do cientista, e é por meio do exercício de sua habilidade que ele molda o conhecimento científico". Desse modo, sua crítica tinha como alvo o positivismo lógico, que justificava a gênese do conhecimento científico sobre a base neutra da experiência e empregando um processo impessoal de indução. Em outras palavras, Polanyi lutou para criar um espaço para a variabilidade e a diferença pessoal na formulação de juízos relativos ao conhecimento, opondo-se à posição neopositivista, que justificava esses juízos com base em experiências neutras e em normas universais impessoais. Isso é evidenciado por um dos exemplos de Polanyi (1962:49-50), o de manter o equilíbrio na bicicleta.

Em sua investigação sobre como os físicos, os engenheiros e os fabricantes de bicicletas abordam a questão da manutenção do equilíbrio dos ciclistas, chegou à conclusão de que o princípio que possibilita isso é desconhecido. Não obstante, os ciclistas observam uma regra:

quando percebem que estão prestes a cair para a direita, viram o guidão para a direita, quando sentem que vão cair para a esquerda, viram o guidão para a esquerda. Essas correções são feitas constantemente e produzem uma força centrífuga que empurra o ciclista para a direção oposta àquela em que ele está caindo. Essa força centrífuga contrabalança a força da gravidade, que de outro modo o faria cair.

Esses ajustes corretivos implicam uma manobra pela qual, se o ciclista está caindo para a direita, ele executa uma ação que o desequilibra para a esquerda. Ele reage a esse desequilíbrio movendo o guidão, de tal modo que se desequilibra para a direita. Assim, o ciclista faz curvas com a bicicleta, e seu equilíbrio depende de sua habilidade de fazer as curvas apropriadas. É possível calcular que, para um dado ângulo de inclinação, faz-se uma determinada curva com a bicicleta, porque esse desvio deve ser inversamente proporcional ao quadrado da velocidade do ciclista. Mas temos certeza de que isso nos diz como manter o equilíbrio quando andamos de bicicleta?

A questão de Polanyi é importante. Uma descrição analítica da maneira de manter o equilíbrio na bicicleta pode ser uma instrução suficiente para alguém que queira aprender a andar de bicicleta. Assim, a forma tradicional de aprendizagem em campo, baseada na relação aluno/professor, desaparecerá. A figura do professor tem importância para meu exame da relação entre estética e conhecimento tácito, exame que dissipa a aura de santidade que envolve a relação entre o pupilo e um mestre de rara sensibilidade e habilidade. Porém, a resposta de Polanyi é "não", essa descrição não nos diz como andar de bicicleta.

> É óbvio que não se pode ajustar a curvatura da trajetória da bicicleta em proporção à relação de nosso desequilíbrio com o quadrado da nossa velocidade. E mesmo que isso fosse possível, cairíamos da bicicleta, pois há vários outros fatores que devem ser levados em conta na prática e que ficam de fora da formulação dessa regra. As regras da arte podem ser úteis, mas elas não determinam a prática de uma arte; elas são máximas que só servem de guia para uma arte se puderem ser integradas ao conhecimento prático da arte. Elas não podem substituir esse conhecimento (1962:50).

Se as regras do conhecimento intelectual e racional devem ser integradas ao conhecimento prático, e se elas são incapazes de determinar a prática de uma habilidade, quão confiável é a compreensão da ação significativa dos sujeitos organizacionais que deriva de regras desse tipo? A prática de habilidades é a característica fundamental da ação organizacional, e saber como fazer o que precisa ser feito é um aspecto essencial da razão de ser de uma organização e de seus princípios operacionais. As falhas de uma descrição explícita das habilidades na prática exigem que reexaminemos a contribuição heurística dada pelo conhecimento intelectual e racional da vida organizacional, de sua construção cotidiana, da ação intencional que a acompanha. Mais do que teorias, estão envolvidas aqui regras que descrevem certos detalhes da vida organizacional, mas são incapazes de descrever como essa vida se desenvolve e são inúteis para a sua gestão. A descrição explícita da prática das habilidades pode, com efeito, pôr em destaque algumas características subjacentes e pode proporcionar algumas diretrizes para a ação, mas é incapaz de nos dizer o que um ator está fazendo ou ensiná-lo a fazê-lo.

Uma primeira razão para isso, observa Polanyi (1961a:458-459), é a impossibilidade de dar uma explicação adequada das habilidades em termos de seus detalhes particulares. Em geral, pode-se identificar um certo número de detalhes de uma "entidade compreensiva" — como no exemplo da bicicleta. Mas a psicologia da *gestalt* enfatiza as limitações do conhecimento de um fenômeno social em termos de seus detalhes, pois a identificação do detalhe altera de alguma maneira a aparência do fenômeno. Desse modo, dois fatores limitam a especificação de uma ação significativa.

Primeiro, o processo de especificação, exatamente porque isola o detalhe de uma entidade compreensiva, transforma esta última em outra coisa e modifica seu sentido original. Polanyi ilustra esse fenômeno referindo-se à cor e mostrando que se "a cor de qualquer trecho da superfície varia com o contexto em que está colocada, padrões coloridos não são especificáveis em termos de seus detalhes isolados" (1961a:459). Portanto, é na prática que as habilidades dos atores organizacionais adquirem sua "verdadeira "cor". Se consideradas de modo distinto e separado de seu ser-em-uso, adquire-se somente o conhecimento dos detalhes que as compõem, isolados e modificados. A prática das habilidades é o *locus* metafórico em que elas podem ser vistas. Se os três operários do telhado estivessem no pátio, preparando os materiais para consertar o telhado, em vez de estarem lá em cima fazendo seu trabalho, eu não teria observado suas habilidades em ação.

O segundo fator é que sempre há algo deixado sem especificação, alguma coisa que escapa ao conhecimento explícito, e isso não tem, de forma alguma, importância secundária. Com efeito, somos obrigados a reconhecer sua supremacia na dimensão crucial da ação significativa constituída pela utilização das habilidades, pela prática da ação intencional. Polanyi chama esse algo de "conhecimento tácito" e relaciona essa forma de conhecimento com nossos corpos, dado que uma "combinação peculiar de fazer e saber hábeis está presente no funcionamento de nossos órgãos sensoriais" (1961a:461).

O conhecimento racional é incapaz de compreender o que está sendo feito no momento em que é feito, e como é feito. Ele só é capaz de apreender um conjunto de detalhes da ação intencional, mas esses detalhes são desnaturados por esse ato cognitivo. O conhecimento sobre o que está sendo feito não é adquirido intelectualmente, mas tacitamente. Trata-se assim de um conhecimento indizível, que não responde a critérios objetivos e universais e que cada um de nós possui de modo inteiramente pessoal. Contudo, é um conhecimento que sabemos que temos. Ainda que os três operários tenham sido incapazes de dizer como mantinham o equilíbrio no telhado, eles sabiam que eram capazes de mantê-lo, assim como um ciclista sabe como andar de bicicleta sem ser capaz de explicar como mantém o equilíbrio. Para transmitir o que quer dizer com "conhecimento tácito" na prática de habilidades, Polanyi (1962:55) traça uma distinção entre dois tipos de consciência — a consciência focal e a consciência subsidiária:

> Quando usamos um martelo para pregar um prego, damos atenção ao prego e ao martelo, *mas de maneira diferente*. Nós *observamos* o efeito de nossos golpes no prego e tentamos brandir o martelo de modo a atingir o prego da forma

mais eficaz. Quando baixamos o martelo, não sentimos que seu cabo bateu na palma de nossa mão, mas que sua cabeça acertou o prego.

Os dois tipos de consciência concernem: a) ao impacto do martelo na palma e nos dedos, e b) à sensação de que o prego entra na madeira. As sensações na palma da mão e nos dedos quando agarram o cabo do martelo nos permitem brandi-lo com mais eficácia. Prestamos muita atenção a essas sensações não porque sejam o objeto de nossa atenção, mas porque são seus instrumentos:

> Elas não são consideradas por elas mesmas, pois observamos outra coisa, ao mesmo tempo em que nos mantemos intensamente consciente delas. A *consciência subsidiária* que possuo da sensação na palma da minha mão se funde com a *consciência focal* do prego que entra na madeira.

O impacto do martelo na mão é indefinível, assim como "são indefiníveis os atos musculares que compõem um desempenho habilidoso", escreve Polanyi (1961a:462). Portanto, trata-se de atos musculares semelhantes aos dos três operários no telhado; atos dos quais temos consciência em termos dos instrumentos que produzem estímulos internos que depois se fundem para formar percepções. O corpo é usado como se fosse um instrumento em todas as transações com o meio ambiente, e temos somente uma consciência subsidiária dos elementos que integramos aos nossos corpos; uma consciência subsidiária do que o corpo toca, sente e vê externamente, do fato de que assimilamos os instrumentos que usamos, como o martelo. Quanto mais somos capazes de utilizar determinado instrumento, mais distantes e integradas são as sensações que ele provoca em nossos corpos. Em conseqüência, não notamos o instrumento que utilizamos, assim como não notamos as mãos com que o utilizamos, os olhos com que olhamos onde bate o martelo, os ouvidos que escutam a batida do martelo, ou nossas narinas que sentem o cheiro do metal e da tinta. Quando tudo isso acontece, então podemos dizer que temos verdadeiro domínio de nosso corpo e dos elementos não-humanos com os quais o completamos, um domínio de tal natureza que não temos consciência nem de nosso corpo nem dos elementos não-humanos distintos de nós.

Em conclusão, não temos em geral consciência focal dos instrumentos que dominamos. Ao contrário, nós os experimentamos de maneira subsidiária, como fazemos com nosso corpo e, nesse sentido, os elementos subsidiários são interiorizados no corpo em que vivemos. Em outras palavras, chegamos a nos identificar com tudo o que experimentamos de maneira subsidiária.[79] O instrumento retorna à nossa atenção focal quando o buscamos, preparamos ou ajustamos, isto é, quando não está em uso, assim como nosso corpo atrai nossa atenção focal quando nos ferimos, quando nos irritamos com um barulho, quando estamos cansados ou quando estamos com fome, em suma, nas situações em que não estamos no comando de nossas habilidades. Isso deve deixar claro que as consciências focal e subsidiária "não são definitivamente *dois graus* de atenção, mas *dois tipos* de atenção dada aos *mesmos* detalhes".[80] Do mesmo modo, deve mostrar que "processos reconhecidos de aquisição de conhecimento, seja por experiência ou por dedução, aplicam-se apenas ao conhecimento das coisas em que prestamos atenção", e não àquelas que conhecemos "confiando em nossa consciência delas no processo de prestar atenção em outra coisa".[81] E também deve ficar evidente que o ato da percepção sensorial é "a manifestação mais fundamental da inteligência",[82] e que o processo de aquisição de conhecimento é, ao mesmo tempo, pessoal e social. O behaviorismo, ao estabelecer uma relação "eu-isto" no conhecimento de outras pessoas, abre mão do conhecimento "eu-tu". Ele confia na observação de detalhes e

> tenta relacionar esses detalhes uns com os outros por um processo de inferência explícita. Mas como esses detalhes, em sua maioria, não podem ser observados neles mesmos e como, de qualquer modo, suas relações não podem ser explicitamente afirmadas, essa abordagem acaba por substituir

---

[79] Polanyi, 1969:183.

[80] Polanyi, 1961a:463.

[81] Polanyi, 1961b; reimp. 1974:123.

[82] Ibid., p. 122.

seu objeto de estudo por um simulacro grotesco dele mesmo em que falta o espírito. O tipo de conhecimento que defendo aqui, e que chamo de *conhecimento pessoal*, deixa de lado esses absurdos da atual abordagem científica e reconcilia o processo de conhecer com a interação interpessoal.[83]

Polanyi (1969:55-57) reconhece que deve a Dilthey a tese de que o conhecimento é adquirido por identificação. Ele declara que sua visão de uma ciência determinada a cada estágio por poderes de pensamento não especificáveis e sua teoria do pensamento não-explícito podem ser chamadas tanto de "lógica informal" da ciência e do conhecimento, em referência à filosofia analítica de Ryle, quanto de fenomenologia da ciência e do conhecimento, em referência ao pensamento de Husserl e Merleau-Ponty. A extensão da compreensão empática efetuada por Polanyi para além dos limites das ciências da cultura analisadas por Dilthey é, como ele mesmo declara, contrária a essas filosofias; em outras palavras, vai além da fronteira que, como vimos no capítulo 2, a empatia traça entre as ciências sociais e naturais. Mas, ao fazer isso, ele descreve uma compreensão da ação intencional que é particularmente significativa para a abordagem estética do estudo das organizações. Em sua análise das matérias pertencentes às ciências naturais, Polanyi se opõe a Jean-Pierre Changeux (1994), cujas teorias foram criticadas no início do capítulo 2. Lembremos que Changeux propõe uma visão evolutiva e sociobiológica da ação significativa em termos da "cerebralização" do sentimento, de tal modo que o prazer estético, por exemplo, é explicado em termos de interações de diferentes áreas do cérebro. Polanyi, ao contrário, estende "impropriamente" o processo de coleta de conhecimento empático ao domínio das ciências naturais e imerge nos elementos não-humanos que são experimentados de maneira subsidiária.

Desse modo, Polanyi formula sua oposição às explicações objetivas, universais e impessoais, começando pelo exame do que acontece nas ciências naturais, em particular, de como as habilidades são transmitidas nelas:

---

[83] Polanyi, 1961b; reimp. 1974:127.

O caráter elusivo da estética organizacional 153

> Os cientistas e tecnólogos sempre se esforçam para despersonalizar tanto quanto possível o conhecimento representando-o em termos de quantidades medidas, e onde quer que os vejamos confiar ainda na *connoisseurship*, podemos supor que não foi possível substituí-la por medidas. Os estudantes de química, biologia e medicina passam boa parte do tempo adquirindo *connoisseurship* fazendo cursos práticos e, portanto, mostram diretamente o quanto essas ciências se baseiam em um conhecimento pessoal que não é definível (1954; reimp. 1974:88).

Polanyi discute também essas limitações do conhecimento intelectual com referência ao esforço dos cientistas para explicar o talento artístico. Foram feitas várias tentativas de explicar a perícia de um pintor ou de um músico, com o objetivo, entre outras coisas, de reproduzir seu trabalho mecanicamente. Os resultados foram, sem dúvida, interessantes: pensemos, por exemplo, nos robôs músicos, construídos no final da década de 1970, capazes de tocar a nona sinfonia de Beethoven. Porém, salienta Polanyi, isso não é suficiente para oferecer um conhecimento explícito do talento de um músico. Ele cita a longa controvérsia em torno das tentativas de explicar o "toque" de um pianista, em que os analistas tentaram mostrar que este pode ser aprendido a partir do estudo exato de seus detalhes e que, em termos de conhecimento, não há diferença entre o toque de um grande pianista e o de um principiante. A controvérsia é inútil, escreve Polanyi (1961a:460), porque a existência dessa diferença faz parte da experiência universal. A única conclusão a ser tirada é que "nenhuma habilidade pode ser adquirida aprendendo-se separadamente seus movimentos constituintes". Isso é ainda mais evidente nos casos em que o desempenho de rotinas, a confiança em processos de trabalho reversíveis e a obediência a procedimentos formais são deixados de lado em favor do que Polanyi (1962:105-106) chama de "atos heurísticos". Esses cursos de ação — que se baseiam no fato de que podemos reduzir o conhecimento explícito a suas premissas subjacentes sempre que quisermos fazê-lo — são abandonados para dar lugar a novas premissas que não são acessíveis "por meio de qualquer argumento já utilizado. É uma decisão que se origina em nosso juízo pessoal", que modifica tanto as premissas de nosso juízo quanto nossa existência como sujeitos que simultaneamente conhecem e agem. Aprender a fazer alguma coisa nova, ou dar um sentido diferente a algo que já sabemos fazer "é um feito heurístico tácito e irreversível" que muda profundamente nosso conhecimento pessoal:

> Pois a capacidade de fazer descobertas não é uma espécie de sorte de jogador. Ela depende da capacidade natural, fomentada pelo treinamento e guiada pelo esforço intelectual. Ela se assemelha *à realização artística e como ela é indefinível*, mas está longe de ser acidental ou arbitrária.[84]

Esse ponto de vista, que relaciona arte e estética às descobertas em geral e às descobertas das ciências naturais em particular, é muito diferente daquele proposto por positivistas lógicos como Van Evra (1971), examinado no capítulo anterior. Ele não pretende explicar a cientificidade de uma descoberta com base em sua beleza. Ao contrário, deixa o fenômeno da descoberta cercado por sua opacidade, complexidade e capacidade de provocar o sentimento estético. Para ele, sua essência é constituída pelo conhecimento que escapa à descrição explícita ou é inevitavelmente desnaturado por tal descrição. Uma teoria científica, escreve Polanyi (1962:133), pode dirigir a atenção para sua beleza, pode confiar em sua beleza para afirmar sua capacidade heurística, pode até parecer uma contemplação mística — "um parentesco que remonta às origens pitagóricas da ciência teórica" — e exibir uma paixão que evoca formas particulares de emoção. Porém, não faz isso porque esses aspectos demonstram sua validade científica, mas porque ela também, ao buscar ensinar "seus próprios tipos de excelência formal", é uma das "constituintes da cultura" e deve, portanto, ser tratada do mesmo modo que a arte, a lei, a moralidade e a religião. Não se pode nunca esquecer, continua Polanyi (1962:135) que só uma proporção muito pequena "de todos os fatos cognoscíveis são de interesse para os cientistas". Deve-se lembrar sempre que a paixão científica também guia o cientista em sua definição do que é digno de interesse e do que não é. Essa decisão baseia-se numa apreciação que "depende, em última análise, de um senso de beleza intelectual" porque:

---

[84] Polanyi, 1962:106, grifo meu.

A pesquisa científica, em suma, é uma arte; é a arte de fazer certos tipos de descoberta. A profissão científica em seu conjunto tem a função de cultivar essa arte transmitindo e desenvolvendo a tradição de sua prática. O valor que atribuímos à ciência — seja seu progresso considerado bom, mau ou indiferente de um certo ponto de vista — não importa aqui. Qualquer que seja esse valor, continua sendo verdade que a tradição da ciência como uma arte pode ser transmitida apenas por aqueles que praticam essa arte.[85]

Isso fica claro também quando se examina o fenômeno inverso ao ato heurístico: a saber, o ato de permanecer no âmbito de um paradigma teórico ou de uma tradição de estudo, em vez de procurar mudá-los. Um exemplo disso é o "prazer interior da astronomia, que faz o astrônomo se interessar pelas estrelas",[86] ou a alegria provocada pela adesão a determinada teoria, seja científica ou artística, seja no quadro de uma descoberta matemática ou da criação de uma sinfonia. A "alegria de aprender matemática",[87] por exemplo, leva a uma compreensão cada vez mais profunda da própria matemática e à preocupação pessoal com seus problemas. Isso mostra que a "participação pessoal do sujeito no conhecimento que ele acredita possuir ocorre no interior de um fluxo de paixão" e também a importância decisiva de sentir a beleza inerente ao conhecimento que possuímos. O sentimento estético nada tem a ver com a coerência lógica interna de uma teoria, nem com sua capacidade de descrever a realidade objetiva. Ele funciona "como um guia para a descoberta e como um sinal de verdade"[88] para a pesquisa científica.

Essas observações levantam questões significativas para a análise e a gestão da vida organizacional. Com base em que critério científico se pode quantificar objetiva e universalmente o toque sublime do pianista, o golpe perfeito do bisturi do cirurgião, o ajuste hábil do radio-

---

[85] Polanyi, 1945; reimp. 1974:23.

[86] Polanyi, 1962:195.

[87] Ibid., p. 321.

[88] Ibid., p. 300.

logista, o giro exato da chave inglesa pelo mecânico, a aula apaixonada do professor? O senso de organização baseado em princípios racionais universalmente válidos é radicalmente minado pela consciência de que essas regras são apenas indicações ou preceitos. Isso nos leva a três considerações gerais sobre a relação entre estética, conhecimento tácito e prática de habilidades nas organizações.

Primeiro, se a prática das habilidades nas organizações escapa ao conhecimento explícito da organização e se a compreensão estética e o conhecimento tácito se fundem nessa prática, isso reforça a definição que dei da estética na vida organizacional, que deve ser considerada o patrimônio pessoal dos indivíduos e, não, da organização.

Segundo, as habilidades são efêmeras, ou, se preferirmos, não são imortais. Elas são negociadas tanto no interior da organização quanto nas relações entre as organizações e o restante da sociedade, de tal modo que testemunhamos o aparecimento de certas habilidades, como a editoração eletrônica de livros ou jornais, e o desaparecimento simultâneo de outras, como a composição tipográfica manual. A negociação da prática das habilidades significa que em algumas ocasiões elas são buscadas, em outras são até comemoradas, mas em outras ainda são marginalizadas ou eliminadas. Mas — e esta é a questão — quando são eliminadas, as habilidades não são recriadas nem levadas de alguma forma a reaparecer. Não resta qualquer memória delas, porque não é possível descrevê-las adequadamente em detalhes, e porque cessou sua transmissão de mestre para aprendiz. "Há centenas de exemplos disso, e o processo de mecanização acrescenta continuamente outros", escreve Polanyi (1962:53), e, em geral, a perda é "irrecuperável. É patético observar os esforços incessantes — com a ajuda da microscopia e da química, da matemática e da eletrônica — para reproduzir um único violino do tipo que o semiletrado Stradivarius produzia rotineiramente há mais de 200 anos".

Terceiro, é preciso tentar saber se a prática das habilidades é um artefato organizacional — isto é, se podemos empregar nesse caso um conceito cuja utilidade surgiu quando analisamos a estética em relação à aula baseada no enigma e na cadeira, no primeiro capítulo. Um "artefato organizacional" é qualquer característica de uma organização que seja capaz de nos "contar" alguma coisa sobre aquela organização. Reconsiderando o que foi dito até agora sobre as habilidades nas organizações, constatamos que uma organização:

a) não sabe como as habilidades são postas em uso porque sua compreensão delas se baseia somente na descrição explícita, intelectual e racional;

b) não possui conhecimento sobre as habilidades praticadas em seu interior ou em seu nome e, portanto, não pode transformá-lo em uma forma de conhecimento organizacional que possa ser posta à disposição de seus membros ou negociada com outras organizações;

c) negocia a existência e a duração das habilidades que surgem da compreensão estética e do conhecimento tácito, obtendo assim controle sobre elas, embora ainda seja incapaz de dominá-las.

A prática de habilidades é um artefato organizacional no sentido de que nos "diz" alguma coisa sobre uma organização? De fato, é. Se observarmos como as habilidades são utilizadas e quando o são pelos membros das organizações, notaremos que, embora continuem sendo patrimônio do indivíduo, nos "dizem" algo sobre essas organizações. A habilidade de trabalhar no telhado, por exemplo, era pessoalmente possuída por aqueles operários em particular, mas ela nos contou uma coisa importante sobre a organização deles, pois, como disse antes, ela pôs em destaque uma característica de sua excelência. Que a prática das habilidades é um artefato organizacional fica claro nas expressões lingüísticas. Se usarmos por um momento uma maneira de escrever disseminada na literatura sobre organizações — precisamente o estilo que já critiquei por sua extensão imprópria dos objetivos das pessoas a uma organização e que voltarei a criticar por sua extensão abusiva da compreensão estética das pessoas à organização —, poderemos escrever que os três operários não só sabem como se manter "fixados" no telhado, mas que "essa organização é capaz de trabalhar em telhados como se estivesse fixada neles". Desse modo, a abstração intelectual nos possibilita "ver", além das pessoas envolvidas, a própria organização em ação. É um artefato lingüístico que deveria evocar facilmente outras expressões muito usadas, como "aquele departamento faz realmente um mau trabalho", ou "aquela firma é incapaz de fazer seu serviço". Trata-se de um processo que reifica as características dos indivíduos, bem como a prática das habilidades, transformando-as em características das organizações. E é também por meio desse processo que se celebra o caráter do artefato organizacional. Para aprofundar essa argumentação, observamos que, ao elogiarmos os dons de um cirurgião, podemos pensar também que "ele não ficará muito tempo nessa clínica", ou, ao cumprimentarmos a mestria de um operário qualificado, podemos lhe dizer "você está sendo desperdiçado aqui". No entanto, surge aqui um aspecto oposto ao discutido acima, porque a colocação em prática das habilidades por um indivíduo é contrastada com a organização na qual ou para a qual ele trabalha. Em vez de apreender a excelência da organização através da mestria do indivíduo, a ênfase é posta na capacidade limitada da organização de dominar essa mestria. Como prova disso, pensemos na dificuldade de afirmar que uma organização possui habilidades que seus membros não possuem. É muito difícil dizer "aquela firma é excelente, tendo em vista que seus empregados são um bando de incompetentes", mas talvez possamos dizer que "seria uma boa organização se seus empregados fossem um pouco mais competentes".

Para concluir, a prática das habilidades põe as pessoas em primeiro plano no estudo da organização. Ao fazê-lo, constitui um instrumento muito específico que permite explorar e compreender a dinâmica pragmática das organizações.[89] A prática das habilidades mostra que elas constituem uma ligação entre o conhecimento do sensível e a

---

[89] Strati, 1985:87.

construção da vida organizacional, entre os sentimentos e a produção da realidade organizacional, entre o conhecimento tácito e o domínio dos elementos essenciais da organização. Mas, se a prática de habilidades confere uma identidade distinta a cada indivíduo, ela estende as características peculiares do indivíduo à organização, a ponto de os artefatos lingüísticos construídos a esse respeito celebrarem a reificação na organização daquela prática de habilidades. Nesse sentido e na medida em que são postos em uso na organização, a compreensão estética, o conhecimento tácito e o estoque pessoal de conhecimentos do indivíduo são também "artefatos organizacionais", pois nos "dizem" algo sobre aquela organização. Não são criados ou produzidos pelas organizações, porque a ativação das faculdades sensoriais, tal como a colocação em prática do conhecimento tácito, fica fora do domínio organizacional permanecendo uma característica da pessoa, embora sua existência seja negociada e seu refinamento seja ou facilitado, ou obstruído. É como se houvesse um fluxo constante, de sentido único, das pessoas para a organização; um fluxo que enfatiza a impossibilidade de localizar e circunscrever a estética em algum aspecto particular da vida organizacional e que evidencia o caráter elusivo da estética organizacional.

A estética como diálogo para um conhecimento não-causal

Como salientei várias vezes, a estética não diz respeito apenas à organização que é bela, à atividade que fascina, ao trabalho que agrada, ao serviço prestado com elegância, ao resultado brilhante da ação organizacional. A estética diz respeito também aos maus cheiros no local de trabalho, inclusive aos produzidos pelos colegas, ou à falta de concentração devida ao barulho feito por aqueles que compartilham conosco o espaço organizacional. Ou seja, ela se refere também às ocorrências desagradáveis da vida cotidiana das organizações, às fofocas de mau gosto, aos detalhes irritantes — em suma, às percepções sensoriais que preferiríamos não ter, ou não ser submetidas a elas, muito menos aquelas a que devemos dar um sentido organizacional ou mais geral. A fealdade, o aborrecimento ou a tragédia fazem parte do conhecimento estético das organizações tanto quanto a beleza, o prazer ou o divertimento, e põem em destaque do mesmo modo a natureza física e sensorial do trabalho e dos contextos organizacionais em que ele é executado.

Declarar que uma organização é bela ou feia, que o trabalho nela realizado é lindo ou não, que seus integrantes são bonitos ou não, é emitir um juízo sobre a vida organizacional construída e reconstruída dia após dia. Trata-se de um juízo estético. Vale a pena enfatizar a importância desse tipo de julgamento no que diz respeito à construção social e coletiva da vida organizacional com um breve resumo da discussão sobre a cadeira feita no primeiro capítulo. A estética desse artefato é negociada por atores organizacionais — desde aqueles que a projetam e fabricam aos que a encomendam e usam em suas organizações. A negociação baseada em juízos estéticos, portanto, produz uma quantidade de artefatos organizacionais que diferem em termos de forma, material e utilização.

O processo de construção social desses artefatos organizacionais exibe a presença simultânea em uma organização de uma pluralidade de estéticas organizacionais que impedem a afirmação da existência de uma única estética organizacional, a saber, aquela desejada pelo grupo dominante na organização. Os juízos estéticos daqueles que possuem, dirigem ou, de alguma forma, reivindicam o direito de usar recursos organizacionais para manter e aumentar seu poder — por exemplo, os chefes de departamentos e divisões, ou aqueles que têm uma visão machista da organização — são negociados, traduzidos, alterados ou negados pelas outras pessoas envolvidas nesse aspecto particular da vida organizacional. Em outras palavras, a beleza de determinada cadeira não é dada de uma vez por todas, já que não é objetiva. Também não é garantida por alguma norma organizacional explícita, porque sua beleza não pode ser imposta por aqueles que formalmente detêm posições de comando na organização. O juízo estético "veja como esta cadeira é bela", feito pelo diretor-geral da organização, é imediatamente contradito pelas declarações: "eu não saberia o que dizer", "não acho" ou "eu realmente não gosto nada dela". Se a cadeira é então comprada pela organização, isso não acarreta qualquer mudança nos juízos céticos ou negativos a respeito dela, nem a cessação das disputas que possam surgir entre "agora você está convencido de como ela é bonita?" e "agora você se dá conta de como ela é feia?". Para resumir:

1. mesmo que tenham pouco poder em suas relações com os outros, todos os participantes da vida organizacional são capazes de emitir juízos estéticos e todos têm igual direito de fazer avaliações estéticas;

2. o juízo estético não exerce influência sobre a vida organizacional em virtude de sua verdade objetiva, mas graças à negociação dinâmica realizada de tal modo que ela assume uma forma em vez de outra, de tal modo que os produtos da organização respondam a certos cânones em vez de outros; em suma, um certo tipo de estética se afirma como "dominante" em relação a determinado artefato organizacional, enquanto as outras são marginalizadas ou mesmo eliminadas.

Até agora, sublinhei a importância do juízo estético na vida organizacional. Mostrei que a estética organizacional é constantemente negociada em um processo cujo resultado não é de forma alguma certo, dadas as diferentes sensibilidades dos atores que pertencem às organizações. Cabe agora examinar o que significa "juízo estético" e como esse conceito ajuda a caracterizar a estética organizacional como um fenômeno elusivo. O fato de as pessoas expressarem juízos estéticos concernentes à organização em que trabalham levanta vários problemas para o estudioso das organizações.

Por exemplo, o contramestre dos operários do telhado declarou que seu trabalho tinha uma parte de beleza que só podia ser sentida "lá em cima". "Há ar puro lá em cima" e "a gente pode ver tudo lá embaixo", dizia ele, deixando para mim a intuição do que queria dizer. De minha parte, percebi que era possível sentir certo prazer em trabalhar no telhado, em cumprir a tarefa, em jogar o entulho fazendo muito barulho, em estar "lá em cima". E quando o contramestre me deu seu juízo estético sobre o fato de trabalhar para aquela organização e naquele cenário, os outros dois operários aparentemente concordaram com ele; eles pareciam satisfeitos e até orgulhosos de seu trabalho. Já chamei a atenção para a ambigüidade da situação, no sentido de que não estava claro para mim se o evidente prazer dos operários se devia ao fato de que o juízo estético do contramestre era compartilhado pelo grupo, se era um juízo comum a todas as firmas de reforma de telhados, ou se o juízo em si mesmo era irrelevante e o que importava era simplesmente o ato de dizer alguma coisa metida a intelectual, que desse dignidade ao trabalho deles, para alguém que não só era um estranho como parecia um indivíduo de grande instrução. Havia também ambigüidade em minha observação de que "eles devem sentir algum prazer no que fazem", porque se tratava de uma impressão imediata e única. Os juízos estéticos do contramestre, como "tem ar fresco lá em cima" e "a gente pode ver tudo lá embaixo", também eram equívocos, tomados tanto em conjunto quanto separadamente. Todas essas características indicam a presença de pelo menos duas fontes de imprecisão nos juízos estéticos:

1. *A ambigüidade inerente à formulação do juízo estético.* Tanto em meu juízo estético quanto no do contramestre, o referente estava claro para mim e para ele, a saber, trabalhar no telhado. Mas não estava claro o que esse juízo queria dizer exatamente. A ambigüidade do juízo estético reside no ato de significar com o que se diz; porque o dito não denota obviamente apenas uma coisa, que nesse caso era o prazer sentido pelos operários em trabalhar no telhado, ou em sentir o ar puro "lá em cima", ou em ver tudo "lá embaixo". É claro que denotar, testemunhar ou atestar essas coisas tinha sua própria importância, na medida em que os vários aspectos de trabalhar no telhado eram constatados, em vez de considerados evidentes. A ambigüidade consiste na expressão de um juízo, na expectativa criada, no processo evocativo que tem a intenção de deflagrar, subentendendo que se faz alusão a outra coisa.

2. *A ambigüidade relativa à participação em um juízo.* Nesse caso, ambíguo era o referente dos dois operários quando expressa-

ram sua aprovação ao que o contramestre me disse e, portanto, o que era endossado pela linguagem não-verbal deles.

Essas duas fontes de ambigüidade ressaltam o caráter elusivo da estética organizacional. Afirmações do tipo "trabalhar nesta organização é deprimente; os prédios são feios, as pessoas são feias, tudo é feio e nós ficamos cada vez mais feios com o tempo" surgem na pesquisa empírica sobre as organizações. E são sentimentos às vezes endossados por outros membros da organização, mas com uma inclinação de cabeça, em vez de palavras. Quais são as implicações desses dados qualitativos da pesquisa de campo para a compreensão estética das organizações? A fim de explorar esse problema de definição e de método, vou me basear nos argumentos de Valeriano Bozal (1996:31-34) sobre o qualificativo estético de "grandioso", que ele analisa aplicado às montanhas, mas que relacionarei com as organizações.

Cinco sentidos mais um

A questão tratada por Bonzal, se transposta para o contexto das organizações, pode ser descrita da seguinte maneira: suponhamos que se diz de uma ação organizacional específica que ela "é" ou "foi grandiosa". O que está sendo afirmado sobre esse ato enquanto parte da vida organizacional? A ação organizacional em questão pode ser uma escolha estratégica, como o planejamento de um novo departamento ou sua estruturação organizacional. Pode ser também uma ação mais modesta, como resolver um defeito de um produto, ligar uma máquina que quebrou inexplicavelmente, reinstalar um programa depois que o computador pifou. Pode ser uma cerimônia oficial como a inauguração de uma nova fábrica, o discurso feito numa reunião, ou um ato de desafio de alguém presente à reunião hostil ao seu simbolismo. Podemos ser instigados a classificar essas ações de "grandiosas", "ambiciosas", "magníficas".

Bozal observa que os juízos estéticos são imediatos, mas pretendem ser universalmente verdadeiros. O sujeito cognitivo percebe a grandiosidade do ato de planejamento organizacional ou do curso de ação organizacional que resolveu o "pepino" no programa do computador. Ele declara que "é" ou "foi" a fim de enfatizar sua verdade universal. Mesmo que diga "acho que...", está buscando a confirmação ou a negação de sua declaração por meio do processo de negociação organizacional que já discuti. Porém, a apreciação é resultado de uma percepção, não de uma série de argumentos cuja validade pode ser certificada. Em conseqüência, dizer que "esse projeto organizacional é grandioso" não indica em que se baseou tal julgamento, como acontece, ao contrário, quando se diz que "esse projeto organizacional foi realmente bem planejado".

A origem latina do termo "juízo" (*judicium*) situa o juízo estético entre as capacidades essenciais do espírito, mas não o torna receptivo à prova lógica. Com efeito, o juízo estético carece de um princípio que oriente sua aplicação e deve ser exercido caso a caso. Portanto, é algo que não pode ser aprendido, observa Hans-Georg Gadamer (1960; trad. bras. 1997:77), porque nenhuma demonstração conceitual pode orientar a aplicação de regras válidas caso a caso. Em conseqüência, devido ao fato de que a faculdade de julgar (*Urteilskraft*) opera sobre o particular, na esfera estética e, com mais razão, na esfera moral, ela não obedece à razão.

Por outro lado, o juízo estético não é uma projeção arbitrária da subjetividade do ator organizacional sobre os eventos e ações, mas uma avaliação, por parte do sujeito cognitivo, da qualidade da ação organizacional. Esse aspecto da compreensão estética foi destacado quando discuti a noção de conhecimento empático de Dilthey, Lipps e Husserl, a idéia de consciência subsidiária de Polanyi, a noção de processo de interpretação sem fim de Pareyson e a irredutibilidade da diferença de Derrida.

Devo esclarecer o que quer dizer a afirmação de que o juízo estético não é a projeção arbitrária da subjetividade do sujeito cognitivo. Imagine que está sentado no terraço mais alto de uma grande organização. Abaixo estão as oficinas, o prédio de escritórios, o pátio de mercadorias, o estacionamento, os veículos de serviço, as pessoas nas aléias, a cor dos prédios, a luz refletida por eles, a fumaça das chaminés. E imagine então que está na presença de algo que legitima a qualificação de "grandioso". Esse juízo estético específico demonstra a existência de uma relação entre esse elemento organizacional e o sujeito cognitivo que expressa o juízo. Mas que relação é essa?

Certamente, não é científica. "Grandioso" não exprime a área geográfica coberta pela organização, nem o volume de seus prédios, ou o tamanho de suas máquinas. Grandiosidade, portanto, não é uma medida, nem corresponde a algum método de medida, embora seja aplicada a uma organização grande. O fato de o adjetivo "grandioso" ser usado para indicar que a organização é grande é um primeiro passo na direção de se dizer algo sobre a organização. Embora a avaliação expressa pelo adjetivo "grande" não seja uma medida, denota uma propriedade que, embora imprecisa, é inerente à organização e, portanto, está ligada a um dos termos da relação entre organização e sujeito cognitivo. Mas "grandioso" não significa exatamente "grande", é um juízo estético e não factual. Esse tipo de juízo não revela uma propriedade da organização, mas uma propriedade do que a organização representa para o sujeito cognitivo. Ou seja, revela como esse sujeito representa a organização para si mesmo.

Podemos agora resumir a discussão do juízo estético sobre a organização quando vista do terraço:

1. A grandiosidade da organização não é uma propriedade dela, independentemente do contexto específico criado por seu estar-em-relação com o sujeito cognitivo. Esse juízo demonstra a relação entre a organização e um sujeito que afirma que ela é "grandiosa" neste caso, mas que em outros poderia declarar que "ela é feia", ou "tem uma coisa bonita" em trabalhar no telhado.

2. Esse juízo surge das sensações provocadas pelo que pode ser visto do terraço, mas também de outras reações que nada têm a ver com a razão.

3. Trata-se de uma afirmação ao mesmo tempo verdadeira e falsa: ela certamente não tem o valor de verdade da declaração

de que a organização é grande, a qual pode ser provada medindo-se a área ocupada, ou a altura dos prédios. Contudo, não é inteiramente falsa, porque declara algo de verdadeiro sobre a organização, sobre a experiência do sujeito cognitivo e sobre a relação entre eles. Daí que a verdade e a falsidade simultâneas da afirmação a tornam ambígua, indefinida e imprecisa, mas, ao mesmo tempo, nem falsa nem arbitrária.

4. É uma afirmação feita pelo sujeito cognitivo como se fosse uma verdade demonstrável.

Isso nos coloca num dilema em muitos aspectos semelhante ao da antítese entre conhecimento empático e explicação racional da ação significativa dos atores organizacionais discutida no capítulo 2. A "grandiosidade" da organização vista do terraço não pode ser explicada nem demonstrada; não pode ser ensinada nem aprendida. "Grandioso" é um juízo expresso deliberadamente naquelas circunstâncias específicas e naquele momento específico, quando a intenção era apreender a natureza da organização do ponto de vista elevado do terraço. O juízo nos diz como o sujeito cognitivo representa a organização para si mesmo, mas não nos diz o que a organização de fato "é". Enquanto *judicium*, é uma forma de conhecimento muito distinta do conhecimento intelectual. Nesse caso, o sujeito que conhece é o indivíduo sensível, e sua faculdade de julgamento é análoga àquelas que governam as percepções sensoriais dos cinco sentidos.

Gadamer (1960; trad. bras. 1997:76-82) mostra que a filosofia alemã do século XVIII não colocava a faculdade do juízo entre as mais altas capacidades do espírito, mas entre as faculdades inferiores. Segundo essa definição, o ato de julgar não é aplicado a um conceito que existe anteriormente à coisa conhecida. Esta última é apreendida em si mesma e por ela mesma, e a confluência do múltiplo em sua unidade e na sua coerência interna é revelada. A observação do contramestre "tem uma coisa bonita" em trabalhar no telhado, ou a declaração "ficamos mais feios a cada dia que passa" são juízos que revelam uma unidade interna da vida organizacional que é julgada em seu ser particular, individual e, em termos kantianos, "imanente".

Então, a que diz respeito o juízo estético? Para Baumgarten e para Kant, continua Gadamer, o juízo estético se aplica à perfeição ou à imperfeição de uma coisa particular. Enquanto juízo sensível (*judicium sensitivum*), não oferece conceitos, mas avalia a perfeição ou a imperfeição da coisa percebida e tem a natureza do sentimento ou do gosto: é o *gustus*, ou juízo do gosto.

Quanto ao juízo sensível, Alexander Gottlieb Baumgarten, que cunhou o termo "estética", argumentou em várias obras — *Meditationes philosophicae de nonnullis ad poema pertinentibus* (1735), *Metaphysica* (1739) e *Aesthetica* (1750-58) — que este envolve a faculdade de julgar[90] percepções sensíveis (*sensorum*), representações imaginárias (*phantasmatum*), criações (*fictionum*) e outras coisas que o juízo intelectual é incapaz de compreender.

Tomemos a beleza tal como existe, escreve Baumgarten (1750-58; trad. bras. 1993:100), e tentemos abordá-la e compreendê-la como um todo, ou consideremos beleza e fealdade separadamente. Não o façamos como o observador de gosto refinado (*saporis eruditi spectator*), ou seja, por meio da intuição, quando ele é capaz, mas mediante o conhecimento intelectual. O que devemos fazer? Devemos tentar transformar a beleza ou a fealdade em uma série de distinções que diferem em virtude de seu caráter específico e importância. Devemos, na verdade, procurar conhecer a beleza ou a fealdade baseados em representações distintas, completas e adequadas, divididas numericamente, e que sejam tão profundas quanto possível. Mas a beleza ou a fealdade são fenômenos confusos, e é assim que afetam nossa percepção sensorial, de tal modo que é no julgamento dos sentidos que precisamos confiar.

O juízo dos sentidos (*iudicium sensuum*) é o juízo confuso da perfeição das sensações (*de perfectione sensorum*) atribuído ao órgão dos sentidos impressionado pela sensação.[91] Em conseqüência, o juízo negativo dos órgãos da audição é provocado por uma representação

---

[90] Baumgarten, 1750-58; trad. bras. 1993:105.

[91] Baumgarten, 1735; trad. bras. 1993:44.

confusa que gera desprazer, e quanto maior o desprazer da escuta, menos o ouvinte dará atenção auditiva, com a conseqüência de que pouca ou nenhuma representação será comunicada. Portanto, o juízo negativo da audição dá origem a uma insensibilidade estética no ouvinte, ao passo que o oposto acontece quando representações confusas provocam o juízo positivo da audição; e quanto mais elas provocam prazer, maior será a atenção suscitada pelas representações no ouvinte. Desse modo, é a capacidade[92] de provocar prazer na audição que constitui a poesia (*summam voluptatem auribus creare poeticum*).

Por "estética", portanto, Baumgarten entende tudo o que afeta nossos sentidos e pertence à nossa experiência sensorial, que não é mental. Toda representação não-distinta é sensorial, e o conhecimento sensorial é o complexo de representações que evitam a distinção. As representações confusas que determinam o juízo estético constituem um conhecimento totalmente diferente do conhecimento criado com o estabelecimento de distinções analíticas entre as representações, de modo que possam ser divididas nas espécies e medidas de que o juízo intelectual precisa. A definição de estética de Baumgarten — um dos fundamentos da abordagem estética das organizações — enfatiza a conexão estreita entre estética e o conhecimento tácito dos sujeitos nas organizações discutida na seção anterior. Pode-se observar muitas semelhanças entre a distinção feita por Baumgarten entre conhecimento sensorial e conhecimento racional e a distinção feita por Polanyi entre conhecimento tácito e descrição explícita. Graças à sensibilidade dos órgãos dos sentidos, os seres humanos têm um conhecimento do mundo que é análogo ao fornecido pela razão e que é simétrico ao conhecimento intelectual: este é o desafio que Baumgarten propõe com sua estética filosófica.

Não há filósofo, escreve Baumgarten (1735; trad. bras. 1993:12), que não seja, em alguma medida, assediado por um conhecimento confu-

---

[92] Baumgarten, 1735; trad. bras. 1993:45.

so. Segue-se disso que não há conhecimento científico e intelectual que não revele um nexo com o conhecimento sensorial. Porém, o juízo confuso não deve ir além da esfera das sensações, nem o conhecimento estético deve ser considerado um acessório do conhecimento do intelecto. A estética faz parte da filosofia como uma gnosiologia de ordem inferior (*gnoseologia inferior*), afirma Baumgarten (1750-58; trad. bras. 1993:95). Ela reconhece a primazia do conhecimento intelectual, mas não se deixa subjugar por ele, porque não fornece uma compreensão do mundo sensível que a razão e o intelecto possam processar, refinar e aperfeiçoar. As representações sensíveis não são cognoscíveis por meio do procedimento analítico da distinção racional, na qual se baseia o intelecto. São cognoscíveis graças à gnosiologia inferior da estética, que funciona por meio das faculdades perceptivas do julgamento sensível. Portanto, o conhecimento intelectual e o conhecimento sensível são completamente diferentes, e a estética enquanto ciência do conhecimento sensível (*scientia cognitionis sensitivae*) deve ser considerada tanto a arte do pensamento belo (*ars pulcre cogitandi*) quanto a arte da analogia da razão (*ars analogi rationis*), cujo objetivo é[93] a "perfeição do conhecimento sensitivo como tal" (*aesthetices finis est perfectio cognitionis sensitivae, qua talis*).

Desse modo, Baumgarten atribui importância especial à sensibilidade do conhecimento estético. Kant, ao contrário, concentra-se em sua subjetividade. Ele adota uma perspectiva que difere da visão fenomenológica, existencialista, hermenêutica e desconstrutivista que sustenta a abordagem estética das organizações. Mas Kant também salienta o caráter elusivo da estética organizacional. Em *Kritik der Urteilkraft* (1790), ele examina a relação entre o conhecimento científico e o juízo moral, e o faz com base no conceito de juízo reflexivo. Este se manifesta em duas formas transcendentais distintas, a do juízo estético, que expressa nossos sentimentos de prazer ou desprazer provocados pela natureza, e a do juízo teleológico, que é a faculdade de avaliar os fins últimos da natureza com base na razão.

---

[93] Baumgarten, 1750-58; trad. bras. 1993:99.

Atribuída ao juízo estético é a "tarefa de decidir a conformidade desse produto (em sua forma) às nossas faculdades cognitivas como uma questão de gosto (algo que o juízo estético decide não através da concordância com conceitos e, sim, do sentimento)".[94] Quando queremos decidir se alguma coisa é bela ou não, não nos referimos à compreensão que temos dela baseada num juízo cognitivo e lógico, mas usamos nossa imaginação. "Eu preciso apresentar o objeto imediatamente ao meu sentimento de prazer ou desprazer", observa Kant (1790), de tal modo que o sentimento de prazer nesse juízo estético "depende de uma representação empírica e não pode estar ligado *a priori* a nenhum conceito (não se pode determinar *a priori* que tipo de objeto será ou não conforme ao gosto; é necessário experimentá-lo)".[95]

Desse modo, a representação está relacionada "ao sujeito e seu sentimento de prazer ou desprazer";[96] é uma representação subjetiva que não tem relação com o objeto, mas que manifesta um sentimento do sujeito e a maneira pela qual sua sensibilidade subjetiva é afetada pela representação. Se a cor verde de um objeto faz parte de sua percepção pelas faculdades sensoriais e constitui uma sensação que podemos considerar objetiva, escreve Kant (1790; trad. bras. 1995:50-55), seu caráter agradável faz parte de uma sensação que deveria ser considerada subjetiva, no sentido de que é uma sensação que não envolve cognição do objeto, mas o sentimento pelo qual a cor verde daquele objeto é vista. O agradável, o belo e o bom mantêm relações diferentes com a faculdade de sentir prazer ou desprazer: o primeiro é o que gratifica a pessoa humana; o segundo é o que lhe dá prazer; o terceiro é o que é valorizado por ser aprovado. "Pode-se dizer que, entre todos estes modos de complacência, única e exclusivamente o do gosto pelo belo é uma complacência desinteressada e *livre*".[97]

---

[94] Kant, 1790; trad. bras. 1995:38.

[95] Ibid., p. 35.

[96] Ibid., p. 47.

[97] Ibid., p. 55.

O juízo estético é, na verdade, um juízo desinteressado, que exprime uma intencionalidade sem propósito. E é exatamente no jogo dessa intencionalidade sem propósito que David White (1996:205-206) discerne os elementos mais significativos para apreender o caráter elusivo da estética organizacional. Consideremos, por exemplo, sugere White, o caso em que o propósito de uma organização está claramente estabelecido e consiste em produzir um belo automóvel: isso pode pôr em xeque a validade da visão de Kant sobre o conhecimento da beleza, uma vez que a beleza já está postulada como o propósito do objeto? Não, porque como acabamos de ver, Kant trata o conhecimento sensível de uma forma altamente complexa, em que as representações mantêm relações diversificadas com a faculdade de sentir prazer ou desprazer. O carro pode não ser apenas belo, mas também útil, por exemplo, ou seguro e econômico, de tal modo que o fato de a beleza do carro ser um objetivo declarado se integra a um sistema de relações mais complexas. Além disso, a conexão entre a beleza do automóvel e seu propósito deveria ser "puramente sentida e impossível de traduzir em um discurso" porque, salienta White (1996:206), "uma formulação kantiana apropriada seria apelar para a intencionalidade do automóvel". Em outras palavras, continua White, o carro é belo porque seu propósito é alcançado por meio de "uma interação de elementos que realiza esse propósito pela aparência do automóvel e por como essa aparência é sentida pelo observador". E é aqui que a interação de intencionalidade e propósito de Kant demonstra para nós o caráter elusivo da estética nas organizações. Como observa White (1996:206): "É verdade que a posição de Kant implica um elemento irredutível e essencial de incompletude na articulação dessa experiência. Em certo sentido, o gestor deve *cultivar* essa aura de elusivo quando tenta evocar a beleza no produto da organização".

Em outras palavras, a beleza não pode ser estabelecida *a priori*, nem pode ser dividida analiticamente em medidas e distinções que depois são devidamente somadas; também não pode ser separada claramente dos processos e da dinâmica organizacionais. Não é possível definir o quanto a beleza de um carro se deve ao trabalho de um operário em vez de outro. Isso exigiria uma compreensão intelectual que impediria o conhecimento da beleza do carro, porque tal conhecimento deriva de um sentimento confuso de que alguém que olha para o carro só pode julgar esteticamente, mesmo que tenha contribuído com seu trabalho para criar essa beleza. Essa é a posição de Bozal e Baumgarten, e também de Kant, embora, como já mencionamos, a estética kantiana não possa funcionar como referente teórico para a compreensão estética das organizações, ao contrário da estética fenomenológica e hermenêutica.

Um desafio à "moralização" da vida organizacional

Ao discutir a relação entre estética e conhecimento tácito na prática da vida organizacional, busquei devolver às organizações algo de que elas haviam sido privadas, a julgar pelo grosso da literatura sobre o assunto. Devolvi-lhes a concretude e a fisicalidade das situações e ações cotidianas: o ar que respiramos, o ar que se move com o movimento das pessoas, o ar que anuncia que algo está prestes a acontecer, ou os barulhos que interferem nos sons que queremos ouvir, os barulhos que acompanham e sinalizam os movimentos das pessoas, os barulhos feitos pelos objetos não-humanos usados nas organizações; ou ainda, os rostos das pessoas, os sorridentes e alegres, os melancólicos, aqueles marcados pela fadiga, pela tensão ou excessivamente maquilados.

Examinei a ação significativa tal como encarnada em seus sujeitos e ressaltei que um ator organizacional é uma entidade híbrida composta de elementos não-humanos inseparáveis da pessoa humana e de sua corporeidade. Desse modo, salientei aquelas características das organizações que, em muitos casos, não são todas belas ou atraentes para as pessoas que nelas trabalham, mas, ao contrário, são vistas como feias, trágicas, grotescas ou de gosto execrável.

De fato, não são a decoração e o embelezamento da vida organizacional que constituem a esfera privilegiada da abordagem estética das organizações, mas aqueles elementos que ligam — estreitamente, mas nem sempre de maneira tão inteligível — as pessoas às organizações e ao seu trabalho nelas. A mudança do foco de atenção para um "objeto" de pesquisa elusivo exclui o pressuposto teórico de que há lugares, físicos ou imaginários, destinados à estética nas organizações. Assim, em contraste com a "museificação" da arte nas sociedades contemporâneas, a estética organizacional não está separada da vida cotidiana das pessoas nas organizações. Em outras palavras, a estética organizacional não é sinônimo do setor de *design* responsável pelos artefatos produzidos por uma organização, nem do setor de imprensa responsável pela divulgação de seus produtos, mas está relacionada com tudo o que é realizado pelos setores de *design* e de imprensa, e também pela firma, por exemplo, subcontratada para fazer a limpeza das instalações da organização.

Essa definição da estética da vida organizacional repousa num conjunto de pressupostos teóricos que já vimos — a saber, o *pathos* do sensível, a finitude do conhecimento organizacional, a irredutibilidade da diferença na compreensão estética, a ligação desta última com o conhecimento tácito, a indefinição do juízo estético. Esses diferentes princípios básicos da compreensão estética ressaltam duas características: a) a influência da estética nas discussões metodológicas das ciências sociais; e b) as interpretações e simplificações exageradas produzidas pelas descrições racionais da ação organizacional que ainda dominam grande parte da pesquisa e da teoria das organizações. Em várias ocasiões neste livro, mas especialmente no segundo capítulo, quando discuti a questão teórica e metodológica da compreensão empática, enfatizei que as interpretações fortemente racionalistas subestimam ou excluem algumas das motivações mais importantes da ação intencional dos atores organizacionais.

Minha intenção foi desmascarar o processo de coleta de conhecimento predominante na teoria organizacional, que busca "limpar o *pathos* do sensível" na ação intencional das pessoas nas organizações. O fato de minimizar ou excluir o conhecimento do "sensível" expurgou da vida organizacional o *eros*, a sensualidade, o prazer, o encantamento dos sujeitos (e também as diferenças irredutíveis entre eles), que constroem coletivamente a realidade cotidiana das organizações. A teoria da organização e os estudos de gestão deram assim uma contribuição importante à "moralização" da ação intencional dos atores organizacionais. Nas organizações, a ação só pode ser considerada "significativa" se corresponde às metas da organização, à racionalidade organizacional e às normas da ética organizacional.

O ponto principal da minha argumentação é que os indivíduos possuem um conhecimento pessoal da vida organizacional constituído pelo conhecimento tácito e pelo *pathos* do sensível. Eles adquirem esse conhecimento ativando as faculdades perceptivas, formulando juízos estéticos e empregando capacidades e um conhecimento não-mental e não-intelectual que são empiricamente indescritíveis. Desse modo, a intenção deste capítulo e de sua discussão da abordagem estética das organizações foi destacar o seguinte:

1. Todos os que pertencem a uma organização, mesmo que temporariamente, possuem um conhecimento estético dela e do trabalho executado nela ou em nome dela. Com efeito, todos os sujeitos cognitivos, sem exceção, são capazes de ativar suas faculdades perceptivas e formular juízos estéticos; não há barreiras erguidas pela instrução ou pelo conhecimento da arte de sua história.

2. Isso não significa que a estética deva ser confundida com a igualdade dos sujeitos em uma organização, de tal modo que ninguém é excluído do conhecimento estético. Nem todo mundo é capaz de trabalhar num telhado, nem todos são capazes de apreciar a beleza de estar "lá em cima". A estética ressalta as diferenças irredutíveis que existem entre os indivíduos no que concerne à capacidade de conhecer o "sensível". Por sua vez, essas diferenças constituem recursos de poder na vida organizacional e mais ainda em cenários como o do trabalho no telhado, onde um valor particular é atribuído à ativação das faculdades sensoriais.

3. Não se deve concluir, portanto, que a compreensão estética nas organizações é uma forma de conhecimento inata, imediata e

instintiva. Ao contrário, ela é "refinada" ou "cultivada". O operário capaz de mover-se com agilidade no telhado cultivou seu conhecimento do "sensível"; ele o refinou e o tornou mais sutil e sofisticado. Ele também definiu o risco e a segurança presentes naquela organização, porque quanto mais seguro seu trabalho, mais ele usou sua capacidade de conhecer o "sensível" a fim de dominar seu ambiente de trabalho. A compreensão estética na organização é também a capacidade de "ler" a compreensão estética dos outros, como no caso de um novato do qual se avalia a capacidade de trabalhar no telhado.

4. A aprendizagem da maneira de trabalhar e se comportar numa organização baseia-se na utilização das faculdades sensoriais. Isso significa que os atores organizacionais julgam que os novatos são capazes de adquirir conhecimento estético e que empregam essa forma de conhecimento para treiná-los e desenvolver suas habilidades. Mas significa também que os sujeitos interagem nas organizações graças a sua capacidade de conhecer a ação intencional dos outros por meios empáticos e não somente racionais; eles procuram "pôr-se no lugar" dos novatos esteticamente, e não apenas no plano cognitivo ou emocional.

5. O processo de negociação constantemente em andamento na vida cotidiana organizacional envolve com freqüência afirmações que não são objetivas, universais e verificáveis, mas, ao contrário, totalmente pessoais e que transmitem algo indizível de outra maneira. Esse "algo" é representado por seus juízos estéticos, que têm pouco a ver com a descrição explícita dos fenômenos organizacionais.

Neste capítulo, discuti os princípios teóricos que dão uma sofisticação maior ao aparato conceitual da compreensão estética das organizações, e concentrei-me em particular no caráter elusivo da estética organizacional. Examinei o que significa formular um juízo estético, a relação entre o sujeito que conhece esteticamente uma organização e a dimensão estética da própria organização, e a relação entre a estética e o conhecimento tácito dos atores organizacionais, explorando suas implicações polêmicas para as teorias da organização dominantes, com sua insistência no conhecimento intelectual e na explicação racional da ação significativa nas organizações.

Minha intenção foi ilustrar a definição particular de estética que informa a abordagem estética das organizações; uma definição formulada em termos de uma concepção da estética organizacional como fenômeno elusivo compreensível somente à luz de sua experiência cotidiana pelos atores organizacionais. Esse caráter elusivo foi enfatizado nos dois primeiros capítulos, quando explorei a dinâmica pela qual a estética dominante dos artefatos organizacionais é social e coletivamente construída, e investiguei os motivos da ação significativa dos atores organizacionais. Porém, é uma concepção que, quando foi exposta em meus trabalhos anteriores (1992 e 1996a), provocou críticas de Brian Rusted (1999) e advertências de James Kuhn (1996).

Rusted critica a abordagem estética porque o caráter elusivo e a *connoisseurship* fazem da estética nas organizações alguma coisa misteriosa, difícil de apreender ou de definir precisamente. Por sua vez, as advertências dizem respeito ao fato de que, como ressalta Kuhn (1996:222-223), a ênfase na estética organizacional enquanto "fenômeno fugaz", embora persuasiva, pode nos induzir a esquecer a estabilidade da vida organizacional e negligenciar o fato de que

> Ao lidar com a sabedoria e as asneiras próprias ou dos outros, os diretores, assim como os governantes — aqueles que possuem autoridade — devem ajudar seus seguidores, simpatizantes e apoiadores a *sustentar* um ponto de vista, *apesar do fluxo de eventos*, defender uma imagem deles mesmos e manter uma visão do que seu mundo (aquela complexa rede de inter-relações) é e do que pode vir a ser.

Em outras palavras, Kuhn mostra que a ênfase exagerada no caráter elusivo da estética organizacional comporta o risco, como ressaltou Edward Ottensmeyer (1996a:193), de se "supor que os processos estéticos nas organizações são necessariamente transitórios". Compartilho também dessa preocupação: não há como impedir que um processo heurístico que demonstre o caráter elusivo da estética organizacional não seja coletiva e socialmente traduzido na afirmação metafísica da transitoriedade da estética organizacional. E minha preocupação aumenta porque a definição de estética estabelecida neste e em outros capítulos, bem como em obras anteriores, não compreende qualquer paradigma ontológico segundo o qual a estética organizacional *é* esta ou aquela característica da organização.

Ao destacar o caráter elusivo da estética organizacional, argumentei que a estética, no quadro de uma abordagem estética, é uma forma dialógica de compreender a vida organizacional; um diálogo que constitui, como escrevem Elio Franzini e Maddalena Mazzocut-Mis (1996:386-389), "a arena metodológica que compreende as possibilidades filosóficas de investigar o sentido não-causal das formas, das qualidades, dos eventos e dos atos corporais, receptivos e criativos, dos sujeitos e das comunidades históricas". A base teórica de minha ênfase na estética organizacional é uma concepção da estética como forma dialógica do conhecimento organizacional que não é causal nem, como foi destacado com freqüência, normativo. O conhecimento como diálogo foi salientado por Polanyi e outros filósofos em cujas teorias baseei meus argumentos. Derrida, em particular, preocupou-se em nos advertir que não se deve confundir diálogo com harmonia, nem com o desaparecimento da violência no processo de conhecer. Foi o que procurei mostrar ao enfatizar o processo de negociação subjacente à construção coletiva e social da estética organizacional.

Tendo examinado a definição de estética adotada pela abordagem estética das organizações, discutirei nos próximos capítulos as categorias da estética usadas por essa abordagem e sua influência na pesquisa organizacional que as utilizou.

4

A beleza na vida organizacional

Nos capítulos anteriores, vimos o que significa "estética" com referência à abordagem estética do estudo da vida organizacional. Enfatizei o *pathos* do sensível no conhecimento da ação significativa das pessoas que constroem e reconstroem a vida organizacional e destaquei a importância de suas faculdades sensoriais e de seu juízo estético — juízo que descrevi em termos de um sexto sentido que se acrescentaria aos da visão, da audição, do olfato, do tato e do paladar. Neste e no próximo capítulo, examinarei as categorias estéticas que se revelam úteis para a compreensão estética da vida organizacional e discutirei seu emprego — independentemente da abordagem estética — nos estudos da estética organizacional.

As categorias estéticas são as do feio, do sublime, do gracioso, do trágico, do pitoresco, do cômico, do sagrado; há também as assim chamadas categorias "agógicas", que dizem respeito ao ritmo. E obviamente, temos a categoria do belo, na qual me concentrarei neste capítulo, reiterando alguns dos temas tratados nos anteriores — em especial, o do juízo estético — e ilustrando a compreensão da vida organizacional cotidiana que ela propicia ao pesquisador que usa a abordagem estética das organizações.

Farei um exame bastante detalhado da categoria do belo — em vez de delinear imediatamente as oportunidades oferecidas ao pesquisador pelas várias categorias estéticas como um todo — porque este é o momento apropriado para fornecer exemplos tirados da pesquisa empírica nas organizações que usaram uma categoria estética.

A categoria estética que pessoalmente utilizei com mais freqüência na pesquisa empírica sobre a estética organizacional é a da beleza. Foi investigando o sentimento do belo das pessoas que constroem e reconstroem a vida organizacional que comecei meus estudos sobre a estética organizacional e minhas reflexões sobre a compreensão estética da vida organizacional.[98] Portanto, conheço bem o uso dessa categoria estética em particular no estudo das organizações. Porém, não se trata de insinuar que as outras categorias (discutidas principalmente no capítulo 5) fornecem menos informações sobre a experiência cotidiana das organizações. O fato de me deter em uma única categoria apenas reflete os fundamentos metodológicos da abordagem estética. Esses fundamentos — como apontei várias vezes — enfatizam a proximidade do pesquisador em relação à situação organizacional examinada e estudam os detalhes e nuances típicas de um "fragmento" de vida organizacional, a fim de lançar luz sobre a ação intencional dos atores organizacionais. Desse modo, a abordagem estética concentra a atenção do pesquisador na especificidade de cada categoria estética e, ao mesmo tempo, em cada situação organizacional e na ação significativa de cada indivíduo que pertence a uma organização ou age em seu nome.

No entanto, cabe destacar que cada categoria estética em si mesma não exaure todo o conhecimento de determinado contexto organizacional. Ou seja, nenhuma delas considerada em separado produz uma compreensão completa da organização investigada. Ao contrário, cada uma delas convida à utilização de outras categorias estéticas. Consideremos, por exemplo, a seguinte descrição que recolhi durante uma pesquisa empírica recente. O indivíduo em questão havia sido forçado a fechar sua loja de reprografia depois de muitos anos de funcionamento. Ele procurou trabalho em uma firma maior do ramo, que havia sido anteriormente sua concorrente. Pedi a ele que me contasse tudo o que lembrava da entrevista que havia feito com o dono da firma, que acabou por contratá-lo. Disse-lhe para imaginar que estava

---

[98] Strati, 1990 e 1992.

usando uma câmera de vídeo para gravar tudo o que sentiu e tudo o que passou por sua cabeça. No final de sua história, ele contou:

> Então ele me disse que eu podia vir trabalhar para ele quando quisesse. Na verdade, ele me fez sentir que poderia encontrar trabalho facilmente para mim... sobretudo porque precisava de alguém lá embaixo que vigiasse as máquinas e o trabalho, alguém que conhecesse o trabalho, mas soubesse ver também o que era preciso, o que havia para fazer e assim por diante. Um pouco de tudo, entende? Não um patrão, mas alguém que conhece o negócio... Isso foi bonito, porque ele me tratou bem, insinuou que eu ganharia um pouco mais do que os outros, e assim por diante. Então, foi ótimo... porque ele não me fez sentir um fracassado. Tudo estava bem, tudo ia bem. Mas então eu tive um lampejo, entende? Ele estava falando comigo e me vi lá embaixo, de manhã à noite, com as mesmas máquinas, as que eu tivera de vender, fazendo o mesmo trabalho pelo resto da minha vida, e talvez com os mesmos clientes... e sob as ordens dele, entende? Mas nem sei se era isso... É isso, não sei... foi tudo tão súbito, um lampejo, foi completamente maluco. Fez-me sentir mal, foi um sentimento ruim... "O pensamento é suficiente para te matar", eu disse para mim mesmo. O fato é que, estou aqui... ainda que sempre tenha aquele sentimento. Estou empacado nisso, não sei... mas por outro lado, o que posso fazer? Sim, se eu encontrasse outra coisa... O fato é que estou aqui da manhã à noite e trabalho e trabalho, porque se perder isso também... vou perder o respeito por mim mesmo, certo? É melhor não pensar nisso, senão é trágico...

Há sentimento neste trecho, há *pathos* nas afirmações "isso foi bonito" e "senão é trágico". São expressões de uso comum, e não somente naquela firma de reprografia. São adjetivos que embelezam ou enfatizam a problemática da escolha de um trabalho; são componentes da linguagem comum usada pelas pessoas para descrever suas vidas cotidianas numa organização. Mas são também categorias de estética utilizadas às vezes em paralelo, às vezes independentemente e às vezes em conjunto.

No excerto da entrevista nota-se não só a beleza do momento em que o ex-comerciante percebe que a organização vai lhe dar um emprego — e, portanto, não apenas a categoria do belo na vida organizacional —, mas também a tragédia que sente em relação ao seu futuro, com o restante de seus dias na organização passados "lá embaixo", no porão. Ainda mais porque, apesar de tudo, ele promete dar duro para manter o emprego, pelo menos enquanto procura algo melhor. Isso torna a situação grotesca e cômica ao mesmo tempo. A conversa do ex-comerciante com o dono da loja de reprografia foi linda, mas a visão de seu futuro era grotesca e feia, e seu lampejo "visionário" de suas circunstâncias foi trágico. Havia ironia no destino, lucidamente aparente em sua participação imaginária no cenário compreendido pelas máquinas, instalações, clientes, pelo constrangimento temporal e quando ele projetou tudo isso no horizonte temporal infinito do "restante de minha vida".

O homem já havia visto as instalações e as máquinas da loja de reprografia quando tinha seu próprio negócio. Portanto, tinha certo conhecimento delas, colhido dentro da organização, que não era preciso nem detalhado, conhecimento daqueles que haviam posto em funcionamento essas instalações e máquinas. Era um conhecimento colhido de fora, por mais familiarizado que ele estivesse com a copiadora. A mesma coisa se aplica à vida organizacional da qual temos um vislumbre no excerto e ao absurdo do futuro da vida profissional do homem. Mas ele não só participou de maneira imaginativa da vida organizacional da loja antes de ser contratado, como pôde recriá-la vividamente no relato de sua experiência e de sua ação feito muito tempo depois.

Se tentarmos compreender a ação intencional do homem do ponto de vista da abordagem estética, então poderemos fazer as seguintes observações:

1. "Belo", "feio", "grotesco" e "trágico" são expressões que pertencem à linguagem comum usada pelas pessoas para descrever suas vidas cotidianas nas organizações. São adjetivos empregados com significados aprendidos fora e dentro da organização, e tais como foram moldados e redefinidos pela ação organizacional tanto dentro quanto fora da organização. Chamar uma experiência momentânea numa organização de "linda" ou "horrível" é lhe dar uma definição concisa. É fornecer uma declaração rápida e vívida, que nos faz sentir a pre-

sença de quem fala. O discurso é embelezado sob o pretexto de falar sobre a experiência organizacional, ao mesmo tempo em que evita qualquer afirmação categórica sobre ela. Serve para proteger a opacidade dos sentimentos de quem fala, ao mesmo tempo em que é evocativo. Mas consiste também de uma asseveração que compreende um juízo direto que põe uma categoria estética em uso na vida organizacional. Portanto, empregar esses adjetivos na linguagem usual é declarar uma variedade de coisas diferentes e afirmá-las de uma forma analiticamente indistinta. Ao mesmo tempo, o "belo" e o "feio" passam a constituir o componente essencial dos dados qualitativamente ricos obtidos falando com as pessoas sobre os contextos organizacionais em que é realizada a pesquisa empírica sobre as organizações.

2. "Lindo", "grotesco", "trágico" e "feio" são, como vimos, termos usados na linguagem usual para avaliar tanto a entrevista no presente com o dono da loja de reprografia quanto a vida futura de trabalho do ex-comerciante. Constituem interpretações do presente vivido e do futuro imaginado, como se estivessem juntas na compreensão estética que o homem tinha daquela vida organizacional em particular. Às suas interpretações acrescentaram-se outras, que também assumiram a forma de juízo estético, formuladas pelo pesquisador, que avaliou como cômico, grotesco e irônico não o relato feito pelo homem, não a estética de sua narrativa, mas o momento em que ele imaginou trabalhar na copiadora. Desse modo, a linguagem estética do pesquisador que interpretava a situação, e não a interpretação desta fornecida pelo ex-comerciante, se acrescenta e se sobrepõe à linguagem estética usual utilizada por um membro da organização.

3. "Há sentimento" e "há *pathos*": são antes expressões da linguagem estética usada pelo pesquisador para avaliar o relato do ex-comerciante e ele mesmo. É a estética desse excerto da

entrevista que "captura" o pesquisador. Ela realça sua sensibilidade, foca sua atenção e solicita sua *pietas*, sua compreensão solidária da beleza, da fealdade ou da tragédia do momento e da experiência. Mas não é o texto escrito que provoca tudo isso no pesquisador. É o discurso falado ouvido na época e, depois, ouvido de novo durante a transcrição e o inevitável processo de edição que acrescenta as vírgulas, travessões, ponto-e-vírgulas e pontos finais, e também um nome para identificar e enfatizar a organização descrita e quem a descreve, ou ainda os pontos entre colchetes que protegem seu anonimato. É também o texto reproduzido aqui para o leitor, que aprecia sua estética — assim espero — traduzida para o português e, portanto, sujeita a outra interpretação, além da efetuada pela primeira tradução, a saber, da língua falada para a escrita.

4. "Cômico", "belo", "trágico", "feio" e "grotesco" não são apenas termos usados na linguagem estética usual das organizações e da pesquisa empírica, mas também categorias estéticas. Tal como o "sublime" ou o "gracioso", são categorias que orientaram o desenvolvimento da filosofia estética européia desde o século XVIII; uma filosofia que, junto com as teorias da arte, produziu uma densa rede de interpretações dessas categorias e que hoje constitui uma importante e controvertida tradição de estudo. A abordagem estética inspira-se nessa rede de interpretações quando explora as categorias estéticas do belo, do trágico, do feio tal como elas se manifestam no curso da pesquisa empírica das organizações e trazem suas diferenças para elas. Com efeito, essas categorias da filosofia estética e da teoria da arte não são meramente aplicadas à vida organizacional, como se o pesquisador empregasse um aparato conceitual estranho a ela e que pertencesse ao seu estoque exclusivo de conhecimento. Ao contrário, elas são inerentes à vida organizacional da qual emergem. Em outras palavras, fazem parte da linguagem usual dos atores organizacionais e do pesquisador.

Vou me ater por um momento na multicategorialidade da estética porque é um dos componentes essenciais da compreensão estética da vida organizacional. As categorias estéticas surgiram e se consolidaram na filosofia estética e nas teorias da arte depois daquilo que foi descrito no capítulo anterior como uma das maiores revoluções do paradigma que define a humanidade: a estética do século XVIII. Porém, a história da beleza seguiu um curso diferente porque, por mais de dois milênios, beleza, estética e arte foram consideradas, em larga medida, modos diferentes de se referir ao mesmo fenômeno. Foi em conseqüência da crise da categoria da beleza — uma categoria que se originou na filosofia pré-socrática da Magna Grécia com Pitágoras, e na Grécia antiga com Aristóteles e Platão — que as categorias estéticas se desenvolveram independentemente umas das outras, de tal modo que, embora as conexões estreitas entre elas ainda persistissem, se tornaram distintas e diferentes.

Como Elio Franzini e Maddalena Mazzocut-Mis (1996:261-262) nos informam, foi Friedrich Schlegel, no final do século XVIII, que traçou pela primeira vez a distinção entre beleza no sentido restrito do termo e, portanto, como categoria estética moderna, e a beleza no sentido amplo, enquanto sinônimo de "valor estético" e conceito que engloba, além do belo no sentido estrito, o gracioso ou o sublime, também no sentido estrito. Posteriormente, em meados do século XIX, Karl Rosenkranz analisou o feio e o desarmonioso, o vulgar e o repugnante, o assimétrico e o desajeitado, e assim suscitou um reexame do valor estético representado pela beleza. Cabe observar também que a afirmação da "multicategorialidade" da estética foi acompanhada pela evolução das formas expressivas e dos esquemas narrativos — o trágico, o grotesco, o patético, o grandioso, o monstruoso, o cômico, o melodramático e outras categorias estéticas —, que no mesmo período ganharam tratamento separado.

A multicategorialidade da estética deriva, em larga medida, da reflexão sobre categorias individuais, como as análises da fealdade feitas por Schlegel e Rosenkranz, que buscavam separar o feio do belo e contestar a supremacia deste último. Porém, só no começo do século

XX, uma descrição multicategorial da estética foi elaborada por Charles Lalo (1927), Étienne Souriau (1929) e Raymond Bayer (1934), provocando um amplo debate sobre a natureza multicategorial da estética no qual eram propostas, por um lado, a expansão excessiva das categorias estéticas e, por outro, sua restrição drástica. Isso serve para nos lembrar que a multicategorialidade da estética não é uma configuração definida e estabelecida pela pesquisa contemporânea, mas um problema "amplo, variegado e difícil de circunscrever",[99] ligado tanto à crise da beleza quanto ao surgimento dos valores estéticos múltiplos que separaram a estética e a arte da beleza.

Porém, embora a multicategorialidade da estética signifique que se pode passar de um grande número de categorias estéticas para apenas algumas, é um pressuposto teórico fundamental da abordagem estética. Como veremos no próximo capítulo, somente pouquíssimas categorias estéticas são consideradas na análise da vida organizacional, justamente porque apenas um número limitado de categorias estéticas foi explorado em relação às organizações. Não obstante, as diversas interpretações às quais as categorias estéticas foram submetidas fornecem um conhecimento valioso para aqueles que adotam a abordagem estética das organizações; sem esquecer, no entanto, que são os dados qualitativamente ricos coletados durante a pesquisa empírica nos contextos organizacionais que constituem o ponto de referência da abordagem. Ou seja, outras categorias são utilizadas numa organização, quer sejam referidas espontaneamente pelos atores organizacionais, quer sejam suscitadas pelo pesquisador.

O foco essencial da pesquisa empírica estética é constituído, portanto, por declarações do tipo "há uma coisa bonita em estar lá em cima", proferida pelo operário da firma que desmonta telhados e discutida no capítulo anterior. Ele fala de seu trabalho cotidiano baseado numa categoria examinada não pela teoria da organização ou pelos estudos de gestão, mas pela filosofia estética e a teoria da arte. O ope-

---

[99] Franzini e Mazzocut-Mis, 1996:268.

rário utilizou uma categoria estética e formulou um juízo, também estético; um juízo, como vimos no final do capítulo anterior, muito diferente tanto de uma avaliação mensurável em termos de explicação racional, quanto de uma opinião como declaração de fato.

Quando os membros de uma organização dizem que ela é "linda", embora essa afirmação seja relevante para a abordagem estética, ela não significa que a organização é objetiva e universalmente bela. Nem significa que, embora a organização não seja de forma alguma bela, ela seja considerada assim por quem fala porque essa pessoa projeta arbitrariamente nela seu estado emocional e mental ou seus conhecimentos da beleza e da educação estética. O juízo estético, como apontei seguindo Bozal (1996) no capítulo anterior, nos informa sobre como a pessoa que expressa o juízo representa a organização para si mesma. Sua importância para a abordagem estética das organizações reside precisamente na "representação" que o juízo estético transmite ao pesquisador, um juízo que exprime a relação que liga o sujeito cognitivo à organização em questão no nível da compreensão estética e, portanto, do *pathos* do sensível.

O juízo estético tem uma característica particular que deve ser sublinhada de novo: ele "representa" para o pesquisador uma relação em que tanto o sujeito que julga quanto a organização julgada estão sempre presentes e, para tanto, utiliza uma categoria estética. Aqueles que desejam apreender o sentido das categorias estéticas no estudo das organizações devem levar em conta esse entrelaçamento entre "a vida organizacional", "a faculdade de julgamento como sexto sentido do sujeito" e "as categorias estéticas". É graças a essa relação que as categorias da estética são também categorias da compreensão estética da vida organizacional. As interpretações do belo e do feio fornecidas pela estética filosófica e pelas teorias da arte são complementadas por aquelas oferecidas, junto com suas diferenças, pela análise organizacional, que as emprega para investigar como um participante da vida organizacional representa esta última para si mesmo. A abordagem estética concentra-se na vida organizacional e, para tanto, usa uma categoria estética, embora a informação fornecida por ela sobre a vida organizacional seja também informação sobre a própria categoria. Esta última, como já destaquei, não é uma categoria predefinida que acontece de ser aplicada à vida organizacional; ela se manifesta no curso da pesquisa e é, com efeito, uma categoria da estética, mas também uma categoria utilizada nessa vida organizacional específica e, em conseqüência, uma interpretação que confere especificidade e diferença.

As categorias da estética são assim categorias empregadas pela abordagem estética das organizações. Elas sugerem e, na verdade, demarcam caminhos específicos para a análise da vida organizacional, caminhos que não dependem da estética filosófica e das teorias da arte, mas de uma mistura de estética e teoria da organização na compreensão da vida organizacional. Portanto, trata-se de uma hibridação que funde as interpretações filosóficas e tudo o que difere delas na interpretação fornecida pelo conhecimento do "sensível" de cada sujeito cognitivo na organização estudada — seja ele um ator organizacional ou o pesquisador. Desse modo, a pesquisa organizacional que utiliza a abordagem estética é "impura", porque não distingue entre o que provém das teorias da organização e da estética, mas os funde. Em conseqüência, quando ouvimos os outros fazendo observações sobre a beleza de uma organização ou de uma atividade executada nela ou em seu nome — ou mesmo quando fazemos essas observações para nós mesmos —, devemos levar em conta o fato de que se está fazendo referência a uma categoria que:

a) possui uma tradição de interpretações que constitui um estoque de linguagem usual empregado pelos membros de uma organização; essa linguagem está sujeita a processos e dinâmicas que fazem com que um sentido prevaleça sobre os outros, uma língua sobre as outras, uma categoria estética sobre as outras;

b) não é estudada pelos membros da organização, mas constitui antes o conhecimento que eles utilizam para indicar, interpretar e "declarar" alguma característica da vida organizacional cotidiana;

c) foi, no entanto, amplamente estudada, com resultados diversos, pelas filosofias e religiões que se desenvolveram na Europa e em outros lugares.

De um lado, a linguagem usual nas organizações amplia as significações das categorias da estética, enriquecendo-as com propriedades incomuns que nada têm a ver com a reflexão filosófica ou com as obras de arte. De outro, os limites entre uma categoria estética e outra ficam, com freqüência, imprecisos e a definição de cada categoria tem uma história de distinções sutis traçadas por teorias filosóficas opostas umas às outras pela argumentação e acompanhadas ou estimuladas por mudanças constantes nas técnicas e linguagens da arte. Gostaria de enfatizar que tudo isso diz respeito à estética filosófica européia, porque é a ela que me referirei para ilustrar o uso das categorias estéticas no estudo das organizações. Foram a filosofia européia e as teorias da arte desenvolvidas na cultura européia que engendraram o processo de "hibridação" que informa a compreensão estética da vida organizacional proporcionada pela pesquisa empírica que emprega a categoria do belo. As origens dessa categoria se encontram no pensamento pré-socrático da Grécia antiga e da Magna Grécia, nas polêmicas travadas com Pitágoras, Platão e Aristóteles por sofistas e céticos, e na transformação da beleza de equivalente da estética em uma das numerosas categorias da estética na filosofia européia do final do século XVIII e começo do XIX. Essas origens constituem a corrente principal e o *humus* em que a abordagem estética contemporânea das organizações se desenvolveu.

A beleza da organização

No decorrer da pesquisa empírica realizada em contextos organizacionais, quando os informantes exprimem juízos estéticos usando a categoria da beleza, eles a aplicam ao seu trabalho, aos colegas, ou ao ambiente de trabalho: "Tenho um trabalho ótimo!", "adoro o que eu faço", "fiz uma coisa linda hoje", "trabalho num ambiente adorável", "tenho um trabalho adorável", "trabalho com gente legal", "ouvi um grande discurso, lindamente feito", "vi uma coisa muito bem feita, algo realmente belo". É raro que emitam juízos estéticos sobre a organização como um todo, dizendo, por exemplo, "trabalho para uma boa organização", "para uma organização que faz coisas lindas", ou algo como "nossa organização é linda", "a organização em que eu estava antes, aquela era uma bela organização", "queremos que esta seja uma bela organização para todos que a visitam e também para todos que aqui trabalham", "eu realmente gosto da organização em que trabalho". Apreciações desse tipo são mais raras do que opiniões sobre o trabalho ou uma ação específica, exceto se o pesquisador as solicita abertamente.

Nesta seção ilustrarei os traços específicos da categoria estética do belo em relação à organização considerada como um todo. Analisarei duas entrevistas que gravei e transcrevi durante uma pesquisa realizada há alguns anos, e que se revelou especialmente proveitosa em meus primeiros estudos da estética organizacional. O mérito delas estava no fato de que cada entrevistado julgava que sua organização era esteticamente bela no que dizia respeito aos seus espaços físicos, sua atmosfera de trabalho e sua vitalidade. Discutirei primeiro os textos em sua integralidade, para que o leitor possa ter uma impressão geral, bem como os elementos necessários para o estudo pessoal delas, se assim o desejar. Depois, dividirei os excertos em partes, escolhendo palavras e frases para ilustrar as interpretações da vida organizacional sugeridas pelos entrevistados e para indicar *insights* proporcionados pela tradição filosófica da categoria do belo.

Os excertos foram tirados de entrevistas realizadas com dois empresários de setores diferentes: serviços de informática e indústria cultural. A principal atividade da organização do primeiro deles era assistência a *hardware* e a *software*, a do segundo era a montagem de exposições de fotografia e a promoção da fotografia como forma de arte. Ambas as organizações eram italianas. A primeira localizava-se nos arredores de uma cidade de pequeno para médio porte, a segunda, numa grande cidade.

O primeiro entrevistado abrira seu negócio alguns anos antes e ainda tinha memórias vívidas dos seus primórdios. Contou-me que era uma firma pequena, com um faturamento modesto se comparado ao das multinacionais que operam no setor. Mas, talvez por ser pequena, estava bem integrada em seu ambiente, com as infra-estruturas e as redes de comunicação vitais para o seu negócio. O local dos escritórios da firma era quase todo novo e ele mesmo havia traçado laboriosamente os planos e organizado a construção.

> Veja, acho que minha empresa é uma bela empresa, quer dizer... fazemos um trabalho limpo, que não polui, e num lugar com uma beleza que para mim..., isso pode lhe parecer ridículo, esta firma neste lugar, para mim é uma pequena jóia. Dizer que é uma pequena jóia talvez não seja a expressão correta, e talvez você possa encontrar as palavras certas melhor do que eu para expressar o que eu quero dizer. Mas com isso quero dizer que, no momento, ela tem uma beleza que espero que o tempo e os problemas econômicos da Itália não destruam para mim, não ponham a perder. Veja você, para mim, e para muitos outros homens de negócios do nosso setor, mas também para os clientes, e para alguns de nossos fornecedores também, quando eles vêm aqui, eles dizem — de acordo comigo, porque sabem que isso me dá prazer e assim eu talvez lhes faça um bom preço — já há uma certa atmosfera quando se entra aqui; há alguma coisa que faz a pessoa se sentir bem, que deixa a pessoa respirar. Não sei de você, talvez não diga a mesma coisa, mas todos os dias, quando chego naquela pequena avenida com as árvores, você vê que mandei plantar outras mais e veremos como crescem, mas já a entrada se harmoniza com o ambiente. E depois, não sei se você notou quando chegou, é um grande edifício e tem essa interação entre as janelas espelhadas e a fonte em frente da entrada principal, que eu queria porque reflete dentro dos portões uma parte da paisagem de fora que, como você vê, é realmente linda e tivemos sorte de conseguir este lugar. Então, para você talvez não seja nada, mas saia da estrada principal e depois de umas poucas centenas de metros, talvez nem isso, e você está num mundo novo. Você deixa o trânsito e o estresse para trás e encontra, acho eu, um ar de paz e tranqüilidade que, se você visitar outras firmas como a minha, não vai encontrar, e em vez de avenidas cercadas de árvores e de escritórios cheios de luz, verá porões cheios de equipamentos ultrapassados e pequenos cubículos para trabalhar. Aqui é lindo porque não tem desordem, mas também não tem nada opressivo, porque tudo é mantido do modo mais simples possível, como uma pequena jóia no caos do negócio da informática...

Cerca de 30 anos antes de eu entrevistá-lo, o segundo homem de negócios havia aberto a primeira galeria da Europa totalmente dedicada à fotografia. Seus lucros não eram tão altos quanto os do primeiro entrevistado, uma vez que sua principal fonte de renda vinha dos numerosos patrocinadores dos eventos culturais que ele organizava. Eu o conhecia há algum tempo. Perguntei-lhe:

P: Mas para você, a galeria é uma coisa bela ou um meio de fazer coisas belas?

R: Para mim, é uma coisa bela, nem mais nem menos. Ela me entusiasma, senão não gastaria todo esse dinheiro [na galeria], em vez de comprar um iate, ou viajar mais, tirar férias, comprar um carro que não usaria só para transporte, mas para aparecer... Não sei, é uma mulher que não é bela de imediato, é uma mulher linda que deve ser bem vestida, coberta de jóias, bem perfumada. Sobretudo, deve ser amada. Na verdade, para mim a palavra é fidelidade, ainda que seja dito de forma diferente, há uma fidelidade, há uma alegria, isso é tudo, e não há muito que se possa fazer a esse respeito. Para mim, a galeria é exatamente alegria, senão eu não suportaria todos os sacrifícios, todas as economias e privações.

A primeira característica compartilhada pelos dois entrevistados é que ambos haviam criado suas organizações. Os indivíduos que montam seus próprios negócios ocupam uma posição particular, no sentido de que sempre vêem a organização como sua criação pessoal. Em outras palavras, eles têm uma visão de conjunto da organização que são capazes de apreender com um único olhar, porque, sob muitos aspectos, ela é o produto de seus esforços, de seu investimento emocional, de seu gosto e de seu talento. O fato de terem criado suas organizações os levou a crer que haviam criado uma coisa linda, ao mesmo tempo em que se referiam a elas como um todo.

A segunda característica é a seguinte: quanto mais de perto examinamos os relatos dos dois empresários, mais diferenças encontramos nas categorias de beleza que eles empregam. Essa é a coisa mais interessante que vem à tona nos dois excertos de entrevistas e por esse motivo os reproduzo aqui. Eles põem em destaque a pluralidade dos significados da categoria do belo que devemos ter presente quando realizamos pesquisa empírica sobre estética organizacional.

A relevância da estética filosófica

Os dois homens de negócios referiram-se a características diferentes quando descreveram a beleza de suas organizações. As duas organizações, por sua vez, diferiam no tocante a setor de atividade, faturamento e idade. E, embora ambas fossem pequenas, a galeria tinha menos da metade dos funcionários da firma de informática. No entanto, essas não eram as características organizacionais que os dois empresários mencionaram quando falaram sobre a beleza de suas organizações; e também não se referiram às metas ou aos objetivos organizacionais. O que significa que não são esses aspectos de uma organização que a tornam bela; há outros aspectos que respondem por isso. Se examinarmos esses "outros" aspectos, que compreensão da vida organizacional obteremos?

O primeiro entrevistado enfatizou a harmonia de sua organização com o ambiente natural e a linearidade e simplicidade arquitetônica de seu edifício. Destacou o cuidado ecológico tomado quando a organização foi criada. Ela não danificou a paisagem em que se incrustou como, em suas palavras, uma jóia numa coroa ou num colar. Foi como se uma proporcionalidade estética tivesse sido deliberadamente estabelecida entre a organização e seu ambiente.

A beleza da organização do primeiro entrevistado tem raízes na escola de Pitágoras, fundada em 530 a.C. em Crotona, na Itália meridional, parte da Magna Grécia. De fato, é o conceito pitagórico de harmonia que transpira da beleza da organização como uma jóia; harmonia crida pela proporção entre as relações estabelecidas naquele cenário particular da organização, sem que fossem forçadas ou distorcidas. Essa proporção é simetria e paz, dois conceitos fundamentais para Pitágoras e seus discípulos. Esse filósofo criou a primeira teoria da beleza afirmando que ela é constituída pelas "consonâncias" manifestas em uma simetria visível ou nos intervalos musicais. Porém, tratava-se de uma concepção racional da beleza, que, ao enfatizar a comensurabilidade — ou seja, a proporcionalidade exata entre as partes de um todo —, buscava encontrar uma lógica até no irracional. Ilustro esse ponto referindo-me ao bem conhecido teorema de Pitágoras da proporção entre a hipotenusa e um dos lados de um triângulo isósceles. Calculando-se o quadrado deles, obtém-se uma razão de 2:1 reveladora de relações de proporção que, embora não aparentes de início, podem ser demonstradas. Em conseqüência, o incomensurável pode ser convertido no comensurável; um fato que acrescenta beleza à elegância da prova e sublinha o gênio de Pitágoras e a aura de magia e de esoterismo que cerca seu nome. A categoria pitagórica do belo corrobora a afirmação de Remo Bodei (1995:23) relativa ao teorema de Pitágoras quando ele descreve "a 'magia' de uma racionalidade que surge paradoxalmente da multiplicação do irracional em si".

Outra característica que deve ser notada — de novo com referência à descrição fornecida pelo primeiro entrevistado — é que ele utiliza uma categoria do belo que privilegia a faculdade perceptiva da visão. Isso também tem origem na filosofia pitagórica e, de modo mais geral, na da Grécia antiga, na qual se dava prioridade aos sentidos da visão e da audição. Esses eram os sentidos "públicos", ao passo que os outros — olfato, paladar e tato — não o eram: primeiro, porque produziam percepções às quais o princípio da comensurabilidade não podia ser aplicado, ao contrário da visão e da audição; segundo, porque eram sentidos muito mais "pessoais", ou mesmo "íntimos", como o paladar, por exemplo, que provoca percepções sensoriais no interior do corpo.

Eu disse antes que a categoria estética do belo empregada pela abordagem estética tem origem na tradição filosófica européia. Agora forneço um exemplo do que isso significa, uma vez que a entrevista com o primeiro empresário ilustra claramente isso. Enquanto ele baseia a descrição da beleza de sua organização no perfume das árvores ou no odor das salas e, portanto, dá prioridade ao olfato, sua categoria de beleza não é necessariamente a da filosofia racional pré-socrática. Ela pode ser relacionada também com as religiões judaica ou muçulmana, ou às filosofias e religiões orientais, cujas proibições de imagens da beleza está associada ao valor atribuído à beleza das fragrâncias e dos sabores. Ou pode ainda ter origem na filosofia estética européia, mas em sua versão do século XVIII, que, como vimos, rompeu com a dominação da noção pré-socrática de beleza como harmonia, simetria, proporção e sentidos públicos.

A ênfase no caráter público e na comensurabilidade na beleza da organização descrita pelo primeiro entrevistado é evidente em sua constante referência aos outros, seja o pesquisador, o cliente, o fornecedor ou outro homem de negócios. Sua "jóia" dá alguma coisa a todos eles: dá a eles um sentimento de bem-estar quando entram no prédio, alívio do estresse simbolizado pelo trânsito na estrada principal, o ar puro e relaxante que respiram. Os escritórios estão cheios de luz, a avenida é ornada de árvores, numa interação simétrica que transpõe a beleza da paisagem externa para a paisagem interna da organização. Essa limpeza, esse espaço e esse brilho são contrastados com os porões, a desordem, a obsolescência e a acumulação inútil nas outras empresas do mesmo setor, numa aplicação do princípio da comensurabilidade.

A simplicidade mencionada pelo primeiro entrevistado para ilustrar a beleza de sua organização é outra característica da categoria de beleza relacionada com a filosofia grega. A simplicidade da beleza foi exposta pelo filósofo neoplatônico Plotino, que, no século II, estudou no Egito e depois ensinou em Roma. Para Plotino, a beleza se encontrava na parte enquanto tal, e não na proporção entre as partes. Ele descreveu a beleza absoluta, a da cor em si, não a beleza que surgia de sua relação bem proporcionada com as outras cores. Portanto, a cor de uma flor era bela em si mesma, no absoluto, e não na medida em que se harmonizava com as cores das outras flores do buquê. "Plotino exaltou a beleza sensível, sua 'aparência' em um mundo das mais diversas formas", comentam Stefano Zecchi e Elio Franzini (1995:91), e sua concepção da beleza era a de uma "beleza 'visível', a partir da qual podemos nos elevar até o mundo inteligível, até a pureza metafísica do Único". Desse modo, a beleza da organização do empresário de alguma forma se distancia da harmonia e da simetria para exibir, com sua simplicidade, uma tensão estética em direção à pureza das formas sensíveis.

A relação da beleza da organização e a ética que ela encarna também é pitagórica. O belo e o bom são postos em relação pela antítese que opõe "uma coisa que faz a pessoa se sentir bem" e os "escritórios cheios de luz" ao "trânsito e o estresse", ao "porão cheio de equipamentos obsoletos", aos "cubículos" nos quais as pessoas trabalham e ao "caos do negócio da informática". Não há distinções claras na trindade pitagórica do belo, do bom e do verdadeiro. "Em sentido amplo", escreve Remo Bodei (1995:24), "qualquer atitude moral baseada no princípio da proporção é bela, e isso se aplica a toda a civilização clássica, que legou essa noção a todas as épocas subseqüentes quase até hoje". Porém, a beleza da organização descrita pelo empresário não revela a identificação total do belo com o bom que Platão propôs quando tomou a interpretação pitagórica do belo e a aplicou ao problema do bem.[100] O empresário não aponta a retidão e a bondade como características essenciais da beleza de sua organização. Ele trata a beleza separadamente do bem e relaciona apenas alguns de seus aspectos à qualidade do ambiente de trabalho em sua organização, que ele considera melhor do que o de muitas outras firmas do setor.

A beleza da organização descrita pelo primeiro entrevistado põe em destaque também um aspecto de seu criador, a saber, o próprio empresário. Ele utiliza a analogia da jóia para enfatizar que sua organização não é uma obra de arte, mas resultado de um bom artesanato. Ele fala da beleza de sua organização como da beleza particular de um objeto pequeno, embora isso apenas ressalte a imprecisão do limite que ele traça entre artesanato e arte. Porém, ele não faz reivindicações artísticas, no sentido de que jamais declara que sua organização é tão bela quanto uma obra de arte. Ele tampouco recorre a símiles do tipo "é tão linda quanto uma miniatura do século XIV", ou "é tão bela quanto o ferro de passar de Man Ray". Esses são também objetos pequenos, mas pertencem à arte e não ao artesanato, por mais refinado que este possa ser, embora a definição de arte e o que impede o artesanato de ser arte sejam questões controvertidas na teoria da arte, nos manifestos de artistas e também na estética filosófica. De qualquer modo,

---

[100] Zecchi e Franzini, 1995:35-37.

discernimos uma relação que situa a beleza da organização e o talento despretensioso e prático de seu dono fundador em um paradigma de beleza banal encarnada na praticidade da organização e não em algum gênio raro exibido por seu criador. Em outras palavras, a organização-jóia manifesta o gosto e, se não o talento, pelo menos a habilidade do empresário. Ele empregou sua perícia não só ao montar seu negócio, mas também ao assumir o papel de arquiteto e ecologista, e também o de um executivo industrial progressista, convertendo-se assim em anfi-trião refinado e acolhedor.

A organização é uma jóia que o dono espera que não seja "destruída" pelas dificuldades econômicas e pela passagem do tempo. A beleza da organização é definida: é uma "coisa", para falar como Husserl, ou "matéria já formada", à maneira de Pareyson. "Jóia" é o termo que torna a beleza da organização "dizível" para o empresário e evidencia o que os sofistas destacavam no século V a.C., a saber, que a beleza é discurso, retórica, discurso engenhoso (*sofizesthai*). A organização-jóia é uma analogia em muitos aspectos semelhante àquela que diz que uma organização é "bela como uma imagem", por exemplo, mas em muitos aspectos diferente daquela da organização "linda como uma sinfonia". Uma jóia, com efeito, se parece mais com uma pintura do que com uma obra musical. Ela já está feita, em vez de estar *in fieri*, e é o sujeito cognitivo que examina minuciosamente suas facetas e sua artesania. Ouvir uma sinfonia é um processo cumulativo porque a música não é dada de uma só vez, como uma jóia, mas afeta o ouvido nota por nota e frase por frase. Em outras palavras, a beleza da organização-jóia "está presente" em sua integralidade e, em sua forma definitiva, "se apresenta" ao sujei-to que a conhece, engendrando uma alteração cognitiva onde está o ho-rizonte para o qual o sujeito se orienta. O movimento oposto pode ser observado na organização-sinfonia, na qual é a música que se move na direção do sujeito, tornando-se progressivamente ouvida e assim conhe-cida pouco a pouco em sua dinâmica e seu devir, como na descrição feita pelo segundo empresário da beleza de sua organização.

Enquanto o primeiro entrevistado usou a analogia da jóia, o se-gundo também utilizou uma analogia, mas com o objetivo de enfatizar a maneira de tornar linda uma organização. Uma organização não é bela como uma mulher, disse ele. Mas ela deve ser vestida, coberta de jóias, perfumada e amada como uma mulher. Em comparação com a beleza descrita pelo primeiro entrevistado, a do segundo é muito imprecisa e deve ser constantemente construída.

Esse conceito de beleza se despoja da comensurabilidade e da matemática características da harmonia e da proporção das relações entre os elementos que constituem a categoria do belo aplicada à organização pelo primeiro empresário. Com efeito, podíamos ter concordado ou discordado da afirmação deste último, segundo a qual seus escritórios eram bem iluminados porque dispúnhamos de um critério objetivo. Mas a categoria de beleza empregada pelo segundo entrevistado não era receptiva a aprovação ou rejeição. A beleza de sua organização baseava-se na imediatidade de seus sentimentos pessoais, e as raízes filosóficas da categoria do belo que ele utilizou não estão no paradigma da objetividade e da matemática que, antes do século XVIII, só haviam sido questionadas pelos céticos, entre os séculos V a.C. e II d.C. Tampouco se baseava exclusivamente nos sentidos da visão e da audição, cuja natureza pública e precisa descrevi, ou na exatidão e na forma harmoniosa de um objeto delimitado no espaço visível, como a organização enquanto jóia inserida numa esplêndida paisagem italiana descrita pelo primeiro entrevistado.

A descrição do segundo entrevistado destaca antes aquela qualidade imponderável que torna sua organização bela, de tal modo que sua galeria é "exatamente alegria" para ele, porque "há uma alegria, isso é tudo, e não há muito que se possa fazer a esse respeito". Essa qualidade imponderável, que apareceu com a filosofia estética da Renascença e, alguns séculos depois, com a primeira geração do romantismo alemão — e com eles, de modo mais geral, no romantismo europeu —, mostra que não é a faculdade perceptiva da visão que está em ação aqui, mas a imaginação, que se situa para além da barreira dos sentidos e cria pontes entre eles.

A beleza da organização não era exprimível para o segundo entrevistado usando-se apenas a analogia da mulher bela; ela o era graças à definição de Pareyson (1954; trad. bras. 1993:59): "o formar como *fazer* inventando o *modo de fazer*". De fato, a galeria era "uma mulher linda que deve ser bem vestida, coberta de jóias, bem perfumada. Sobretudo, deve ser amada". O segundo entrevistado sublinhou sua ênfase usando "é" em vez de "parece", de tal modo que a beleza de sua organização residia em seu ser "bem vestida", "coberta de jóias", "bem perfumada" e "amada". Em outras palavras, a beleza da galeria estava em se tornar bela e não em "como se" fosse bela, utilizando as faculdades sensoriais da visão, do olfato, bem como dos outros sentidos, mas, sobretudo, trabalhando no nível em que a estética se mescla com a ética — o nível em que uma organização não pode ser bela sem ser moralmente correta.

A beleza definida por critérios formais que observamos em relação à primeira organização é assim flanqueada pela beleza vaga da segunda organização, uma beleza que manifesta o esforço do segundo empresário de alcançar uma qualidade imponderável e indefinida constituída pela organização ela mesma. Ela "se apresenta" como auto-suficiente: a figura feminina à qual ele se refere é misteriosa e inconstante, pois não é representada em sua totalidade nem retratada de maneira sólida e estável, ou como um artefato estático, como a jóia descrita pelo primeiro entrevistado.

Isso se vê reforçado pela seguinte consideração: enquanto o primeiro empresário está ainda mais envolvido na criação de sua firma do que ele ousa admitir, o fundador da galeria quase desaparece como criador de sua organização. Ele só pode garantir que sua organização-mulher *in fieri* é bela à visão e ao olfato — em suma, aos sentidos —, mas essa beleza não é exclusivamente obra sua. Antes, a beleza reside na galeria em si e por si mesma, e consiste na "alegria" que dá ao seu curador.

A pluralidade da beleza organizacional

Se compararmos os dois excertos de entrevista, constataremos que a beleza de uma organização apresenta certas características comuns e outras que diferem acentuadamente. Entre aquelas que são comuns encontramos, em primeiro lugar, a consideração da organização como um todo em termos da categoria estética do belo, consideração feita por pequenos empresários que criaram, em parte ou totalmente, suas próprias organizações. Outra característica compartilhada é que nenhum dos empresários tratou a beleza de sua organização como servindo a outro propósito, como funcional para outro fim, como instrumental para a realização dos objetivos da organização. Observe-se que o segundo entrevistado foi perguntado explicitamente sobre esse aspecto, mas desconsiderou-o de imediato. Ainda outra característica compartilhada é que, em ambos os excertos, os princípios do belo e do bom estão entrelaçados. Considera-se bom o que é ético, não o que é prático: é constituído de tudo o que é moralmente correto e não, por exemplo, do que é utilitário. Uma última característica comum é que a categoria do belo é flanqueada por uma segunda categoria estética: a do pitoresco, no primeiro excerto, onde é usada para se referir a um artefato que tem alguma relação com uma obra de arte; a do trágico, no segundo excerto, evidenciada pela frase "senão eu não suportaria todos os sacrifícios, todas as economias e privações", e a do sublime, que envolve tanto a alegria que enche a alma quanto o misterioso prazer do trágico.

O que distingue os dois excertos é a categoria estética da beleza, utilizada para referir-se à organização como um todo. Como já mostrei, no primeiro trecho, a beleza clássica é comensurável com o racionalismo que, a partir da Magna Grécia, dominou a filosofia estética européia por mais de dois milênios. No segundo, a beleza se relaciona com o sentimento, com o imponderável e o inexaurível, e é constantemente reinventada (*poieîn*). Os dois entrevistados empregam analogias para ilustrar a beleza de suas organizações, e o fazem com referência a noções que as teorias da arte consagraram — a beleza feminina e a beleza das jóias — e que a institucionalização dos museus em séculos recentes, com o advento da modernidade, conservou e disseminou. Mas fazem isso de modos muito distintos, porque se a organização-jóia pode ser vista como uma obra de arte, a organização como "mulher feia *tout court*" não pode simplesmente ser vista. Portanto, enquanto a idéia da beleza da firma de informática é definida de uma vez por todas, pelo menos na época da entrevista, há alguns anos, a da galeria de fotografias não é definida nem momentaneamente. Ao contrário, é dada por omissão, por analogia a uma coisa que não é, e sua beleza é criada sem cessar.

Afirmei também que se trata de juízos estéticos e não factuais. Eles nos dizem como os dois empresários representam suas organizações para si mesmos. Mas não nos contam como as duas organizações efetivamente aparecem quanto à sua beleza, nem como os dois empresários conceberam a beleza fora de suas organizações. É a avaliação feita por eles da organização que compreendemos mediante seus juízos de beleza. Mas trata-se de uma apreciação e não da projeção arbitrária da cultura estética deles ou de seu sentimento subjetivo.

Em ambos os casos, obtivemos conhecimento da filosofia de gestão do empresário, de sua relação com sua organização, das tarefas que ele desempenha, das iniciativas que toma e da satisfação estética que extrai de seu trabalho. Vimos como o primeiro empresário considera sua organização como pertencente a uma rede de atividades que envolve outras firmas do setor e outros empresários da informática, como ele define a qualidade de sua vida no trabalho e como ele considera sua organização acolhedora ou dotada de vida autônoma. Vimos também que a principal diferença entre os dois empresários é que o segundo experimenta um êxtase estético (e também heróico) em sua organização, e isso demonstra o poder do belo na vida organizacional.

Enquanto o primeiro empresário manifesta um certo distanciamento frio de sua organização, a relação do segundo com a sua é turbulenta. Mas essa turbulência deve-se à natureza imponderável da organização que ele criou e não às dificuldades econômicas citadas pelo primeiro entrevistado como a possível causa de um colapso organizacional, de tal modo que, se surgir alguma turbulência, ela será conseqüência do ambiente externo à organização. O êxtase sentido pelo segundo entrevistado é a alegria que "é exatamente" a organização para ele; a emoção "não-familiar" tão própria da beleza e que demonstra o poder do belo. Jamais conseguimos dominar esse poder, escreve

Stefano Zecchi (1995:3-4), assim como jamais somos capazes de suprimir o poder de um belo ambiente que desvia nossa atenção do trabalho, ou de uma pessoa especialmente linda que nos distrai. Só podemos controlar o poder da beleza eliminando sua presença. Podemos mudar a posição de nossa escrivaninha, escreve Zecchi, ou demitir a secretária cuja beleza distrai seus colegas do trabalho. São medidas que podem ser tomadas em relação ao nosso trabalho cotidiano e à vida organizacional, e são lugares comuns. Penso, por exemplo, nas numerosas salas de aula desprovidas de luz natural e de vista para fora que já vi; ou, de modo mais geral, nas freqüentes ocasiões em que mulheres e homens recebem ordens de sua organização para esconder sua beleza, a fim de manter a ausência de *eros* que impregna a vida organizacional com moralidade, como discuti no capítulo 3. Há muitos casos em que as organizações fazem esforços explícitos ou implícitos para inibir a beleza, cumprindo o ideal do controle racional, até mesmo do exótico. Porém, isso não significa que os indivíduos obedeçam sempre, ou que a beleza tenha sido apagada da vida organizacional. As palavras dos dois empresários revelam isso, em particular as do segundo, quando ele declara que há uma "fidelidade a uma situação" que é alegria e que causa alegria, quaisquer que sejam os custos e sacrifícios que possam acarretar.

O simbolismo da "representação" da beleza organizacional

Os dois empresários forneceram representações diferentes da beleza de suas organizações no que diz respeito às características organizacionais enfatizadas e à categoria estética do belo empregada para descrevê-la. Na seção anterior, apresentei algumas interpretações dessas representações, desconstruindo e reconstruindo os tópicos abordados ou meramente sugeridos, assim como o entusiasmo e a sensibilidade com que foram narrados. Em outras palavras, usei essas representações da beleza das organizações para reconstruir um conhecimento estético e, não, analítico. Examinarei agora os conceitos envolvidos nessa reconstrução e o método utilizado.

Representação versus *representatividade*

Suponhamos, para fins de argumento, que queremos validar cientificamente minha análise anterior da beleza da organização. Assim, consideremos que o que foi descoberto é apenas a primeira fase da pesquisa empírica, a fase exploratória, que propiciou "descobertas" que devem agora ser verificadas cientificamente. As representações dos dois empresários compreendem conceitos que podem ser operacionalizados e temas que podem ser aprofundados para se descobrir mais sobre o que foi aprendido. Podemos então continuar com a análise da beleza da organização perguntando a outros de seus membros se concordam ou não com as afirmações dos empresários, enfocando, por exemplo, mais os significados compartilhados do que as diferenças manifestas. Podemos fazer isso aprofundando as entrevistas com cada indivíduo, ou montando grupos de trabalho *ad hoc*, talvez aplicando um questionário e usando técnicas qualitativas de análise organizacional e estudos de casos.

Se, ao contrário, o que nos interessa é apenas como os empresários do setor de informática vêem a beleza de suas organizações, podemos fazer entrevistas estruturadas, ou aplicar um questionário, a fim de estabelecer se, por exemplo, a beleza do ambiente da organização explica o sentimento de beleza experimentado pelo empresário mais do que a beleza dos prédios ou a luminosidade dos escritórios. Mas se preferirmos comparar os diferentes setores de atividade, limitando novamente a pesquisa aos proprietários das empresas, os conceitos das duas representações podem ser operacionalizados em um número suficiente de itens construídos para determinar se há correlações estatísticas significativas suficientes para se tirar conclusões. Por exemplo, que, em determinada área geográfica, os pequenos empresários vêem a beleza de suas organizações de maneira semelhante àquela do segundo entrevistado e que, ao contrário, só quando as pequenas firmas estão estreitamente ligadas a uma maior é que predomina o tipo de beleza descrito pelo primeiro entrevistado. Em suma, pode-se usar uma análise tanto quantitativa quanto qualitativa para identificar as causas da atribuição de beleza à organização e para especificar as circunstâncias em que essas causas exercem sua influência.

A compreensão estética da beleza das organizações baseada nos juízos estéticos dos dois empresários não foi obtida dessa maneira, como vimos, porque os fundamentos teóricos do método usado se opõem à explicação racional e causal da ação significativa nas organizações. A compreensão obtida foi estética, não lógico-analítica, e sua base teórica foi discutida nos capítulos anteriores e agora será examinada mais de perto, em relação ao juízo estético, utilizando-se outro exemplo.

Suponhamos que estamos admirando a beleza do quadro de Caravaggio, *A morte da Virgem*, encomendado em 1601, pintado antes de maio de 1606 e que se encontra hoje no Louvre. É uma obra violenta e dramática, cujos fortes contrastes de luz e sombra dão um sentido imediato da brutalidade da realidade representada. A mulher retratada como a Madona parece real: para o observador é como se estivesse verdadeiramente morta, com sua corporeidade, seu peso e sua sensualidade. Talvez seja uma prostituta que morreu afogada, ou quem sabe a amante de Caravaggio,[101] embora ele não a tenha pintado do modo etéreo usado costumeiramente pelos artistas da época para representar suas amadas. Mas quer tenha sido prostituta ou amante, não é ela o tema do quadro, por mais realismo que Caravaggio tenha imprimido à Madona morta. A Madona é uma mulher — isso é evidente —, tanto neste quanto em outros quadros que Caravaggio pintou no mesmo período, mas não é uma mulher em particular que foi retratada. Se "reconhecermos" na pintura apenas a figura da amante ou da prostituta morta porque foi pintada de forma realista, deixaremos de compreendê-la esteticamente: a beleza é simbólica, e é precisamente como um símbolo, afirma Zecchi (1990:xi) que é capaz de mudar de forma e adquirir novos significados, "suscitar dúvidas" e ser "o enigma e o problema da razão".

---

[101] Bologna, 1992:44-45 e 375-376.

O exemplo da pintura de Caravaggio é particularmente apropriado porque põe em destaque o sentido do conhecimento estético e, não, do analítico e racional. Caravaggio era um pintor realista, escreve Arnold Hauser (1955; trad. bras. 1972, v. 1, p. 570), e seu realismo atrevido e cru lhe valeu a desaprovação de seus contemporâneos e a rejeição de suas obras por seus mecenas eclesiásticos. O artista "realista" não "postula" a realidade na origem de seu discurso, escreve Roland Barthes (1970; trad. bras. 1992:187-188, 54), mas um real que já foi escrito, não importa quando no passado, e um código prospectivo ao longo do qual podemos apenas ver uma *enfilade* de outros códigos que se imbricam e dissimulam os traços de sua origem, como numa "textura de vozes". A compreensão estética exigida pela pintura de Caravaggio não se baseia na avaliação científica da veracidade do retrato da prostituta ou da amante, nem é sua análise racional que determina se o sentimento de beleza suscitado pelo quadro se deve principalmente ao fator "prostituta como modelo da Virgem" e muito menos à "cor carnal" das mãos e pés que enquadram o vermelho do vestido da prostituta morta. A compreensão estética baseia-se em fatores totalmente diversos, porque ela apreende e sustenta a verdade da beleza da pintura no simbolismo pelo qual, por exemplo, Caravaggio devolve a mundanidade à excepcionalidade da Madona e uma corporeidade terrena à sua representação sagrada.

Meu objetivo ao referir-me à arte não é o de defender sua equivalência à representação fornecida à nossa sensibilidade de pesquisadores das organizações. Ao contrário, busquei destacar a equivalência que pode existir no próprio processo de coleta de conhecimento — isto é, na abordagem da vida organizacional baseada em juízos estéticos. Portanto, devemos examinar a representação da organização no juízo estético, tendo sobretudo em mente não a veracidade da claridade dos escritórios ou da avenida arborizada que é representada pelo juízo estético, mas antes, sua simbolização da beleza para o empresário que fala sobre ela, e para nós enquanto o escutamos. Por mais realista que a representação pareça ser, não são os elementos que a compõem ou os aspectos mais enfatizados que propiciam a compreensão da beleza organizacional. Isso porque a representação da organização não deve ser confundida com um retrato fotográfico ou audiovisual dela. Em conseqüência, não é por isolar o ato de amar a organização vestindo-a e perfumando-a, ou por instalar janelas espelhadas e ver a beleza da organização como resultado dessa ação que compreendemos esteticamente essa vida organizacional em particular, baseados na categoria do belo.

"A beleza não se pode verdadeiramente explicar: ela se diz, se afirma [...] mas não se descreve", afirma Roland Barthes (1970; trad. bras. 1992:65-66); "tal como um deus [...] só pode dizer *sou aquela que sou*", dado que os predicados possíveis são uma tautologia, como quando alguém declara que um rosto é belo porque é um oval perfeito — ou uma comparação envolvendo uma infinidade de códigos, como quando alguém diz que um rosto se assemelha ao de um anjo. Ademais, quando realizamos uma análise racional, nos vemos usando uma abordagem que é exatamente o oposto daquela empregada até agora: a abordagem do distanciamento, que afirma a separação entre o pesquisador e o ator organizacional, em vez da diferença entre suas interpretações. Nesse caso, dados qualitativamente ricos, e não apenas os dados quantitativos reunidos, descrevem uma beleza da organização desprovida de encantamento e poesia, uma beleza privada do *pathos* do sensível e, portanto, da qualidade que lhe é mais apropriada e que a distingue. Stefano Zecchi (1990:14) escreve que o racionalismo que surgiu com o pensamento moderno impôs "a lógica da *validade*" — com seus procedimentos de verificação e prova — em lugar do "significado da *verdade* nos juízos", baseado na produção simbólica, que se torna "o meio de compreender e narrar o mundo".

A representação produzida pelo juízo estético não deve, portanto, ser confundida com a representatividade dos conceitos e temas que ele produz, nem ser transformada nela. Essa representação deve antes ser compreendida em seu ser simbólico. Desse modo, valorizamos o fato de que o senso de beleza de uma organização nunca é objetificável, em vez de reificá-lo num artefato organizacional ou numa ação organizacional. O simbolismo é posto em destaque pela própria "representação" porque é constitutivo dela. Como escreve Hans-Georg Gadamer:

> O simbólico não apenas remete para a significação, mas torna-a presente: ele representa significação. Com o conceito "representar", que se pense no conceito de representação do direito da Igreja e do direito do Estado. A representação aí não significa que algo aí está substitutivamente ou impropriamente e de modo indireto, como se fosse um substituto ou um sobressalente; o representado está antes ele próprio aí e do modo como possa estar (1977; trad. bras. 1985:54-55).

Portanto, a representação da organização como um todo produzida pelo juízo estético do sujeito não está no lugar de outra coisa. Não se trata de uma existência por procuração, mas exatamente de como a organização é beleza para o empresário. Uma vez mais, é pela referência à arte que obtemos uma idéia mais clara do que isso significa para a compreensão estética da vida organizacional, e do quanto a abordagem estética é antitética ao conhecimento analítico e racional da estética organizacional. Na arte, observa Gadamer (1977; trad. bras. 1985:55), encontramos algo "dessa existência representativa", porque, em presença de uma obra de arte, "não estamos simplesmente preocupados com uma reminiscência, uma referência ou um substituto da existência real de uma coisa". Consideremos o retrato de uma pessoa famosa, continua Gadamer: essa pessoa está representada no retrato e o retrato, uma vez exposto ao público, é ele mesmo presença e representatividade, para além de qualquer idolatria ou culto da imagem. Uma obra de arte, portanto, é uma elevação do ser e não uma referência ou alusão ao ser. Ela é insubstituível, o que fica mais evidente se pensarmos na reprodutibilidade que caracteriza as fotografias e os registros audiovisuais. Com efeito, reprodução não é arte, embora, como a arte, ela implique imitação e representação. Não é arte porque está correlacionada com um original do qual é sempre possível obter uma reprodução melhor, mais precisa e clara. A mimese da arte, ao contrário, não é a reprodução de algo ou alguém, mas a produção da representação (*Darstellung*) de algo ou alguém; uma representação que é simbólica e não mantém relação de dependência com a coisa ou o indivíduo que representa.

Portanto, não é uma outra realidade o que o juízo estético reproduz e representa. Ao contrário, a representação produzida é ela mesma verdade, porque a beleza de uma organização é um símbolo e não o resultado concreto de causas objetivas e mensuráveis. A abordagem estética não considera a beleza uma cópia da verdade organizacional, assim como não há cópia da verdade numa obra de arte, nem há um esquema alegórico que afirme uma coisa e nos convide a pensar em outra. A abordagem estética considera a beleza exclusivamente em si mesma e por si mesma, pois o que ela ilumina ao representar a experiência do belo na vida organizacional é algo simbólico. Quais são as implicações disso para as teorias da organização e para os estudos de gestão?

Nova consciência organizacional e construção de uma comunidade simbólica

Hans-Georg Gadamer escreve que a significação do símbolo e do simbólico reside nessa "espécie paradoxal de remissão, que ao mesmo tempo encarna em si e mesmo garante a significação" (1977; trad. bras. 1985:59). É somente sob essa forma — aquela que resiste à compreensão pura através da conceituação — que a arte se dá a conhecer a mim. Consideremos a grande arte e seu impacto sobre nós. Uma arte desse tipo constitui um choque porque não estamos preparados para ela, e quando confrontados por uma obra de arte convincente, nos vemos indefesos. Portanto, a essência do simbólico e do que pode se tornar simbólico, escreve Gadamer, reside "justamente em que ele não se refere a um alvo significativo que se possa atingir intelectualmente, mas que contém sua significação em si mesmo" (1977; trad. bras. 1985:59). É esse guardar-no-interior-de-si-mesmo que constitui a essência do simbólico. Porém, como apontei várias vezes, o simbólico, e o que pode se tornar simbólico, exige a realização de uma operação inicial de desconstrução e reconstrução por parte do sujeito cognitivo. Se a beleza de uma organização tem um valor simbólico, ela só pode ser compreendida como "experiência da simultaneidade de ausência e plenitude",[102] reintroduzindo assim o sentido filosófico original do símbolo

---

[102] Zecchi, 1990:178.

enquanto expressão simultânea de uma presença e de uma falta, e precisando, portanto, da reconstrução de seu sentido. Isso é que constitui o processo de compreensão da beleza de uma organização baseado nas representações do belo produzidas pelos sujeitos que falam dela. Mas esses sujeitos não transformam essas representações em uma cópia de alguma verdade organizacional autêntica. Eles se familiarizam com a verdade dessas representações e, ao mesmo tempo, produzem diferenças entre elas interpretando-as.

É nesse ponto que surge a separação entre compreensão estética e conhecimento analítico da estética organizacional. A fim de captar essa diferença, devemos nos voltar novamente para o conhecimento adquirido com a experiência de uma obra de arte, pois nenhuma outra mostra melhor, graças à experiência direta, o sentido do conhecimento estético como familiarização, socialização e tomada de consciência que é nova, mas ao mesmo tempo ambígua e opaca. O objetivo de toda criação artística, como mostra Gadamer (1977; trad. bras. 1985:61), é "nos abrir" para a linguagem falada numa obra de arte e, desse modo, nos apropriarmos dela. Não importa se isso acontece porque uma visão compartilhada do mundo prepara e também sustenta a formação e a configuração da obra de arte. E também não importa se, em vez disso, resulta da "soletração" da forma que nos confronta e desafia, de tal modo que a estudamos e aprendemos seu alfabeto e sua linguagem. Nos dois casos, o fato é que, escreve Gadamer, "uma realização compartilhada ou potencialmente compartilhada está em questão" e isso pressupõe o trabalho de uma comunidade que substitui os trabalhos precedentes:

> [...] o artista desde então não expressa a comunidade, mas sim, através de seu mais íntimo expressar-se a si mesmo, forma sua comunidade. Apesar disso, ele acaba formando sua comunidade e, segundo a intenção, essa comunidade é a ecumênia (*oikouménè*), o todo do mundo habitado, ela é verdadeiramente universal. Cada um deveria propriamente — e esta é a exigência de todos que criam de modo artístico — abrir-se à linguagem que se fala numa obra de arte e apropriar-se dela como de sua própria (1977; trad. bras. 1985:60-61).

Do mesmo modo, quando o empresário descreveu a beleza de sua organização, ele formou uma comunidade que era distinta de sua comunidade anterior e que englobava potencialmente o mundo inteiro. Isso não quer dizer que o juízo estético seja uma obra de arte, mas apenas que ele produz uma "representação da coisa" que devemos tratar como uma representação artística e não como uma opinião ou uma declaração de fato. Não faz sentido, escreve Carlo Sini (1992:111) procurar "traduzir" um símbolo em pseudo-explicações ou em "outros sistemas de signos" que lhe seriam totalmente estranhos. Tampouco faz sentido atribuir "poderes de revelação, de veracidade ou de redenção" a um símbolo, tornando-o absoluto por meio de uma prática cultural pagã e supersticiosa. O simbolismo da beleza deveria ser correlacionado a sua "prática sígnica" e, portanto, em nosso caso, a sua representação expressa pela formulação de um juízo estético. É exatamente na prática sígnica, continua Sini, que compreendemos o "lugar da emergência" e "o horizonte definido do bom sentido" do símbolo. Aprendemos que cada prática humana é profundamente simbólica e, portanto, que "cada prática é um significado-evento que é também um mundo-evento, a eclosão de uma significação e sua expressão".

A prática do pesquisador é também simbólica, ressalta Michael Owen Jones, ao mostrar que durante uma pesquisa empírica em ambientes organizacionais

> os pesquisadores de campo se apresentam simbolicamente aos seus objetos de estudo e são vistos como símbolos. As técnicas que eles utilizam para coletar os dados não são simplesmente instrumentos, mas formas simbólicas que produzem diferentes tipos de simbolismo e fabricações de sentido, e seus relatórios são equivalentes a símbolos que também incorporam mecanismos simbólicos variados que afetam as respostas dos leitores (1996:61).

É preciso salientar que a teoria da organização e os estudos sobre gestão são formas simbólicas, "na medida em que o pesquisador ou consultor é um símbolo",[103] quando desconstruímos os juízos coletados

---

[103] Jones, 1996:62.

e reconstruímos a beleza organizacional da qual o pesquisador ou consultor falam, nos familiarizando com ela e adquirido uma consciência nova e específica da dinâmica e dos processos organizacionais de uma experiência estética vivida. Essa experiência, escreve Hans Robert Jauss (1982; trad. it. 1987, v. 1, p. 87-89), não se reduz à "visão que produz conhecimento" (*aisthesis*), ou ao "reconhecimento mediado pela visão (*anamnesis*), pois o espectador — o pesquisador e o leitor, no nosso caso — pode ser "controlado" pelo que é representado. Ele pode se permitir ser tomado pela sensação provocada pela representação, até que se sinta aliviado, quando as paixões provocadas pela representação são liberadas, de tal modo que ele sente um prazer semelhante ao de uma cura (*katharsis*).

Esse é o prazer estético, pelo qual a participação, a aquisição e o prazer tirado de algo, por exemplo, de um texto escrito ou falado, se fundem em uma única relação, uma vez que o conhecimento e o prazer ainda não foram separados, de tal modo que o primeiro se torna uma atitude teórica e o último, uma atitude estética. A *katharsis* é, portanto, um prazer emocional que pode ser suscitado tanto por um poema quanto por um discurso, quer se trate de palavras audíveis ou de um texto visível, desde que sejam capazes de mudar o estado estético da pessoa — isto é, sua condição perceptiva e sensorial —, que é também uma transformação de suas convicções, ou, em outras palavras, uma nova consciência da vida organizacional estudada.

Na experiência estética fundamental da comunicação, escreve Jauss (1982; trad. it. 1987, v. 1, p. 105-106), a *katharsis* corresponde tanto à utilização prática da arte como mediação, inauguração e justificação das normas de comportamento social, quanto também ao distanciamento do sujeito cognitivo de seus interesses práticos e das preocupações de sua vida cotidiana e sua instalação na "liberdade estética de seu juízo" por meio do autoprazer (*Selbtsgenuss*) no prazer que o Outro está experimentando e que é manifestado por este. É uma característica importante da abordagem estética que discuti várias vezes: a representação da beleza organizacional assim proposta é uma representação "montada" em conjunto pelo ator organizacional e pelo pesquisador, e não apenas produzida por aqueles que pertencem à organização e coletada por aqueles que estudam os fenômenos organizacionais próprios a esse contexto em particular.

O juízo estético do belo gera esse processo estético da produção de conhecimento e levanta, como vimos com Gadamer, a questão da criação de uma comunidade que não coincide com a comunidade do ator organizacional, nem tampouco com a da profissão do pesquisador. Trata-se de uma comunidade simbólica, que surge baseada no sentimento do belo na vida organizacional e através da reconstrução do simbolismo dessa beleza organizacional. É isso exatamente o que acontece na formação das comunidades, uma vez que, como Anthony Cohen (1985:118) mostra, as pessoas "constroem simbolicamente uma comunidade, fazendo dela um recurso e um repositório de significação, e um referente de sua identidade". Não importa se a distinção inicial entre aqueles que participam da construção e reconstrução da vida organizacional, de um lado, e aqueles que entram apenas em contato temporário com ela enquanto realizam sua pesquisa, de outro, permanece imutável no que diz respeito às organizações de um mesmo setor e à comunidade profissional de referência.[104] Isso porque:

> a comunidade existe na mente de seus membros e não deve ser confundida com afirmações geográficas e sociográficas de "fato". Por extensão, o caráter distinto das comunidades e, portanto, a realidade de suas fronteiras se situam igualmente na mente, nos significados que as pessoas lhes atribuem, não em suas formas estruturais. Como vimos, essa realidade da comunidade é expressa e embelezada simbolicamente.[105]

A questão crucial da abordagem estética é a ligação entre uma consciência nova e esteticamente adquirida da fenomenologia organizacional e a criação de uma nova comunidade, e o fato de que o conhecimento organizacional estético, em oposição ao conhecimento

---

[104] Van Maanen e Barley, 1984.

[105] Cohen, 1985:98.

organizacional analítico, está estreitamente ligado ao processo que Jauss (1982; trad. it. 1987, v. 1, p. 195) cita como sendo distintivo da identificação estética. Portanto, trata-se também da consciência do fato de que:

a) o conhecimento estético da vida organizacional possuído tanto pelo ator organizacional quanto pelo pesquisador envolve um "vaivém" entre o sujeito cognitivo "esteticamente liberado" e seu "objeto irreal";

b) quando adquire conhecimento estético da vida organizacional, o sujeito do gozo estético pode ficar espantado, estupefato, comovido, surpreso; pode chorar, rir, refletir, sucumbir à mera curiosidade, prostrar-se ou imitar. O que ele não pode é ficar neutro e se distanciar do que descobre sobre aquela vida organizacional em particular.

Uma vez mais notamos a importância, para a compreensão estética da vida organizacional, da estética do século XVII, com sua definição do conhecimento estético como experiência da pessoa que "se exibe" e o faz, como mostra Elio Franzini (1995:178) "em meio às possibilidades cognitivas que Leibniz chamou de *simbólicas* e *intuitivas*", enfatizando assim "o caráter intuitivo do novo conhecimento e de seus objetos".

Logica poetica e vida organizacional

Na discussão anterior, transformei a questão sobre que tipo de conhecimento da vida organizacional é produzido pelo uso da categoria estética do belo na questão da consciência da beleza organizacional adquirida pela pesquisa empírica das organizações. Mostrei que somos capazes, sem transformar a "representação" em "representatividade", de apreender e reconstruir o simbolismo da beleza da organização no juízo estético, familiarizando-nos com ele, acostumando-nos com ele e, assim, adquirindo uma consciência específica da vida organizacional com a qual esse simbolismo está associado. Desenvolvi esse tema ao examinar dois juízos estéticos diferentes emitidos por indivíduos de organizações diferentes. Mas como se adquire consciência da vida organizacional reunindo vários juízos estéticos sobre *a mesma* organização, todos baseados na categoria do belo?

As respostas a essa pergunta são inevitavelmente específicas, circunstanciadas e diversas se o conhecimento buscado por meios empíricos é a compreensão estética da vida organizacional. Nesta seção, examinarei os juízos estéticos no que diz respeito a uma organização que atua na indústria cultural, em particular, a mais antiga companhia de fotografias do mundo ainda em atividade. Trata-se de uma prestigiosa empresa italiana que, embora tenha agora muito menos empregados e um faturamento menor que no passado, foi capaz de mudar sua atividade principal da fotografia para a promoção de seu patrimônio fotográfico.

Essa organização opera num contexto que se poderia chamar "estético", se não "artístico", embora, no sentido mais amplo dos dois termos, entretenimento possa ser chamado de arte. A organização não vende diversão, mas construiu uma reputação sobre fotografias que agora fazem parte do patrimônio artístico da Itália, graças ao valor intrínseco da arte, da arquitetura e das pessoas retratadas, como também à sua linguagem fotográfica, à qual a companhia se manteve fiel por mais de um século e meio. Quando os livros escolares italianos ilustram a beleza de um *palazzo* renascentista, ou de uma estação ferroviária inspirada no futurismo italiano, utilizam freqüentemente fotografias produzidas por essa firma e a citam nominalmente. O mesmo se aplica a livros não-escolares, a revistas especializadas em fotografia e a exposições de fotos, principalmente italianas, que retratam paisagens que já não existem mais ou os escritórios e trabalhadores de organizações industriais do século XIX, ou que documentam o acervo de museus italianos.

Os excertos das entrevistas que examinarei agora são apenas parte das que foram gravadas há alguns anos com membros dessa organização, quando pesquisei a arte fotográfica na Europa.[106] Em particular,

---

[106] Strati, 1995.

consistem de respostas a duas perguntas feitas a certa altura da entrevista, quando eu já havia estabelecido uma certa familiaridade com a pessoa entrevistada: "Você faz coisas belas?", que geralmente precedia, mas às vezes vinha depois da pergunta: "O que há de belo na Companhia Fotográfica enquanto organização?".

As duas questões nem sempre eram formuladas exatamente assim, fosse na Companhia Fotográfica ou durante outra pesquisa empírica realizada em outros cenários organizacionais. A formulação dependia da dinâmica relacional que se instaurava entre mim e o ator organizacional. Tampouco essas perguntas eram feitas a todas as pessoas entrevistadas, uma vez que dependiam de como a entrevista se desenrolava, dos temas que pareciam de maior interesse para o entrevistado e de minha impressão da compreensão dele do objetivo de minha pesquisa, tal como explicado no início da entrevista: a saber, a relação entre estética e vida organizacional cotidiana. Mas quando as questões eram formuladas, o entrevistado podia responder dando rédea solta a suas percepções e cognições do belo, talvez refletindo sobre elas pela primeira vez, ou buscando me impressionar com alguma referência erudita, observando minha expressão facial para deduzir de minha reação se havia respondido de modo adequado.

Em quase todas as ocasiões, a referência ao "belo" na pergunta provocava um pedido de esclarecimento do significado do termo. Um pedido que eu não podia satisfazer, pois era exatamente o que o informante entendia por "belo" que constituía o tema daquela parte específica da entrevista: a categoria do belo que ele usava e as características da vida organizacional às quais ele a aplicava. Em outras palavras, a questão obrigava o entrevistado a usar uma categoria não especificada, de tal modo que os elementos não definidos *a priori* viessem à tona, e isso também tinha de acontecer em meio à incerteza de que esses "elementos" fossem de fato emergir. Embora isso estivesse de acordo com o conceito de "elusividade" corrente na estética organizacional, causava intranqüilidade nos entrevistados, que não tinham uma categoria para utilizar e eram convidados a construir por conta própria os "objetos" da conversação, ou mesmo obrigados implicitamente a produzir alguma definição de beleza. A tranqüilidade do entrevistado só poderia vir de outro lugar: da dinâmica relacional com o pesquisador, de expressões tranqüilizadoras como "tudo o que vier à sua cabeça", "tudo o que lhe impressiona como belo", "qualquer coisa que você quiser".

Outra característica apareceu. Embora o entrevistado não soubesse o que eu queria dizer com "belo", a referência ao trabalho estava clara, no sentido de que ele era plenamente capaz de refletir sobre seu trabalho enquanto descrevia sua vida rotineira na organização. Não obstante, em várias ocasiões, durante essa e outra pesquisa, nenhuma referência foi feita à organização. "O que você quer dizer com belo na organização?" era freqüentemente a primeira reação à minha pergunta. Ao que eu respondia, "sim, precisamente como uma organização", uma repetição e ênfase que geralmente tinha um efeito positivo que não pode ser racionalmente explicado em termos de como a questão era especificada. Eu costumava enfatizar o termo "organização", repetindo-o de novo. Poucas vezes acrescentei "total", ou "como um todo", mas em todos os casos o entrevistado teve um segundo ou dois para se familiarizar com a questão e formular uma resposta. Além de reforçar "organização" com "organização", usei com freqüência o nome da firma, de tal modo que o entrevistado pudesse visualizar a organização ao ouvir seu nome mencionado em frases como "sim, a Companhia Fotográfica como uma organização".

O excerto seguinte foi tirado da transcrição de uma entrevista com uma jovem pesquisadora que trabalhava na Companhia Fotográfica e que cuidava dos pedidos de fotos enviados por editoras.

P: Você faz coisas belas?

R: Ahn, trabalhando aqui, sim.

P: Por exemplo?

R: Às vezes, faço escolhas iconográficas realmente interessantes.

P: Que diferença você faz entre pesquisa iconográfica interessante e pesquisa bela?

R: Entre?

P: Eu disse "bela", e você chamou de pesquisa interessante. Você pode dar uma definição mais precisa do conceito de belo em relação ao que você faz?

R: Sobre o que eu faço? Oh, tudo bem, no sentido de agradável, agradável como, basicamente, ao mesmo tempo, produtos belos, sabe, coisas belas para olhar, e para... prazeroso, em suma, que pode ter, além disso... como posso dizer, além de um sabor intelectual, também um estético de beleza. Então é o prazer de poder fazer uma coisa como essa, um trabalho que pode dar prazer aos outros. Se fosse um prazer só para mim, seria estúpido... seria um fim em si mesmo. Na verdade, nesse campo, as fotografias são só imagens, e você fala através das imagens, há uma linguagem e, portanto, isso é muito importante. Eu fiz história das miniaturas na universidade, que é a linguagem das imagens típicas da Idade Média, e então a referência à fotografia está sempre um pouco por perto. A fotografia serve para ilustrar livros, e assim por diante, então o lance está aí.

A categoria do belo aplicada ao trabalho está estreitamente ligada à organização à qual a entrevistada pertence. Com aquele "ahn, trabalhando aqui, sim", ela atribuiu à própria organização a característica de fazer "coisa belas" em seu trabalho cotidiano. Cabe insistir que essa relação estreita entre a organização e a beleza do trabalho de um indivíduo é facilitada pelo fato que enfatizei antes: essa firma atua no mercado da cultura e da arte. Cabe também notar que nem sempre é assim; com efeito, em várias ocasiões durante minhas pesquisas, foi-me dito que o trabalho realizado era "um trabalho como outro qualquer", no sentido de que um serviço não pode ser considerado belo apenas porque coloca a pessoa em contato com belos materiais de trabalho ou com artistas, ou apenas porque envolve montar uma exposição ou um espetáculo.

Isso aconteceu também com as pessoas que trabalhavam na Companhia Fotográfica. Algumas delas — muito poucas, para falar a verdade — não conversaram comigo sobre a beleza de seu trabalho. Uma não me deu sequer a chance de fazer minha pergunta sobre a categoria do belo. Por outro lado, o belo não é a única categoria que se pode empregar para obter uma compreensão estética da vida organizacional. Como sublinhei no início deste capítulo e várias vezes nos anteriores, a estética na vida organizacional não provém somente do juízo estético, está relacionada com a rede de faculdades sensoriais que um sujeito é capaz de ativar intencionalmente no contexto organizacional. Desse modo, é importante levar na devida conta o fato de que buscamos obter uma compreensão da vida organizacional por meio de *uma* das faculdades estéticas, a saber, o juízo estético, e que este, por sua vez, é empregado usando apenas uma das categorias da estética, por mais importante que seja, a saber, a categoria da beleza. Há membros de organizações que exprimem esse juízo a respeito de seu trabalho e de sua organização. Mas outros não o fazem, porque não é assim que vêem seu trabalho diário na organização ou para ela. O que mostra que um juízo está envolvido, e não um pacto que sustente a relação entre indivíduo e organização, como, por exemplo, um contrato de trabalho.

A ligação entre a beleza do trabalho e a da organização à qual a pessoa pertence foi ainda mais salientada pela jovem pesquisadora no excerto a seguir. O trecho começa com uma referência dela aos seus estudos superiores e com sua ênfase na estreita correlação entre sua formação universitária e seu trabalho: ela havia estudado a história das miniaturas, que constituíam "a linguagem das imagens típica da Idade Média" e, em conseqüência, "a referência à fotografia está sempre um pouco por perto".

P: E isso lhe dá um sentimento particular? O fato de que trabalha para esta organização?

R: Bem, como posso dizer, é um trabalho interessante, pois a Companhia Fotográfica é muito antiga e bastante prestigiosa, e portanto tem muita coisa em seus arquivos, dentro dela, digamos. Obviamente, é sempre um prazer trabalhar para uma empresa de prestígio, ou, em todo caso, para uma coisa bela, em geral.

P: Para uma coisa bela. E o que é isso?

R: Uma coisa bela, que produz coisas belas que podem melhorar a qualidade de vida das pessoas.

P: Que produz coisas belas? O que são essas coisas belas?

R: São as fotografias, ou exposições, ou livros que ajudam as pessoas a passar o tempo da melhor maneira possível.

Portanto, é a beleza da "muito antiga e bastante prestigiosa" Companhia Fotográfica que molda a beleza do trabalho executado nela. A organização é "uma coisa bela"; é bela porque "produz coisas belas", que o são, observem bem, porque "podem melhorar a qualidade de vida das pessoas". Encontramos aqui a ligação estreita entre o princípio do bom e a categoria do belo que apontei na seção anterior ao discutir o julgamento da beleza organizacional fornecido pelo primeiro empresário. Aqui, a referência é mais explícita e diz respeito não só aos membros da organização, mas também à sociedade em geral. Na realidade, a beleza da Companhia Fotográfica não consiste no que é bom e certo para a própria organização e as pessoas que nela trabalham, mas na melhoria que traz para a vida das pessoas que usam seus produtos. Nesse caso, portanto, ao contrário da beleza da organização que o primeiro empresário ligou ao ambiente "ecológico" em que ela funcionava, o belo e o bom estão interconectados, mas "fora" da organização, e não "dentro" dela. É a relação entre a Companhia Fotográfica e a sociedade externa que põe em destaque a categoria do belo tal como se aplica a essa organização. É a melhoria da qualidade de vida da sociedade externa à rotina organizacional que é posta em relevo e relacionada ao que quer que faça dessa organização "uma coisa bela". Ela "produz coisas belas", por meio das quais "fala-se, há uma linguagem". E isso "é sempre muito importante", declara a entrevistada, quando se refere ao seu trabalho, no primeiro excerto.

Além disso, o primeiro excerto demonstra também a importância da relação entre a organização, a beleza das coisas que ela produz e os Outros, a saber, a sociedade como um todo, e não os clientes da empresa ou as outras organizações às quais fornece seus produtos. É essa dimensão estética que é enfatizada, e ela compreende uma conexão estreita entre a categoria estética e o princípio do bom inerente tanto ao trabalho quanto à organização. "Se fosse um prazer só para mim, seria estúpido... seria um fim em si mesmo", diz a entrevistada sobre as coisas que faz. O "prazer de poder fazer" "coisas belas para olhar", coisas "prazerosas", coisas que, "além de um sabor intelectual, também [têm] um estético de beleza" não é estúpido e não é um fim em si mesmo, na realidade, somente se são feitas coisas que podem "dar prazer aos outros", o que revela a natureza ética da beleza de seu trabalho.

A categoria do belo usada na representação da Companhia Fotográfica pela jovem pesquisadora ressalta o caráter de uma organização que tinha "muita coisa em seus arquivos, dentro dela, digamos", o que é "uma coisa bela, em geral". Essa característica é projetada externamente para a sociedade sob a forma de "belos produtos", que são ao mesmo tempo belos e moralmente corretos porque "podem melhorar a qualidade de vida das pessoas". Trabalhar para essa organização dá prazer; isso é belo porque a organização é bela, porque faz belos produtos que suscitam prazer nos outros e porque a organização goza de prestígio na sociedade em geral. A beleza dessa organização estende-se para fora. O trabalho executado intramuros tem por intenção suscitar prazer na sociedade externa, um prazer que combina um "sabor intelectual" com o gosto da beleza.

Como sublinhei com freqüência, trata-se de um juízo estético pelo qual a verdade da beleza da organização e de seu trabalho reside no simbolismo de sua apresentação. Portanto, a questão de saber se uma organização é ou não realmente como foi descrita é totalmente irrelevante para o juízo estético e para a compreensão estética da organização. Isso porque a representação não "representa" a organização: ela não possui representatividade e, portanto, não é comensurável com as representações da organização produzidas por qualquer de seus membros. Colher uma quantidade de juízos estéticos sobre a beleza da Companhia Fotográfica é inútil quando se utiliza a abordagem estética, porque é impossível fazer a soma das belezas da organização ou reconstituir um mosaico dessas representações para produzir uma imagem do conjunto de sua beleza. E, contudo, cada uma dessas representações nos "conta" alguma coisa distintiva, específica e importante sobre o artefato "organização". Mostrarei agora o que surge da análise das respostas dadas por outros participantes da vida organizacional da Companhia Fotográfica. Começo com o chefe de uma nova produção fotográfica, um fotógrafo americano que trabalhava para a empresa há muitos anos:

A coisa mais linda é quando entro em contato com os primórdios da fotografia, uma coisa que eu não conhecia muito. Montamos exposições históricas, então, estou aprendendo muito sobre a história da fotografia, além de organizar exposições lindas, encontrar gente importante do mundo da fotografia, gente que pertence à direção da Companhia Fotográfica. Eles são os maiores nomes do mundo, a começar por [...] e assim por diante. Então, são pessoas que é um prazer óbvio encontrar e passar horas conversando com elas. A coisa linda tem sido esse desafio de levar adiante uma tradição, porque a Companhia Fotográfica tem um nome que arregala os olhos das pessoas, abre portas para as pessoas que de outro modo são reservadas e relutam em falar com você. Basta você pronunciar o nome da Companhia Fotográfica e as pessoas sorriem para você com prazer. Há uma atmosfera quase mágica e a idéia de fazer parte dessa magia, dessa aura do passado me dá grande prazer. Embora eu perceba que meu trabalho é muito difícil: conseguir manter um bom padrão técnico e qualitativo neste momento de nossas vidas frenéticas. É também lindo trabalhar em seu ambiente, ver as velhas máquinas que usavam no passado, falar com o arquivista que está aqui há 30 anos, ver como eles tiravam fotos em igrejas usando espelhos. São coisas fascinantes da história dessas fotografias do passado, são todas coisas muito belas.

A representação da vida organizacional propiciada por esse entrevistado utiliza a categoria do belo como uma ligação entre seu trabalho e a organização. Em outras palavras, essa categoria é usada de modo análogo para descrever tanto o trabalho quanto a organização, e tem significações marcadas em ambos os casos. Mostrei algo semelhante em relação à categoria do belo utilizada pela jovem pesquisadora no excerto anterior. O que se expressa nos juízos estéticos das duas pessoas entrevistadas é a natureza múltipla da beleza organizacional da Companhia Fotográfica.

A beleza descrita pela pesquisadora parte do "interior" da organização para a sociedade externa, ao longo de uma trajetória que se estende da categoria estética ao princípio do bem. A beleza descrita pelo chefe da nova produção fotográfica — um departamento responsável por enriquecer o patrimônio fotográfico da empresa, não por inovar seu estilo — conjuga trabalho e organização com a representação do "incrível desafio" de levar adiante uma tradição, porque a Companhia Fotográfica "tem um nome": o desafio se focaliza na organização e permanece circunscrito pela estética. No excerto anterior, a representação da pesquisadora enfatizava a continuidade constituída pela linguagem das imagens utilizadas pelas miniaturas nos livros medievais, pela universidade e as imagens de arquivo usadas para ilustrar textos contemporâneos. Ela não era "desafiada" a levar adiante uma tradição e uma imagem empresariais em sua escolha de arquivos fotográficos. Ao contrário, o chefe da fotografia precisava realmente encarar esse desafio e, em conseqüência, punha em destaque a tarefa organizacional de produzir novas fotografias e a glória que cercava a tradição empresarial, não como uma continuidade, mas como um hiato, e como uma diferença que dava mais relevo ainda à Companhia Fotográfica.

Porém, há uma beleza nesse relevo que atrai o chefe da fotografia. Em sua representação, o nome da firma funciona como um *passe-partout*: ele arregala os olhos das pessoas, abre as portas das pessoas e dá acesso aos "grandes nomes" da fotografia. No entanto, é um *passe-partout* do qual ele faz parte. E é agradável para ele não por motivos instrumentais, tampouco porque lhe traz vantagens pessoais ou promoção na carreira. É agradável para ele porque ele pode continuar a fazer parte dela e fazer "parte dessa magia".

O organizacional como festa

A representação do trabalho e da beleza organizacional contida nas palavras do chefe da fotografia difere muito daquela fornecida pela pesquisadora. Enquanto, na representação desta última, observamos a tensão interior-exterior da organização, na do primeiro discernimos uma tensão diferente, que liga o indivíduo à organização. A categoria do belo que se manifesta na representação do chefe da fotografia enfatiza o prazer que ele sente de pertencer àquela organização em particular. Esse prazer é ilustrado por sua declaração de que "a coisa mais linda" é entrar "em contato com os primórdios da fotografia". Isso é enfatizado por sua luta diária para produzir fotos que levem adiante a tradição gloriosa da organização. E se expressa em seu sentimento de pertencer a "essa aura do passado" que é a "magia" da Companhia Fotográfica.

A melhoria da qualidade de vida gozada pelos outros graças à beleza do trabalho e da organização não faz parte da representação do chefe da fotografia, que, ao contrário, salienta a participação na "festa" criada pelo belo. É essa categoria particular do belo — que o chefe relaciona tanto ao trabalho quanto à organização — que faz pertencer à magia da organização o que "arregala os olhos das pessoas" e o que faz "as pessoas [sorrirem] para você com prazer" em "uma atmosfera quase mágica". Hans-Georg Gadamer escreve (1977; trad. bras. 1985:63) que a experiência da "festa" impede o isolamento de um elemento em relação aos outros, de uma pessoa em relação às outras. Em outras palavras, a festa celebra uma experiência comunal e o faz na forma mais completa, e "pode-se chamar [sua celebração] de uma atividade intencional". Uma festa não consiste no fato de que todos nós estamos reunidos no mesmo lugar, mas na "intenção, que une todos e os impede de se dispersarem em conversas isoladas ou se desunirem em vivências paralelas".

O belo reside no desafio de transmitir a tradição da organização. Mas reside também em participar da festa de tapinhas nas costas e sorrisos, quando é possível encontrar pessoas inteligentes e famosas, e durante a qual é possível aprender alguma coisa sobre a "história da fotografia" enquanto se trabalha em um "ambiente antigo". É nessa festa que se aprende "como eles tiravam fotos em igrejas usando espelhos e outras "coisas fascinantes da história dessas fotografias do passado", e se tem o prazer de conversar com "o arquivista que está aqui há 30 anos" — um veterano, portanto, da festa. Mas o sentimento de participar de uma festa aparece em outros juízos estéticos sobre a Companhia Fotográfica? Em caso afirmativo, a ênfase é posta nas mesmas coisas e nas mesmas características da organização?

Uma vez mais, a resposta é "não, isso não acontece". Por exemplo, o chefe do setor de imprensa sublinhou a beleza da rotina diária da organização e não sua magia:

Bem... não sei... acho que... Acho que há uma beleza na Companhia Fotográfica, mas em todos os locais de trabalho há uma beleza... também na rotina diária, sabe, encontrar-se todos os dias, para o bem ou para o mal, com as mesmas pessoas, embora sejam pessoas... Então, vamos pela ordem. Com as mesmas pessoas porque você estabelece inevitavelmente uma relação humana, com atrações e repulsas, as discussões, todo aquele microcosmo interno... quer dizer, a Companhia Fotográfica como um microcosmo, um local de trabalho como um microcosmo que engloba tudo. O que cria uma continuidade, quer dizer, cria uma... também uma dimensão afetiva, se você quiser. E eu gosto muito disso, ainda que, obviamente, isso só apareça às vezes. Com mais freqüência, há problemas, rixas, você está com pressa, certo, para fazer coisas, então não tem tempo para conversar, e assim por diante. Mas de tempos em tempos há esses intervalos em que você brinca, bate papo, conta coisas uns para os outros, e eu acho que isso é realmente legal. Bonito, acho que é... para mim, pelo menos, o fato de que há um fluxo constante de pessoas que entram porque colaboram com a companhia, ou porque foram chamadas, ou porque têm uma proposta a fazer. Então, há um contato constante, certo? Uma formação constante de relações que talvez parem quando as coisas terminarem, mas podem começar de novo com o próximo trabalho ou a próxima coisa a fazer. Outra coisa bela, bem, eu não saberia dizer. Mas, talvez, eu diria também o trabalho em si mesmo e por si mesmo, francamente, porque é muito melhor discutir todos os dias quando se monta uma exposição do que brigar todos os dias dizendo "vai buscar aquele arquivo", "não, vou eu" e coisas assim. Então, é isso que eu penso. Há também uma desvantagem, porque pensar em achar, procurar um outro trabalho não seria fácil, porque, pela força das circunstâncias, você tem de ir nessa direção.

Aqui, o sentimento de participação em uma festa é enfatizado pelo fato de que tanto a companhia quanto o local de trabalho são vistos como "um microcosmo", como um "microcosmo que engloba tudo", que "cria continuidade", a qual produz "uma dimensão afetiva" da qual o chefe da imprensa "gosta muito". Porém, não encontramos a mesma ênfase, nem mesmo as mesmas insinuações evidentes na representação fornecida pelo chefe da fotografia. Termos abstrusos como "aura" não são usados, nem termos esotéricos e míticos como "magia". Esse entrevistado não fala de rostos e portas que se abrem. Ao contrário do chefe da fotografia e, em especial, da pesquisadora, ele se concentra muito mais na vida interna da Companhia Fotográfica. Isso é importante, se tivermos em mente que o trabalho de promover as atividades da companhia pode levar a atribuir um valor particular à sua beleza exterior, em vez de enfatizar a agradabilidade de sua vida interior e de sua rotina diária, a agradabilidade de "todos os locais de trabalho"; portanto, uma beleza que distingue as organizações que são belas.

São o "fluxo constante de pessoas", um "contato constante", uma "formação constante de relações" que constituem a natureza cotidiana de um "microcosmo que engloba tudo" no qual as pessoas "brincam, batem papo, contam coisas umas para as outras". O fluxo de pessoas é constante e a Companhia Fotográfica é uma arena em que se criam relações humanas entre as pessoas que participam ativamente da construção e reconstrução da beleza de sua rotina diária. Elas entram no prédio porque "colaboram com a companhia, ou foram chamadas, ou porque têm uma proposta a fazer". O microcosmo é, portanto, vital, porque as pessoas que pertencem a ele são selecionadas, fazem propostas e colaboram.

O responsável pela imprensa postula que a beleza da organização reside em sua vitalidade. Sua descrição torna sua beleza mais específica e particular do que ele está disposto a admitir, quando diz que a beleza está "em todos os locais de trabalho". Estabelecem-se relações com pessoas especiais, de tal modo que o fluxo constante delas se torna um "microcosmo interno", em vez das relações efêmeras, canhestras e estressantes de um turbilhão. Além disso, também nesse caso a beleza da organização está estreitamente ligada à beleza do trabalho realizado nela. Com efeito, "outra coisa bela" da companhia é o "trabalho em si mesmo e por si mesmo". Aqui, o chefe de imprensa acentua mais a especificidade da organização em que trabalha, citando o que já vimos ser uma característica fundamental da beleza: seu caráter "não-familiar". A beleza do trabalho "em si mesmo e por si mesmo" é perigosa; é preciso se proteger dela porque pode distrair a pessoa do que ela precisa fazer, tendo em vista que se ela "procurar um outro trabalho", ele teria de ser igualmente belo, e isso levaria a pessoa numa direção que "não é fácil".

As palavras do chefe de imprensa enfatizam claramente a participação em uma festa específica, e não em qualquer uma. Isso está expresso na observação "é muito melhor discutir todos os dias quando se monta uma exposição", em especial se tivermos em mente que seu envolvimento com a montagem de exposições ocorre numa etapa tardia, quando ela já foi decidida, planejada e é sua tarefa promovê-la. Em conseqüência, não se trata, em termos estritos, de participação na montagem da exposição, mas do sentimento de partilhar o mesmo objetivo, que transparece em seu comentário sobre a luta diária para criar um produto da empresa, porque isso significa uma coisa bela. Há também referência às atividades organizacionais que, por mais que sejam realizadas separadamente, criam uma distinção básica em termos de competências, pelo menos no que diz respeito à equipe responsável pela "montagem da exposição". A Companhia Fotográfica é, portanto, bela: certamente porque coisa belas são feitas nela, como a pesquisadora mostrou, mas sobretudo porque é um "fluxo" e um "microcosmo" que reduz o sentimento de parcelamento das atividades e da divisão de tarefas, ao mesmo tempo em que reforça o sentimento de criar um ambiente vital de trabalho cotidiano.

Isso não se aplica ao juízo estético do chefe de imprensa, porque fluxo, movimento e intencionalidade são elementos característicos da beleza da organização para outras pessoas que trabalham na Companhia Fotográfica. Algumas delas demonstram isso traçando comparações com o passado recente da empresa, como se nota no excerto seguinte da entrevista com um membro do departamento de exposições:

P: Então você vê [a organização] como uma coisa bela?

R: Sim, realmente bela. Muito linda e especialmente agora. Até poucos anos atrás, digamos... a Companhia Fotográfica era só considerada um arquivo, uma coisa velha, paralisada, imóvel. Mas agora, desde que o museu abriu, e graças às novas aquisições, ao fato de que começamos a fotografar de novo, para mim, ela adquiriu uma dimensão nova, a que deveria ser realmente a dimensão da Companhia Fotográfica.

A organização é bela nessa dimensão porque fez aquisições e começou a tirar fotografias de novo. Essa beleza é contrastada com a época em que a empresa estava "paralisada", uma coisa "imóvel" e "velha". Em suma, foi a vitalidade reencontrada da organização que restaurou sua beleza. Esse aspecto também foi enfatizado por um impressor de fotografias que trabalha para a companhia, embora ele tenha especificado que isso era mais evidente visto de fora da organização:

R: Menos dentro, mais de fora. Quando você encontra amigos, eles dizem "você trabalha para a Companhia Fotográfica, realmente? Ah, que lindo! Eu ouvi isso e vi aquilo..."

P: Eles dizem imediatamente "lindo"?

R: Sim! "Lindo", "realmente lindo", "é maravilhoso". Mesmo recentemente, alguém veio visitar que eu... as escolas têm com freqüência algo a ver...

P: Mas, na sua opinião, por que eles dizem "lindo"?

R: Eles dizem "lindo" porque é parte história e parte uma projeção, uma representação de alguma coisa que você sente, digamos, eles vêem uma imagem diferente do que imaginavam. Lembro que em 1977, quando eles fizeram a primeira grande exposição, que, digamos, reviveu a Companhia Fotográfica, porque apresentar a exposição a [...] não sei se você pôde...

P: Sim, eu ouvi falar.

R: Parte da organização foi muito bela, muito complexa, algumas celebridades vieram à inauguração. Mas foi um pouco prejudicada por uma busca meio pedante de um cenário reconstruído... um estilo foi recriado, o Liberty, como era, com todos aqueles móveis macios, e depois uma pesquisa cronológica de todas as partes dividas em seções... Havia historiadores ali, eu lembro [...] e então tinha todas aquelas pessoas que eu papariquei um pouco, realmente papariquei. Na verdade, recebi elogios por ela, porque eles me felicitaram mais de uma vez. Foi um momento realmente lindo, muito lindo, que fez renascer a herança da Companhia Fotográfica na cabeça das pessoas.

Nesse caso, a festa é de uma beleza que equivale à verdade, como fica evidenciado no fato de ser sentida por pessoas de fora da organização e que não têm interesses em comum com ela. Trata-se de uma beleza desinteressada ou kantiana, e isso prova que a beleza da organização existe, uma vez que é sentida até mesmo por aqueles que nada têm a ver com ela. Uma vez mais, a festa é diferente daquelas examinadas anteriormente, porque celebra o "momento realmente lindo" que "fez despertar de novo a herança da Companhia Fotográfica na cabeça das pessoas". Essa festa não são rostos que sorriem e portas que se abrem para você como por magia, nem um microcosmo do cotidiano; tampouco é a qualidade de vida de pessoas externas à organização, mas um festival do despertar e da admiração, cujos participantes estão impressionados pela beleza da herança da organização, tal como acontece, se poderia dizer, quando se está em presença de uma grande obra de arte.

Essa festa contrasta com as lembranças organizacionais de um período trágico do passado, de eventos organizacionais que se revelaram cruciais para as pessoas envolvidas e que elas trouxeram à luz pelo lado negativo, utilizando a categoria do feio para falar do oposto. O chefe do arquivo fotográfico descreveu o período de crise da seguinte maneira:

> Lembro que estava no ônibus indo almoçar, estava na plataforma de trás e duas pessoas falavam sobre [a cidade de...]. Uma delas disse: "Estão fechando aquela loja", a outra respondeu: "Mas como, não é possível".
>
> — Mas sabe, estão fechando também a Companhia Fotográfica.
>
> — Ah, aquela companhia na [rua...], aquela linda companhia antiga.
>
> — Estava escrito no jornal que eles vão fechá-la.
>
> — Não, não é possível!

Como a pessoa estava perto de mim, eu disse: "Sim, infelizmente é verdade, eu trabalho na Companhia Fotográfica, não sei se ela é uma instituição, porque... existe há tanto tempo, mas vai fechar de qualquer modo".

O destino trágico da organização era mais forte do que a tragédia pessoal do informante: ele não faz menção à perda econômica ou à perda do emprego. Ele empurra sua tragédia pessoal para o fundo da cena e põe em primeiro plano a morte heróica da organização. É dessa tragédia que ele deve participar agora se quiser fazer parte de alguma coisa heróica e grandiosa, e demonstrar sua "grandeza" aos outros, bem como a si mesmo. Observem-se as conotações grandiloqüentes e românticas de "não sei se ela é uma instituição, porque... existe há tanto tempo, mas vai fechar de qualquer modo", uma afirmação que põe em destaque o sentimento, bem como a sentimentalidade que invade o arquivista quando ele revive aquele período e aqueles eventos. A responsável pelas exposições, que trabalhou para a empresa durante muitos anos e que começou no escalão mais baixo, também lembrou da época em sua entrevista. Ela havia sido contratada por concurso e havia vencido, lhe disseram depois, graças a sua bela caligrafia:

> O que eu notei em todos esses anos... quer dizer, os elementos... coisas belas e coisas feias vêm umas depois das outras. Mas uma coisa feia, realmente feia... A única coisa, o perigo, aquele momento de perigo em que parecia que a Companhia Fotográfica iria provavelmente fechar. Aquela sensação de... de que aquilo poderia acontecer! Mas não porque se tratasse da Companhia Fotográfica em si mesma, porque na minha opinião, desde que é uma companhia... quer dizer, sou uma pessoa muito tradicional, mas não porque sou tradicionalista, porque sou moderna, eu gosto de coisas... mas na minha opinião, porque para mim, cultura é uma coisa que vem gradualmente, é formada dentro... Mas cultura para mim não significa uma pessoa inteligente que estudou, oh não! Cultura é experiência vivida, é a maneira como... Então, o fato em si de que esta companhia pudesse fechar, tendo o mesmo destino de tantas outras coisas belas italianas, aquele foi realmente um momento difícil. Não tanto, não na medida em que eu perderia meu emprego, porque vou lhe dizer com sinceridade, talvez também fosse diferente naqueles dias... mas eu nunca tive medo de que a companhia fosse fechar, dizendo "Oh, meu Deus, não vou achar emprego", não. Era também porque... talvez hoje eu ficasse assustada, talvez hoje. Porque para o bem ou para o mal, eu acreditava que havia dado alguma coisa para a companhia, então queria que ela continuasse, porque para o bem ou para o mal eu havia vivido ali, à parte trabalhar oito horas por dia. Quer dizer, eu jamais poderia ter trabalhado numa empresa em que fizesse um trabalho de que não gostasse. Então, talvez porque gostasse dela, sentia que também lhe havia dado algo de mim mesma. E isso eu digo sem nenhuma presunção.

Ao contrário do arquivista, a organizadora de exposições não se coloca na sombra do evento, embora isso seja paradoxalmente uma maneira de demonstrar sua participação no acontecimento e de dar — como Ernst Gombrich (1995) sustenta em relação à "sombra projetada" no mito e na lenda — uma certificação da substancialidade daquilo que projeta a sombra, que, neste caso, é a beleza da organização. Ela afirma claramente que sua preocupação maior não era perder o emprego, mas perder a companhia — isto é, perder o artefato de cuja construção e reconstrução ela havia diretamente participado — porque, "para o bem ou para o mal", acreditava que "havia dado" alguma coisa para a organização. Ela o havia feito porque gostava do que a organização fazia e podia reivindicar o direito de sentir que "também lhe havia dado algo" que não era genérico, mas íntimo e pessoal, uma parte dela mesma.

A organização não era fruto apenas de seu envolvimento, mas também de sua prática sígnica, porque ela havia "vivido" na companhia e não apenas trabalhado lá. Em conseqüência, sua cultura organizacional era a "experiência vivida" da tragédia de "que esta companhia pudesse fechar, tendo o mesmo destino de tantas outras coisas belas italianas". A participação na festa dramática que celebra o perigo do fechamento da empresa abrange ao mesmo tempo uma dimensão estética constituída dentro da organização (o prazer derivado de trabalhar nela, o sentimento de que é o *locus* da nossa vida e o fruto de nosso trabalho) e uma dimensão estética constituída fora (a organização como uma das muitas coisas lindas italianas, e sua importância cultural). Acrescenta-se a essas duas dimensões o sentimento da organizadora de exposições em relação à Companhia Fotográfica, que ela resumiu nesta afirmação: "queria que ela continuasse".

Podemos agora concluir a discussão dos juízos estéticos sobre a beleza do trabalho e das organizações, pois eles já são suficientes para propor uma questão de considerável importância para a compreensão estética da vida organizacional: não é um pensamento mítico que se manifesta com tanta clareza nessas representações da vida organizacional pelos sujeitos envolvidos em sua construção e reconstrução?

Pensamento mítico e estética

Um mito, escreve Roland Barthes (1957; trad. bras. 1972:131), "não poderia ser um objeto, um conceito, ou uma idéia: ele é um modo de significação, uma forma". O mito organizacional da Companhia Fotográfica que transpira das representações de sua beleza e do trabalho que se realiza nela compreende, como vimos, o seguinte: a renovada vitalidade da empresa; a melhoria da qualidade de vida das pessoas da sociedade externa à organização; a companhia como uma "coisa italiana bela"; sua capacidade de abrir portas e fazer as pessoas sorrirem; seu *status* de elemento precioso da herança cultural italiana; sua natureza de "microcosmo" de belas relações interpessoais, uma beleza que desapareceria se a companhia fechasse.

Temos então uma pluralidade de modos de significação da vida organizacional, todos eles relacionados a uma determinada organização. Um mito é particularmente rico em virtualidades simbólicas, observa Dan Sperber (1982:108). Elas sugerem interpretações diversas e não necessariamente compatíveis que demonstram, primeiro, que não é necessário atribuir um único padrão estrutural a elas e, segundo, que essas virtualidades dão lugar a tantos resultados quantos são os indivíduos, incluído o pesquisador. A significação do mito, escreve Gillo Dorfles (1967:77), é sempre "transracional" e "transconceitual", e uma das características do mito é ser sempre submetido a algum tipo de interpretação ou exame hermenêutico.

Foi exatamente isso que surgiu da análise anterior das representações fornecidas pelos empregados da Companhia Fotográfica: não um mito organizacional único e bem definido, mas as diferenças entre as descrições mitológicas que cada sujeito fez da relação entre ele e a organização. Nenhuma das representações discutidas acima, por mais diferentes que sejam, descreve essa relação em termos de ação racional em busca de um objetivo cognitivo-racional. Ao contrário, todas elas evidenciam o "estar-na-situação" dessas pessoas, que foram "jogadas" na situação, poder-se-ia dizer *à la* Husserl, e que deram uma parte de si mesmas a ela, fosse o contexto o "desafio" relatado pelo fotógrafo ou o "microcosmo" do qual o chefe da fotografia se sentia parte, ou a vaga consciência sentida pela organizadora de exposições de que havia dado algo de si mesma para a companhia e "vivia" nela. Todas essas representações revelam também o *pathos* do sensível dessas interpretações míticas da vida organizacional. Revelam a intensidade dos sentimentos dessas pessoas e seu "arrebatamento" em relação à realidade organizacional cotidiana que elas constroem e reconstroem com sua participação ativa.

Essas são as razões invocadas pelos entrevistados para explicar sua ação significativa na organização, e são razões que podem ser apreendidas com base na compreensão estética da vida organizacional. Examinarei esse tema no restante deste capítulo, buscando mostrar como a conexão estreita entre essa compreensão e o pensamento mítico dos atores organizacionais na Companhia Fotográfica tem um fundamento teórico na filosofia de um dos criadores da estética: o filósofo napolitano Giambattista Vico (1725) e sua *logica poetica*.

A "descoberta" da estética é tema de disputa e polêmica entre filósofos e historiadores da arte. Franco Restaino (1991:13-14) observa que, embora a estética moderna tenha origem no pensamento de Vico, Baumgarten e Kant, se quisermos ser mais precisos, *The pleasure of the imagination*, de Joseph Addison, publicado em 11 fascículos entre junho e julho de 1712 no periódico londrino *The Spectator*, para o qual Addison escreveu seus melhores artigos, tem também importância considerável. Sob certos aspectos, considerando-se os 555 números desse periódico cultural, que vendia 3 mil exemplares por dia, bem como o fato de que era publicado em volumes "que alcançavam até as aldeias mais isoladas das províncias",[107] percebemos que as reflexões estéticas de Addison sobre o gosto, o espírito, a novidade, o sublime e o belo devem ter tido mais influência e atingido um público maior do que os *Principi di una scienza nuova*, de Vico.

Mas a maneira pela qual o napolitano concebeu sua lógica poética foi tão radical e tão notável que é a ele que devemos — segundo o filósofo italiano Benedetto Croce (1902:277) e o filósofo alemão Ernst Cassirer (1923-1929; trad. bras. 2001, v. 1, p. 129) — a descoberta da estética. Isso também, contudo, é motivo de controvérsia entre os estudiosos, pois nem todos estão convencidos do anticartesianismo radi-

---

[107] Restaino, 1991:33.

cal de Vico ou, de modo mais geral, da estética do século XVIII. Maurizio Ferraris (1996:104, 112-113), por exemplo, nos lembra o interesse precoce de Descartes pela imaginação e as excentricidades e fantasias milenaristas dos estudiosos da estética. Embora essas questões não resolvidas aconselhem cautela, a concepção de estética utilizada neste livro é decididamente anticartesiana e totalmente oposta a qualquer sujeição do conhecimento estético à explicação racional. Desse modo, como argumentei em outro lugar,[108] a filosofia estética de Vico é de importância fundamental para a abordagem estética, mas na leitura que dela fazem, entre outros, Croce e Cassirer. É precisamente o anticartesianismo radical de Vico que nos permite obter plena compreensão das descobertas produzidas pela pesquisa na Companhia Fotográfica. Vico opunha-se firmemente à explicação racional cartesiana e enfatizava a poesia mítica, o *mythos*, a imaginação mitológica, o raciocínio por metáforas, em suma, o pensamento mitológico dos indivíduos e a conexão estreita e direta entre seu pensamento e seus sentimentos baseados nas faculdades sensoriais de seus corpos.

A tese de Vico ao propor os *Princípios de uma ciência nova sobre a natureza comum das nações pela qual são fundados os princípios de um outro sistema do direito natural das gentes* — título completo de *Principi di una scienza nuova* (1725; trad. bras. 1999) — afirma que o comportamento humano não obedece aos princípios abstratos da lógica cartesiana. Nem os sentimentos, tampouco os pensamentos a obedecem, ele sustenta, se levarmos em conta os fenômenos históricos e se quisermos revelar os fundamentos da comunicação humana com o mundo. Aqueles que procuram descobrir como os indivíduos constroem de fato seu mundo social devem examinar o pensamento mítico deles, e isso por várias razões: porque não existe nenhum raciocínio exato, somente as metáforas, as imagens e os gestos com que os indivíduos se expressam e comunicam; porque hieróglifos sagrados e secretos constituem uma grande parte da linguagem usada pelas pessoas para pensar, bem como

---

[108] Strati, 1999.

para sentir, uma linguagem que lhes possibilita construir o mundo civil; porque conexões não-raciocinadas, escreve Vico (1725; trad. bras. 1999:153), baseadas em "sentidos robustos e vigorosíssima fantasia" produzem sabedoria, e essa forma de conhecimento não é racional, mas poética (*sapienza poetica*). O resultado é poesia enraizada no conhecimento sensível de nosso ambiente, conhecimento que compreendemos plenamente porque foi o conhecimento original da humanidade (*sapienza della gentilità*). Temos aqui uma metafísica, mas "sentida e imaginada", não o tipo de metafísica "raciocinada e abstrata" dos eruditos.

A poesia mítica de Vico nasce do abandono da razão; é a poesia que nos surpreende com o maravilhoso de todas as coisas; a poesia baseada nos sentidos e na imaginação. É a fantasia capaz de criar imagens falsas, mas enormes, de um espírito, o qual não é abstrato e "afastado demais dos sentidos", e sim totalmente imerso nos sentidos e nas paixões. As mentes míticas dos primeiros homens estavam "todas sepultadas nos corpos", escreve Vico (1725; trad. bras. 1999:156). A *logica poetica*, portanto, é a mais adequada para compreender essa mentalidade, porque é "metafísica fantástica",[109] que — embora não explique racionalmente o espírito ou o ambiente da humanidade — é capaz de mostrar como os seres humanos "criam as coisas a sua imagem e, transformando-se nelas, tornam-se por assim dizer essas coisas mesmas".

O pensamento mítico descrito por Vico é, portanto, fantasia, metáfora e imagem. É uma maneira de ver e conhecer o mundo que nada tem a ver com análise, explicação ou razão. Ela implica a construção da sociedade civil por meio da "tradução" das pessoas nela e por meio de sua compreensão adequada "de dentro". A teoria de Vico diz respeito à "sociedade enquanto tal", observa Alberto Izzo (1994:31), e opera com base numa ciência empírica que não é exata nem verdadeira, uma ciência da humanidade enquanto ciência de uma sociedade irredutível ao mundo da natureza. Desse modo, nos vemos novamente

---

[109] Vico, 1725; trad. bras. 1999:170.

diante da questão crucial do debate sobre o método das ciências sociais examinado no capítulo 2: a distinção entre as ciências sociais e as ciências naturais, em que a sociedade — *mondo civile*, nos termos de Vico — é cognoscível de seu interior, mas o mundo da natureza resiste à compreensão humana porque não é construído pelos seres humanos. Vico preconiza uma compreensão empática, em vez de racional, da sociedade civil, argumentando que os humanos se identificam "com o mundo e com as coisas", escreve Gillo Dorfles (1967:19), "exatamente porque eles são capazes de compreendê-las cognitivamente", mas "as afirmam imaginativamente, o que é uma espécie de *Einfühlung ante litteram*".

A "lógica" descrita por Vico não é uma ciência do juízo, afirma Elio Franzini (1995:145-146), mas traz de volta o sentido original da palavra, em que *logos* era sinônimo de *mythos* e relacionado tanto à palavra quanto à criatividade original da humanidade. Em conseqüência, os sentidos e as paixões subjacentes à linguagem mítica transmitem uma realidade comunicativa que faz parte da gênese histórica e antropológica da sociedade. Vico, "com sua construção de uma lógica 'poética', a primeira exegese 'lógica' dos princípios já expostos por Leonardo e Bacon", observa Franzini (1987:15-16), propõe a questão da linguagem como um "problema estético" e uma "dimensão original da comunicação intersubjetiva", e não como "tema lógico-discursivo, psicológico ou ontológico".

Com sua *logica poetica*, Vico legitima o pensamento fabulista e mitológico dos seres humanos e a representação mítica de sua participação na construção da sociedade. Como o mundo civil é certamente composto de pessoas, escreve Vico (1725; trad. bras. 1999:131-132), é no pensamento mítico e nos sentimentos delas que devemos buscar os princípios da sociedade que elas construíram. É exatamente nisso que está a importância da *logica poetica* de Vico para a compreensão estética da vida organizacional: trata-se de um novo ideal metodológico, como diz Ernst Cassirer (1941-1942), um novo *Discours de la méthode*. Aplicada à história, depois de quase um século de logicismo e matematismo cartesiano, a filosofia da sociedade de Vico antecipou tanto a ascensão da sociologia quanto o próprio espírito do romantismo. No hieróglifo, que não é um signo misterioso e místico, mas a realidade comunicativa de um contexto social e de uma sociedade civil, na elaboração metafísica que produz interpretações fantásticas das relações com a sociedade e com a natureza, na linguagem gestual e no mito pelo qual os humanos se transformam no mundo que os cerca e no que eles fazem, não há nada que seja falso, como a racionalidade cartesiana quer nos fazer acreditar. Ao contrário, hieróglifo e mito, a faculdades sensoriais e a imaginação, na medida em que precedem o pensamento racional na compreensão da natureza e da sociedade, "geram narrativas" que, declara Franzini (1995:146), "são *verdadeiras*, compreendem a verdade mesma da história".

Mitos, fábulas e rituais são formas de auto-expressão e comunicação baseadas na consciência do sentimento, na capacidade humana de criar e na produtividade da imaginação. É o pensamento visual ou "pensamento por imagens", escreve Gillo Dorfles (1967:15), que foi redescoberto e revalorizado em meados do século XX, em especial por Herbert Read (1955), que analisou a precedência do pensamento por imagens em relação ao pensamento conceitual. E é esse pensamento por imagens, observa de novo Dorfles (1967:6-7), que Susanne Langer (1942) encontra no "símbolo apresentacional", ou no fato de que o símbolo de nosso sentimento "deve nos permitir conceber a idéia que ele *apresenta*", independentemente "de um significado mais ou menos conceitualizado".

Portanto, é a capacidade sintética da imaginação que liga as pessoas à sociedade e à natureza. E é a imagem mesma que é verdadeira, pois ela é a tradução do pensamento no sensível. Como declara Vico (1725; trad. bras. 1999:395), foi "uma natureza poética, ou seja, criadora, lícito seria dizermos divina, que conferiu aos corpos um ser animado pelos deuses". Na estética de Vico, observa Dorfles (1967:21), o mito é o "meio de comunicação transracional" que nos diz "a *verdade da imagem*", que, "à maneira da *verdade artística*, é, com freqüência, mais confiável do que a verdade *histórica*". Essa produtividade da imaginação é a "natureza poética ou criativa", que "é robustíssima nos fraquíssimos de raciocínio", escreve Vico (1725; trad. bras. 1999:395), afirmando desse modo um tema que, segundo Franzini (1995:148), constitui "o ponto crucial do fundamento científico da estética" e "constitui um *leitmotiv* em toda a cultura do século XVIII", marcando "as fronteiras do anticartesianismo".

5

Artefatos, forma e categorias estéticas

As pesquisas sobre estética organizacional, em geral, não fazem menção explícita às categorias estéticas, com a exceção da categoria do belo. Esta última, no entanto, tem sido considerada mais um sinônimo de estética, estilo e arte nas organizações do que uma categoria específica da estética. Portanto, não foi a literatura organizacional sobre a estética que destacou a importância da multicategorialidade da estética para a compreensão estética da vida organizacional, exceto minhas notas sobre o tema em escritos anteriores.[110] Para ilustrar essa característica distintiva da abordagem estética, neste capítulo vou me referir a dois ensaios publicados em manuais de estudos da organização e que podem ser considerados introduções gerais ao tema da estética organizacional e as primeiras sistematizações de pesquisas e estudos sobre o assunto. A publicação de obras que examinam essa corrente de estudos das organizações mostra que, felizmente, essa área da pesquisa organizacional não é mais incipiente. Vale lembrar que isso foi destacado na introdução deste livro, quando fiz um breve esboço de suas origens e de alguns de seus principais debates, e salientei:

a) a insatisfação expressa por alguns estudiosos: Jeffrey Pfeffer (1982:260), por exemplo, com o "pequeno trabalho sistemático sobre como ligar os aspectos físicos das organizações em uma teoria mais geral da organização", tendo por referência

---

[110] Strati, 1992 e 1999.

as primeiras análises dos ambientes físicos realizadas por Fred Steele (1973) e Franklin Becker (1981), entre outros; Russell Ackoff (1981:39-40), para quem a falta de progresso no domínio da estética e da gestão "é responsável por um de nossos problemas sociais mais críticos: *um decréscimo na qualidade de vida*" e "da vida no trabalho, em particular";

b) o debate no âmbito da abordagem do simbolismo organizacional[111] e a abordagem dramatúrgica do estudo das organizações,[112] bem como as análises dispersas em obras coletivas inspiradas por abordagens e paradigmas às vezes muito disparatados;[113]

c) o fato de que vários periódicos, além de *Dragon*, entre 1985 e 1988, tenham publicado artigos sobre estética nas organizações; por exemplo, a *Academy of Management Review*, em 1992, com um número especial sobre as novas correntes intelectuais na teoria da organização e da gestão editado por Linda Smircich, Marta Calàs e Gareth Morgan, e, em 1993, com um ensaio de Anat Rafaeli e Michael Pratt; *Organization*, com um número especial dedicado à estética e editado por Edward Ottensmeyer (1996b); e desde seu primeiro número, em 1995, *Studies in Cultures, Organizations and Societies*.

Tudo considerado, essa vertente dos estudos sobre organizações enriqueceu-se com numerosas contribuições, o que não era o caso até os anos 1980. Vejamos, portanto, como é apresentada no capítulo intitulado "Exploring the aesthetic side of organizational life", de Pasquale Gagliardi (1996), e "An aesthetic perspective on organizations", de James W. Dean, Rafael Ramirez e Edward Ottensmeyer (1997).

---

[111] Benghozi, 1987; Gagliardi, 1990b; Jones et al., 1988; Linstead e Hopft, 1999; Turner, 1990.

[112] Mangham e Overington, 1987.

[113] Clegg et al., 1996; Cooper e Jackson, 1997; Costa e Nacamulli, 1997; De Masi, 1993; Hassard e Parker, 1993.

A relevância dos artefatos e da forma

Nesta seção, mostrarei como duas linhas de reflexão sistemática sobre a corrente estética dos estudos sobre as organizações andam lado a lado e se imbricam, mas, não obstante, enfatizam aspectos diferentes da estética organizacional e seu estudo. A primeira análise, a de Gagliardi, pertence à tradição que se concentra na fisicalidade dos elementos não-humanos que preenchem e "marcam" a vida organizacional. A segunda, de Dean, Ramirez e Ottensmeyer, destaca a influência da estética nos processos da dinâmica organizacional.

O controle organizacional por meio de artefatos

Em polêmica aberta com Edgar Schein, Pasquale Gagliardi (1990a:10-11; 1996:568) afirma que os artefatos não são a encarnação superficial de fenômenos culturais mais profundos, pois são, eles mesmos, "fenômenos culturais primários". Schein (1984:4) postula que pressupostos de base invisíveis, pré-conscientes e dados por certos são os fundamentos dos artefatos que, por mais visíveis e audíveis que sejam, não são usualmente decifráveis. Ao contrário, Gagliardi sustenta que a atenção do pesquisador não deve se concentrar nos pressupostos básicos, mas nos próprios artefatos, e que, se considerarmos os artefatos em si mesmos e por si mesmos, veremos que eles

> influenciam a vida da empresa de dois pontos de vista: a) os artefatos tornam materialmente possível, ajudam, entravam ou mesmo encorajam a *ação* organizacional; b) de modo mais geral, os artefatos influenciam nossa *percepção* da realidade, a ponto de moldar sutilmente crenças, normas e valores culturais (1996:568).

Um artefato, escreve Gagliardi, resulta da ação humana, mas existe independentemente dos autores dessa ação. Ele é percebido por nossos sentidos, "pois é dotado de sua própria corporeidade ou fisicalidade" (1990a:3). Com efeito, por meio dos artefatos, as culturas organizacionais exercem controle sobre seus membros e educam suas faculdades perceptivas — isto é, seus "sentidos do paladar, do olfato, do tato, da audição e da visão" (1996:573).

Um artefato é um produto intencional da ação humana, ou algo que é feito (*factum*) visando resolver um problema ou satisfazer uma necessidade. Deve-se também ter em mente que nem todos os artefatos possuem a mesma "concretude", no sentido de que nem todos são capazes de afetar todas as nossas faculdades sensoriais ao mesmo tempo. A logomarca de uma organização, por exemplo, pode afetar nossa visão e, talvez, nosso sentido do olfato, se estiver impressa na carta da organização ou no pacote de um de seus produtos. Uma arquitetura pode afetar também, além dos sentidos da visão e do olfato, nosso sentido do tato e até mesmo o da audição. O ponto importante, escreve Gagliardi (1996:565), é que, se empregamos o conceito de artefato organizacional, então podemos ver uma organização como uma "realidade *tangível*", "um *lugar*", uma coisa:

> As coisas — em comparação com as pessoas e as idéias — têm a singular propriedade de dar ao eu um *feedback* que é constante e imediatamente perceptível aos sentidos. Mesmo o *feedback* de nosso investimento em idéias ou pessoas nos chega inquestionavelmente por meio de signos e coisas: se, por exemplo, buscamos a confirmação de nossa identidade como pensadores na elaboração de idéias, é somente a "página escrita" diante de nós — somente a idéia "materializada" — que nos reassegura de nossa capacidade de perseguir tais fins (1996:569).

Os artefatos constituem a representação mais fiel da identidade cultural de uma organização, de sua cultura material, de sua paisagem simbólica, de suas formas de controle. Portanto, os artefatos:

a) convertem uma organização em realidade tangível, repleta de elementos não-humanos,[114] de "coisas" que restauram a identidade das pessoas que pertencem a uma organização, porque é nas coisas da vida organizacional cotidiana — a cadeira, a escrivaninha, as ferramentas usadas no trabalho — que as pessoas encontram sua "identidade", observa Gagliardi (1996:569) citando uma observação de Hannah Arendt (1958; trad. bras. 1981:150);

---

[114] Latour, 1992.

Artefatos, forma e categorias estéticas

b) tornam o controle organizacional sensorialmente perceptível, pois constituem as "premissas conceituais que permitem determinar o curso efetivo dos eventos na vida empresarial;[115] premissas que, por sua natureza, fogem ao controle da mente e que derivam do "conhecimento e da comunicação sensorial" e, não, da lógica e da ideologia que distinguem as "premissas informativas" da ação organizacional. Desse modo, os artefatos constituem um nível suplementar do controle organizacional, bem como aqueles identificados por Charles Perrow (1972) na ordem diretamente dada, nos programas e procedimentos e nas premissas ideológicas da ação organizacional. Isso é feito com base em suas características específicas, aquelas pelas quais são experienciados de modo holístico e direto, sustenta Gagliardi, baseando-se nas teorias filosóficas de Susanne Langer (1953 e 1967). Em outras palavras, os artefatos constituem um nível de controle organizacional baseado na linguagem apresentacional, que nos possibilita dizer várias coisas ao mesmo tempo, mesmo que sejam mutuamente contraditórias. Essa é a característica distintiva do "conhecimento por familiaridade",[116] uma forma de conhecimento bem distinta daquela baseada na descrição — ou seja, na linguagem discursiva que nos permite dizer somente uma coisa de cada vez, e não várias coisas contraditórias ao mesmo tempo.

Tanto o artefato quanto o prazer que ele nos dá, ou o sentimento de beleza que suscita em nós, são produtos culturais e, em princípio, não há evento ou objeto que não seja potencialmente capaz de evocar esses sentimentos em nós. A fim de mostrar exemplos tirados da literatura organizacional para ilustrar sua argumentação — a saber, que a estética dos artefatos exerce um controle organizacional —, Gagliardi

---

[115] Gagliardi, 1996:575.

[116] Ibid., p. 574.

seleciona quatro estudos: um sobre cor, dois sobre a arquitetura dos espaços físicos e um sobre uma das atividades principais anteriores da organização. Pode-se observar que essa seleção de estudos sobre a estética organizacional dedica especial atenção às faculdades perceptivas, bem como às rotinas de trabalho que condicionam, no nível da sensibilidade individual, as pessoas que atuam nas organizações.

O estudo sobre cor é da autoria de Joseph Sassoon (1990), que a examina como um código que vincula os sujeitos a movimentos sociais de marcada conotação ideológica, mostrando que a percepção sensorial de matizes de cor apreende de modo imediato, em vez de discursivamente, as mudanças de sentido tão distintivas dos artefatos organizacionais. O primeiro estudo sobre a arquitetura dos espaços físicos de uma organização é de Robert Witkin (1990), que analisa a disposição física da sala do conselho de administração de uma grande empresa para mostrar como ela induz a uma compreensão bidimensional da realidade e embota a compreensão tridimensional. O segundo estudo sobre arquitetura foi realizado pelo próprio Gagliardi e examina os sentimentos contraditórios provocados pela monumentalidade da entrada e das instalações de um banco quando comparados com as campanhas de sensibilização do pessoal, que enfatizavam o valor organizacional de "estar a serviço dos clientes". O estudo da atividade rotineira de uma organização também foi feito por Gagliardi (1996:575) e diz respeito a uma companhia de telecomunicações em que a seqüencialidade telegráfica das origens do processo de trabalho deu lugar à "presença de um arquétipo 'decomposicional-seqüencial'", reconhecível na disposição física — uma depois da outra, em seqüência — das estruturas da organização, bem como de seus processos de trabalho.

Gestão organizacional por meio do sentimento e da forma

Na segunda parte de seu ensaio "An aesthetic perspective on organizations", James W. Dean, Rafael Ramirez e Edward Ottensmeyer (1997) indagam o que a estética pode nos dizer sobre as organizações.

Na primeira parte do ensaio, os três autores introduzem a idéia de estética, que discutem à luz das teorias filosóficas de Susanne Langer (1942 e 1953) e de seu mestre, Ernst Cassirer (1923-1929). Eles desenvolvem o conceito de "forma" e da conexão entre a forma do sentimento e a forma que o espírito experimenta e simboliza. Se o espírito é capaz de apreciar a vida graças ao sentimento, ele o faz baseado nas formas que conecta com a experiência sentida e vivida. Desse modo, com base na concepção de Langer de que os fatos experimentados esteticamente são aqueles simbolizados de modo apresentacional, Dean, Ramirez e Ottensmeyer propõem interpretar a estética como uma reatividade a "padrões que se conectam", como sustentou também Gregory Bateson (1972 e 1979). Trata-se de uma reatividade pela qual, se podemos somente ter acesso pela experiência à realidade independente de nós, em nossa ação, enquanto nossa criação e, portanto, enquanto fato (*factum*), o fato é construído através de diversas formas de conhecimento, entre as quais estão as atividades mentais que moldam a experiência vivida em uma experiência simbolizada de modo apresentacional.

Na segunda parte do ensaio de Dean, Ramirez e Ottensmeyer, o significado da estética nas organizações é fundamentado na experiência da beleza, um conceito estético posto em destaque em contraste com a experiência oposta da fealdade. Os autores reconhecem desenvolvimentos nessa área da pesquisa organizacional e constatam que ainda não foram sistematizados numa teoria da estética das organizações. Não obstante, afirmam que a perspectiva estética nos diz o seguinte sobre as organizações:

1. As pessoas podem decidir participar da vida organizacional por motivos estéticos, no que diz respeito tanto ao trabalho que pretendem fazer quanto à própria organização.

2. A satisfação das pessoas no trabalho pode ser influenciada por suas percepções sensoriais das tecnologias que usam e pelos ambientes em que trabalham, bem como pelo prazer

que sentem quando empregam essas tecnologias e trabalham nesses ambientes. A atenção minuciosa que os estudos das organizações tradicionalmente dispensaram à satisfação no trabalho e às condições ambientais cotidianas do local de trabalho pode, portanto, ser dirigida também para suas percepções estéticas.

3. A resistência à mudança organizacional nas pessoas afetadas por ela pode se dever ao fato de que elas experimentam a beleza no trabalho que já fazem nas organizações ou para elas. Desse modo, ao resistirem à mudança organizacional, elas protegem e defendem sua experiência estética.

4. A tomada de decisão organizacional — exatamente por não estar diretamente ligada às escolhas que dela decorrem — deve ser considerada um processo organizacional capaz de engendrar uma experiência estética. Aqueles que tomam as decisões podem encontrar beleza no processo decisório que criaram e, em vez de completar o processo fazendo uma escolha, podem tentar retardá-la. Isso pode dar origem à procrastinação de decisões e à relutância em chegar a conclusões, bem como a um fluxo ininterrupto de escolhas a fazer e de informações a dar e receber.

5. O *design* da própria organização, além daquele dos seus produtos, pode responder a critérios estéticos como proporção e harmonia. Por sua vez, os processos organizacionais podem ser influenciados por um senso de proporção, de ritmo, de fluxo, e pela visualização dessas propriedades em fluxogramas.

6. A liderança tem a capacidade de criar visões que, graças a suas características estéticas, são capazes de atrair a atenção dos membros da organização e galvanizar seu entusiasmo, ao mesmo tempo em que indicam os estilos de liderança suscetíveis de ter êxito.

Dean, Ramirez e Ottensmeyer consideram a experiência estética uma experiência do belo que pode estimular, entre outras coisas, o fluxo da vida organizacional e a estruturação dos processos organizacionais. A beleza, argumentam eles, pode explicar a decisão de um indivíduo de ingressar em uma organização, o sucesso de um certo estilo de liderança, o planejamento da organização e dos processos organizacionais, a resistência à mudança, a relutância em tomar decisões e a insatisfação dos trabalhadores com determinada tecnologia. São facetas da vida organizacional que demonstram que a estética é importante sob vários aspectos: o físico e material da tecnologia ou do produto; o impalpável do estilo de liderança ou da satisfação; aspectos mais próximos do sujeito como seu emprego; outros mais distantes, como o julgamento da organização como um todo; as características mais legitimadas pela ética organizacional, como o *design* do produto; as menos legitimadas, como a resistência à mudança induzida pelo sentimento de beleza em relação ao que o indivíduo já faz na organização.

Dean, Ramirez e Ottensmeyer sugerem que esses temas organizacionais deveriam ser submetidos a uma pesquisa baseada no ponto de vista estético organizacional. Essa pesquisa deveria dar prioridade a teorias culturais das organizações que se baseassem na concepção da estética como uma característica fundamental das pessoas nas organizações, e deveria privilegiar as teorias do processo nos estudos sobre as organizações que se baseassem na estética do processo e no talento da gestão. Em ambos os casos, a intenção é empregar conceitos estéticos como "belo" e "feio" para descrever e compreender as organizações contemporâneas e, não, pôr a estética a serviço de tornar as atividades da organização mais lucrativas, como transparece nas teorias da organização baseadas no paradigma funcionalista.

Essa perspectiva assemelha-se à adotada por Gagliardi em seu ensaio. Combinada com as numerosas questões organizacionais levantadas pelos dois ensaios, ela destaca a importância da estética no estudo das organizações. Nas seções seguintes, examinarei apenas alguns dos temas esboçados aqui, aqueles que são mais característicos do debate sobre estética organizacional travado a partir de meados da década de 1980 e que se relacionam mais de perto com as questões metodológicas concernentes à pesquisa empírica.

A estética dos elementos não-humanos e o talento humano

Nesta seção, discutirei a comunicação organizacional baseada na estética, as relações entre o espaço e o tempo organizacionais, os processos pelos quais a estética é negociada dentro e fora da organização, a projeção dos significados e valores organizacionais na estética e a influência que a arte pode exercer sobre a interpretação da gestão empresarial e sobre a definição da formação do gestor. São tópicos abordados na literatura organizacional e me demorarei neles a fim de salientar sua importância para o estudo da estética organizacional e mostrar como se modulam entre o que já foi interpretado e as novas interpretações ou aquelas que ainda são necessárias, entre o que já foi construído e o que ainda está por ser planejado e realizado, entre o que já foi formado e o que ainda está por ser formado.

A seção começa com a discussão da estética relativa aos elementos e artefatos não-humanos. E se encerra com o exame da arte da ação intencional das pessoas que trabalham para organizações e da importância do talento, da criatividade, da paixão e do sentimento estético na gestão da vida organizacional. Esses temas foram tratados em vários momentos dos capítulos anteriores, mas aqui serão relacionados com escritos da literatura organizacional que examinaram a dimensão estética das organizações.

A arquitetura da empresa como comunicação organizacional

A comunicação organizacional tem uma tradição de estudos na teoria da organização que, como escrevem Linda Putnam, Nelson Phillips e Pamela Chapman (1996:376), data da década de 1920 no que diz respeito ao interesse na comunicação industrial, e da década de 1950 no que tange às relações humanas: "Dois interesses dominantes formaram-se então no campo: (1) as habilidades que tornaram os indivíduos comunicadores mais eficientes no trabalho; e (2) os fatores que caracterizaram a eficácia da comunicação em todo o sistema". A mudança radical dos anos 1980, observam os autores (1996:376-377), criticou esses interesses sob o pretexto de que tratavam a comunicação organizacional como uma transmissão linear e redefiniu o tema do estudo como a significação dos eventos organizacionais, dos símbolos e das culturas organizacionais, das regras de comunicação, do exercício do poder através dos filtros impostos à comunicação organizacional. A estética organizacional também pode ser considerada parte integrante da comunicação organizacional. Basta citar a definição de artefato organizacional que, como escrevem Mats Alvesson e Per Olof Berg (1992:80), constitui aquele "vestígio físico" das atividades humanas realizadas em contextos organizacionais. A própria cultura organizacional, como sublinham novamente Alvesson e Berg (1992:103), pode ser considerada um artefato cultural — isto é, um conjunto de expressões culturais como "ritos, rituais, cerimônias, mitos, histórias, piadas, logomarcas, arquitetura da empresa e outros símbolos materializados", todos relacionados com a totalidade da organização:

> Os significados e valores são criados, reforçados, mantidos e comunicados por meio de artefatos. Os autores que falam das organizações como culturas nesse sentido enfatizam geralmente que o simbolismo no artefato é específico à organização.

Toda organização é, portanto, vista como tendo símbolos específicos associados a ela, e quando estes são de natureza mais geral, o pesquisador busca isolar e compreender "as nuances contidas nos símbolos" no que diz respeito à organização em questão. O artefato organizacional "nos diz" alguma coisa sobre a organização que estamos estudando, alguma coisa que lhe é específica, como vimos várias vezes nos capítulos anteriores. Porém, não se trata apenas de uma comunicação linear, nem da transmissão de informações, valores e significados, embora isso também esteja envolvido. A comunicação ocorre no nível estético e é, ela mesma, estética e estreitamente ligada à estética filosófica e às teorias da arte.

Para ilustrar esse argumento, utilizarei as observações de Umberto Eco sobre a arquitetura. Vimos que as arquiteturas corporativas — "a arquitetura de interior e os projetos arquitetônicos de prédios e espaços empresariais"[117] — não apenas condicionam simbolicamente os indivíduos que participam da vida organizacional, como são elas mesmas formas diretas de comunicação organizacional. Eco (1968; trad. bras. 1971:188) escreve que se fizermos uma "consideração fenomenológica de nossa relação com o objeto arquitetônico", descobriremos que "comumente fruímos a arquitetura como fato de comunicação, mesmo sem dela excluirmos a funcionalidade". Quando olho para uma janela na fachada de uma casa, continua Eco (1968; trad. bras. 1971:198), "não penso, o mais das vezes, na sua função; penso num significado-janela que se baseia na função, mas que a absorveu a ponto de eu poder esquecê-la e ver a janela em relação a outras janelas como elementos de um ritmo arquitetônico". Com efeito, "um arquiteto pode fazer falsas janelas, cuja função inexiste", uma função que não funciona, mas que é comunicada.

Essas janelas funcionam como janelas no contexto arquitetônico e "são fruídas comunicacionalmente [...] como janelas". Desse modo, as janelas falsas satisfazem uma necessidade estética. O que isso implica em termos de simbolização? Que o formato, o número e a disposição delas na fachada se relacionam com uma certa concepção da habitação do espaço e da maneira de utilizá-lo. Desse modo, elas "conotam uma ideologia global que norteou a operação do arquiteto", escreve Eco (1968; trad. bras. 1971:199), uma operação que repousa sobre processos de codificação já existentes.

Isso acarreta ver o artefato não só como expressão de uma dinâmica interna à vida organizacional, mas também como encarnação das relações entre, por exemplo, as necessidades funcionais da empresa e os padrões estéticos da sociedade. Per Olof Berg (1987:25) mostra que tudo o que

> é visto como belo e atraente, o é tanto por uma questão de moda quanto de função. Em conseqüência, as mudanças de *design* não são apenas resulta-

---

[117] Berg e Kreiner, 1990:46.

do da mudança de materiais ou funções, mas também de uma mudança de visões de mundo e de sistemas de crença da sociedade em geral.

Portanto, a relação é complexa, porque considera que as arquiteturas empresariais influenciam as premissas sensoriais das pessoas, tanto comunicando padrões organizacionais, quanto comunicando uma "ideologia global" que repousa sobre códigos preexistentes e que também se desenvolve externamente às organizações. Voltarei a este ponto mais adiante. Per Olof Berg e Kristian Kreiner (1990) argumentam que, se olharmos para a estética das construções e estruturas, bem como para as arquiteturas interiores dos locais ocupados pelas organizações, poderemos observar:

a) o condicionamento simbólico efetuado pelas arquiteturas empresariais na ação organizacional das pessoas, tanto por sua capacidade de evocar memórias individuais e coletivas, quanto pela capacidade de comunicar criatividade, padronização, repetitividade, flexibilidade, senso de comunidade, hierarquização, mobilidade vertical, posições de poder, expressões de *status* ou bom gosto, como principais valores da filosofia da gestão;

b) a embalagem da organização como um todo que, tal como a embalagem dos produtos ou dos materiais de promoção da organização, simboliza e comunica as suas características distintivas;

c) a institucionalização da organização por meio do valor "totem" (o símbolo unificador) assumido pelo prédio em que a organização tem suas instalações, fornecendo uma "referência organizacional central" para as simbologias e culturas organizacionais daqueles que trabalham nela.

Por fim, as arquiteturas empresariais desempenham a função comunicativa básica, ao mesmo tempo elementar e essencial, de "assinalar uma presença": a organização existe, ela pertence à sociedade, e sua presença nela tem uma história que faz parte da história dessa sociedade.

O ambiente físico como metáfora do tempo organizacional

A presença conjunta da materialidade e da não-materialidade da estética organizacional é outro aspecto discutido várias vezes neste livro. Se continuarmos a refletir sobre as arquiteturas empresariais, constataremos que essa presença conjunta é particularmente importante, em especial se percebermos, como mostra Emma Corigliano (1991:26-35) a respeito das residências particulares, que o espaço habitado, além de ser um "fenômeno observável, real, tangível e pertencente à esfera das experiências concretas", é também um fenômeno abstrato e intangível, o lugar que nos é familiar e que investimos de um caráter sagrado, o âmbito que é nosso e que é também nossa imagem do universo. "Se olharmos em volta, a primeira coisa que chama nossa atenção", escreve Corigliano (1991:131, 87), é "o investimento emocional e o interesse que as pessoas devotam a seu espaço habitacional", seu "prazer de habitar" e sua sensação de ser "capaz de dominar e — por que não? — 'deter' o tempo" nesse espaço que sentem como inviolável.

As arquiteturas empresariais podem evocar essa sensação de deter o tempo porque simbolizam a existência de uma organização na sociedade e suas raízes nela, tanto como traços do seu passado e sua história quanto como projeções dela no futuro. As arquiteturas das organizações "representam" o que podemos chamar, assim como Burkard Sievers (1990a), de projeto de imortalidade da organização, que se coloca como antítese do temporário e do efêmero, e que liga o espaço físico da organização às concepções do tempo organizacional[118] que nela predominam. Talvez existam tempos organizacionais relacionados com um tempo-horizonte imortal, ou simplesmente com um horizonte temporal e mundano; mas a arquitetura, escreve Sandra Bonfiglioli (1991:170), "reclama para si a 'ética da intenção projetiva' que a inspira", uma intenção que é "racionalização orientada para o futuro da realidade dada no presente". Na verdade, é a própria imagem da arqui-

---

[118] Gherardi e Strati, 1988.

tetura que evoca uma "parada imaginária do temporariamente múltiplo" em relação ao presente e ao real, escreve Bonfiglioli (1990:332).

O tempo está de novo presente na destruição das arquiteturas empresariais: por exemplo, nas ruínas arquitetônicas que constituem os traços da existência de uma fábrica, mina ou instalações que fecharam e que não são mais habitadas e usadas. Georg Simmel escreve (1907; trad. it. 1981; reimpr. 1996:160-161) que as ruínas arquitetônicas engendram simbolizações contrastantes: as da destruição, que se relacionam com o trabalho destrutivo dos seres humanos, e as que, ao contrário, conotam o fascínio pela destruição, realizadas pelo tempo e pelos estragos da natureza. No primeiro caso, reconhecemos também os tempos organizacionais da gestão equivocada, além dos fracassos devidos ao sucesso de firmas rivais. No segundo caso, o tempo não é um tempo organizacional, e as ruínas mostram que, na destruição e no desaparecimento, "outras forças e outras formas se desenvolveram". São as forças e as formas da natureza, escreve Simmel. Assim, de tudo o que sobrevive na arquitetura arruinada de seu ser artístico, e do que nela "já vive na natureza, dali brota uma nova totalidade, uma unidade distinta". É um fenômeno extraordinário, comenta Simmel, que não ocorre nas outras obras de arte, porque embora seja capaz de reconstruí-las a partir de seus fragmentos, a imaginação está sempre limitada a elas e confinada nelas e, em conseqüência, é incapaz de criar uma nova "unidade distinta".

Projetando a significação da empresa

O desenho e redesenho das arquiteturas empresariais é um processo constantemente presente na vida organizacional e que põe em destaque várias questões organizacionais. Isso foi analisado por Mary Jo Hatch (1997:243-254), que estabelece distinções entre:

    a) a geografia ou "localização" da organização, que acentua as questões de comunicação e de compartilhamento da informação na organização, de recrutamento de pessoal e das leis locais que regulamentam o trabalho, da necessidade de transportar bens que foram necessários ou que foram produzidos;

b) o *layout* da organização, isto é, os prédios ou estruturas que ela utiliza, que ressaltam as questões de interação, coordenação, conflito e controle organizacionais; um *layout* que aproxima as pessoas que trabalham na organização e lhes permite interagir mais estreitamente,[119] ter relações informais, pausas breves e momentos de confidência que, com o tempo, fortalecem as relações entre os indivíduos, enquanto as barreiras físicas, as paredes e a distância interferem nelas — os indivíduos, com efeito, atribuem valor e significado "a escritórios dentro de seus ambientes de trabalho" e "o *design* dos escritórios pode ser mais bem analisado como símbolo produzido pelas culturas organizacionais";[120]

c) o estilo dos espaços físicos da organização, que ressalta questões de *status*, imagem e identidade organizacional: "A fachada, o paisagismo, o mobiliário, a iluminação, o tratamento do teto e das paredes, o revestimento dos pisos, o uso da cor e da forma, exibições de arte e tecnologia e muitos outros detalhes", escreve Hatch (1997:250), "podem variar do feio ao tolerável, agradável, belo e inspirador".

O espaço físico interorganizacional e intra-organizacional, tal como o espaço social e hierárquico relacionado com nossa percepção das pessoas, dos objetos e dos ambientes, e tal como o espaço simbólico, lingüístico-comunicativo e lingüístico codificador, escreve Lucio Biggiero (1997:126-127), têm todos conseqüências importantes para o desenho e o redesenho organizacional. Deve-se, portanto, levar em conta a ausência de linearidade e de coerência das impressões concernentes à imagem da empresa e sua identidade organizacional que a estrutura física das organizações pode fazer surgir:

> Por exemplo, uma nova sede requintada da empresa pode impressionar favoravelmente os investidores ("eles devem gerar muita riqueza para se

---

[119] Hatch, 1987.

[120] Hatch, 1990:143.

permitir instalações tão maravilhosas"), os clientes ("esse tipo de opulência indica uma estabilidade real") e os líderes comunitários ("que complemento estético maravilhoso para a comunidade"), ao mesmo tempo em que é considerada irresponsável pelos líderes sindicais ("esse dinheiro poderia ter servido para aumentar os salários") e pelos ambientalistas ("um pouco menos de esbanjamento em mordomias para os executivos talvez possibilitasse mais projetos ambientais").[121]

Isso significa dizer que, embora as estruturas físicas de uma organização sejam socialmente construídas e transmitam valores e ideologias que pertencem à identidade e à cultura empresarial e condicionam simbolicamente a ação de seus membros, deve-se ter em mente que o resultado efetivo do *design* pode diferir da intenção original.

Um estudo de Hatch (1990:142) que comparou as respostas atitudinais e comportamentais do pessoal que tinha de escritório privado com as dos que não tinham, em duas grandes empresas norte-americanas de alta tecnologia, constatou que os escritórios abertos, em vez de facilitar, inibiam a comunicação e o fluxo do trabalho. Isso significa que, embora o espaço aberto simbolize, em princípio, a abertura da organização, em seu ser-em-uso ele simboliza uma privação de abertura organizacional, rompendo assim a suposta continuidade linear e a coerência entre espaço aberto e organização aberta.

A probabilidade de resultados conflitantes aumenta quanto menos atenção os *designers* dos espaços arquitetônicos de um ambiente coletivo social derem às características do trabalho e da cultura organizacional. Isso foi particularmente evidenciado[122] pelos matemáticos do departamento de uma universidade italiana, para quem um prédio modernista e racional foi projetado. Eles o acharam ascético, esquisito e incompreensível, porque os critérios estéticos que os inspiravam enquanto matemáticos eram antitéticos aos do funcionalismo racional, pois se fundamentavam em sua liberdade de ação enquanto matemáticos-artistas.

---

[121] Hatch, 1997:257.

[122] Strati, 1990:219.

E, no entanto, as arquiteturas empresariais são capazes de reconstruir o mundo simbólico que desejamos habitar. Isso vale para a arquitetura pós-moderna, escreve Mary Jo Hatch (1997:260), que "reintroduz uma consciência do potencial simbólico do espaço construído e a possibilidade de explorá-lo — para o bem ou para o mal". Cabe então perguntar, como faz Dennis Doxtater (1990:124), se o design de escritórios é capaz de relacionar "territorialidade" e "espaço ritual" de tal modo que se produza "um conjunto de significações temáticas relativamente independente e estruturado no espaço".

As estruturas espaciais baseiam-se em conceitos como eixo, direção, limiar, centro, que são "carregadas de significados simbólicos poderosos".[123] Mas, uma vez realizado o projeto, podemos descobrir que os espaços territoriais humanos que constituem muitos ambientes de trabalho foram transformados em outra coisa: por exemplo, talvez tenham se tornado "zonas neutras", ou áreas interditas criadas por conflitos entre grupos de empregados. Na realidade, o espaço organizacional é um "espaço mítico" que compreende, por exemplo, "limiares" que, depois que os cruzamos, como escreve Bruno Bolognini (1986b:89-90), não nos deixam mais nos sentir "em casa". Em outras palavras, o espaço organizacional exprime tanto "ações", quanto "presenças humanas". Estas últimas podem surgir do passado ou do presente. Cabe citar o exemplo de lugares investidos de sacralidade porque foram ou ainda são ocupados por pessoas que representam figuras míticas para a organização.[124] O design dos significados da empresa na sua estruturação lógico-geométrica dos espaços físicos cria, portanto, espaços organizacionais que, como mostra Bolognini (1986b:91), produzem "uma significação mítica" primordial e não-derivada, e funcionam como "o elemento primeiro da estruturação da experiência" dos valores organizacionais que discriminam e dividem os participantes da vida organizacional, e não somente daqueles valores que eles podem compartilhar.

---

[123] Doxtater, 1990:108.

[124] Strati, 1990:220.

Este é o primeiro grande problema encontrado pelos *designers* de significados empresariais. Por se tratar de um problema difícil de prever, pois está ligado à utilização das arquiteturas empresariais, quando um *designer* projeta a transformação de um território em escritório, ele deve interpretar o potencial cultural daquele escritório em particular e daquela organização em particular. Mas o planejamento dos significados da empresa por meio das arquiteturas empresariais enfrenta outro problema, que diz respeito às condições em que o *designer* deve interpretar o potencial cultural da organização. Essas condições são extremamente importantes. Como salienta Doxtater (1990:125-126), uma coisa é trabalhar em uma cultura social e organizacional que valoriza o *design* participativo e o "controle participativo de nossos ambientes compartilhados" juntamente com um "conjunto comum de concepções sobre temas culturais e sua estrutura espacial"; outra coisa bem diferente é trabalhar em uma cultura social e organizacional indiferente ou estranha a essas preocupações.

A negociação da estética enquanto processo difuso

O *design* das arquiteturas empresariais ressalta as relações entre designers e organizações, e o fato de serem relações que envolvem a negociação da estética organizacional e dos modos pelos quais as arquiteturas empresariais são investidas de significados e valores da cultura empresarial. São relações de alguma complexidade e dizem respeito tanto às organizações que encomendam projetos quanto às que empregam *designers*. Elas surgem com especial clareza quando se estudam não as organizações que usam o trabalho de *designers*, mas suas filosofias estéticas e seus códigos éticos.

Em um estudo realizado em meados da década de 1970 sobre 152 escritórios de arquitetura dos mais renomados de Manhattan, Judith Blau (1984, 1993) mostra como as negociações e os conflitos ocorriam em vários níveis entre os profissionais estudados. Sua análise revela processos de negociação no âmbito da comunidade profissional dos arquitetos e o fato de essas negociações terem sido acompanhadas de negociações entre os arquitetos e as organizações que encomendavam seus trabalhos. Em outras palavras, desenvolveu-se um conflito interno à comunidade dos arquitetos em duas direções: de um lado, centrou-se na relação entre os arquitetos e o que eles consideravam usuários do espaço construído, em vez de clientes; de outro, centrou-se na relação entre os sócios principais da firma de arquitetura e o que eles consideravam clientes, em vez de usuários.

Blau ilustra a complexidade das culturas organizacionais dos escritórios de arquitetura de Manhattan e as ideologias conflitantes dentro deles que se centravam nas prioridades estabelecidas pelos sócios principais e as filosofias de *design* dos arquitetos da base. Os arquitetos achavam que pertenciam a uma comunidade profissional por vários motivos: devido à importância atribuída à arquitetura em suas vidas; porque tinham consciência do trabalho até do mais obscuro arquiteto norte-americano; devido ao seu reconhecimento de certas figuras heróicas, como alguns arquitetos europeus; e devido ao valor fundamental que atribuíam à teoria em seu trabalho. Os 400 arquitetos entrevistados não se consideravam unidos por qualquer abordagem específica do design ou por um estilo particular,[125] fosse modernista e, portanto, expresso em aforismos do tipo "a forma segue a função", "menos é mais", "o importante é a proporção", ou fosse pós-moderno ("cada época tem seu *feeling* e suas aspirações"), ou ainda estruturalista ou pós-estruturalista. Blau (1993:96) conclui que:

> Em primeiro lugar, embora na época eufórica do começo dos anos 70 os debates sobre design fossem proeminentes na literatura especializada, a vasta maioria dos arquitetos estava bem mais unida em torno de questões relacionadas com os objetivos e os usos sociais dos edifícios. O desacordo ou falta de consenso sobre o estilo deve ser visto em um contexto de consenso quanto à responsabilidade para com os usuários. Em segundo lugar, o que a arquitetura "significa" desempenha um papel importante na estruturação da vida profissional dos arquitetos. [...] Por fim, ao contrário dos empregados e sócios secundários, os donos e sócios principais dos escritórios são muito constrangidos pelas prioridades comerciais e põem as

---

[125] Blau, 1984:80-81; 1993:91-92.

necessidades dos usuários abaixo da saúde financeira do escritório e dos méritos artísticos do projeto.

O estudo de Blau revela a negociação complexa e constante que ocorria nos escritórios de arquitetura entre as pessoas que trabalhavam neles. E revela também que, nesse processo de negociação, as outras organizações estavam sempre presentes, enquanto usuários ou clientes. Era graças a esse processo complexo que se dava não só a produção, por assim dizer, da "coisidade" da organização, mas também o exercício do poder sobre ela.[126] Isso também é evidenciado pelo que Eric Abrahamson (1996:126-127) chama de "comunidade do estabelecimento da moda em gestão", referindo-se às "indústrias interdependentes que produzem conjuntamente um discurso da moda sobre a gestão" com base: a) na "aquisição de novas idéias"; b) na "elaboração de um discurso racional e progressista sobre essas idéias"; e c) na "comercialização desse discurso para os gestores" através de firmas de consultoria, escolas de administração e organizações de comunicação de massa. Não se deve então enfatizar apenas a distinção entre o *designer* inspirado pelas teorias debatidas por sua comunidade profissional e as iniciativas produtivas que as organizações de seu cliente pretendem empreender. É preciso ter em mente também a importância desses processos de negociação em relação à construção das ideologias globais de que fala Eco, e em relação aos diversos desenvolvimentos da história da arte e da estética aos quais eles podem ter dado origem.

A fim de ilustrar melhor a importância deste último argumento — em que a estética implica a negociação do belo, do feio ou do sagrado, em vez de uma negociação preocupada exclusivamente com a "alma da empresa" e a filosofia de gestão — retorno brevemente às pinturas de Caravaggio, resumindo um tópico já abordado no capítulo anterior. Como disse então, as negociações entre Caravaggio e seus mecenas eclesiásticos levaram estes, com freqüência, a rejeitar as obras do pintor em que ele representava temas religiosos. Mas, como observa Ernst Gombrich (1950; trad. bras. 1993:304-305):

---

[126] Bruce, 1995; Fukasawa, 1995; Strati, 1996b:100-102.

Ter aversão a retratar a fealdade parecia a Caravaggio uma fraqueza desprezível. O que ele queria era a verdade. A verdade tal como podia vê-la. Não lhe agradavam os modelos clássicos, nem tinha o menor respeito pela "beleza ideal". Queria desvencilhar-se de todas as convenções e repensar a arte desde o começo. Muitas pessoas achavam que seu principal intuito era chocar o público, que ele não tinha o menor respeito por qualquer espécie de beleza ou tradição. Ele foi um dos primeiros pintores a quem se fizeram tais acusações.

Cabe então perguntar o que teríamos perdido na história da arte e da estética se Caravaggio tivesse perdido, isto é, se suas pinturas tivessem sido queimadas, em vez de rejeitadas repetidamente antes de serem aceitas, mas por preços muito mais baixos do que os pedidos pelo pintor, ou se ele tivesse se rendido à "beleza ideal". As negociações sobre a estética organizacional também apresentam essa característica: a ausência de resultados sem dor em termos estéticos e não apenas em termos da cultura organizacional e dos símbolos da vida organizacional.

Uma imagem da organização como exibição visual

Não há dúvida, escrevem Per Olof Berg e Kristian Kreiner (1990:41), que as organizações estão cada vez mais preocupadas com sua aparência exterior e procuram realçar seu *look* empresarial" "em termos de prédios de estilo vistoso e modernoso, novos *layouts* e novas decorações de escritórios, paisagismo, *design* gráfico, 'uniformes' da empresa e códigos coloridos, identidades visuais etc. Essa evidente 'vaidade empresarial' infectou as organizações da maioria dos setores industriais".

Tornou-se então lugar comum para os gestores falar de "arquitetura empresarial" quando se referem a seus materiais visuais — logomarca, uniformes, fluxogramas, a cor dos escritórios — ou de "*design* empresarial" quando se referem a seus produtos e suas embalagens, a sua arquitetura interior ou a suas estruturas físicas em geral.

Os jornalistas da imprensa escrita falam de "escritórios com alma" e de "ambientes que refletem a alma da empresa", como mostram Berg e Kreiner (1990:52). Os arquitetos se esforçam para saber como e quando projetar os "espaços comuns principais" que identificam a organização como um todo para as pessoas que trabalham nela ou entram em contato com ela; lugares, portanto, que representam a empresa, seu negócio ou sua missão, e que são ao mesmo tempo capazes de suscitar um sentimento de pertencer à organização e um sentimento de comunidade. Na realidade, o arquiteto das instalações de uma organização pode tornar a filosofia da gestão "visível" e "disponível aos nossos sentidos", reduzindo "pináculos e torres", ou projetando uma escada de tal modo que "estimule a ambição" dos membros da organização.

A estética das arquiteturas empresariais e, de modo mais geral, dos artefatos empresariais revela a importância atribuída à visibilidade da organização, que não aparece apenas no sucesso econômico ou no domínio de determinada área geográfica, comunidade social ou de certos mercados de produtos e serviços, mas também em um fenômeno que apareceu pela primeira vez depois da II Guerra Mundial e que Fulvio Carmagnola (1989, 1997), baseado nas teorias de Sergio Givone, chamou de "esteticismo difuso". No caso das organizações, a estetização penetrou até mesmo no que é útil e necessário, dando margem a um processo que turvou a distinção clara feita pela modernidade "entre o conhecimento científico e o conhecimento inexato das ciências humanas, em particular da estética e da teoria social".[127]

O embaçamento gradual dessa distinção trouxe para o primeiro plano a exibição visual agora tão característica das organizações. A exibição visual é "o outro lado do espetáculo", escreve Peter Wollen (1995:9); é "o lado da produção, em vez do consumo ou recepção, do designer em vez do espectador", e, segundo Jacques Lacan (1966, 1975), é "o melhor método de dissimulação". Desse modo, são produzidos "signos" específicos, que exibem algumas características da vida organizacional, ao mesmo tempo em que escondem outros. O processo começa com a produção do signo que traduz graficamente o nome da organização em sua logomarca, escreve Joan Costa (1992:218-227),

---

[127] Carmagnola, 1997:365.

em outras palavras, em um signo icônico e uma conotação cromática que transforma o nome em algo que pode ser explorado como imagem pública da identidade da organização.

A exibição visual da organização pode expor ou esconder a construção e reconstrução organizacional de simbologias masculinas ou femininas, como faz a literatura ao negligenciar as questões de gênero.[128] Isso acontece também quando o espaço é projetado para evitar a separação de homens e mulheres, porque, como Mark Wigley (1992:328) nos diz, a "exclusão da sexualidade é em si mesma sexual". Desde os símbolos mais primitivos, observa Paola Coppola-Pignatelli (1982:83-84), o signo do círculo representa a mulher, enquanto o da flecha representa o homem. A flecha, continua Coppola-Pignatelli — valendo-se da discussão de Gilbert Durand (1963) sobre o termo latino *saggita*, cuja raiz está no verbo *sagire*, que significa "perceber rapidamente" —, é movimento orientado, "a busca constante do alvo a ser atingido, símbolo da velocidade, da vontade e do poder", mas que pode errar o alvo. Em contraste, esse alvo está no centro do signo do círculo, que simboliza a harmonia e o caráter absoluto, o sagrado e a totalidade, o céu e a terra. Aos dois signos primitivos do círculo e da flecha estão associados os arquétipos espaciais do masculino e do feminino, e é importante levá-los em conta para compreender a construção organizacional das simbologias de gênero — dos arquétipos da feminilidade descritos por Silvia Gherardi (1995:71-82), a saber, as divindades femininas gregas que eram ou virgens, ou deusas vulneráveis. Os arquétipos espaciais do masculino e do feminino podem surgir em constelações de imagens semelhantes, afirma Coppola-Pignatelli (1982:85), e podem fazê-lo graças a "uma convergência homóloga de formas — obelisco, flecha, arranha-céu — ou de conteúdos — cabana, casa, mansão, moradia — ou ainda por analogia simbólica — casa, barco, automóvel".

Na exibição visual da imagem de uma organização pode-se observar a construção simbólica do gênero nas organizações, notando,

---

[128] Calàs e Smircich, 1992.

por exemplo, o falocentrismo patente nas relações entre sexualidade e espaço, que, escreve Alessandra Ponte (1992:305), caracterizou a arquitetura como disciplina desde suas origens — isto é, desde a "fundação de seu corpo (e de sua corporeidade)". As representações em duas dimensões das relações intra-organizacionais e interorganizacionais também revelam os arquétipos espaciais do masculino e do feminino. Por exemplo, Susan Buck-Morss (1995:111) analisa "sociogramas", ou os gráficos utilizados para descrever o desempenho econômico de uma empresa ou a relação entre seus diferentes escritórios, ou com outras organizações. O diagrama das relações interorganizacionais pode mostrá-las como a "penetração do espermatozóide" de uma organização "no embrião em germinação".

Portanto, é importante considerar a exibição visual das organizações como uma atividade de exposição e dissimulação que funciona em vários níveis e em vários registros. Não se deve procurar descrever esquemática e racionalmente esse processo, que é um processo de simbolização enraizado na estética. Desse modo, pode-se observar as formas nas quais a exibição visual expõe "espaços perversos", como observa Victor Burgin (1992:230), referindo-se àqueles espaços projetados ou representados por uma "redução do olhar para o visível" e como um registro "objetivação-exploração". Em outras palavras, deve-se tomar cuidado para não reduzir a estética das arquiteturas empresariais a uma representação racional e sistemática da cultura da empresa na qual a bipolaridade entre exibição e dissimulação está claramente marcada. Ao contrário, devemos estimular a manifestação — e depois observar — da ambigüidade, da beleza e também das perversões que podem tornar a exibição visual da imagem da organização incoerente e paradoxal, ao mesmo tempo em que seguimos o processo de evocação e analogia suscitado pela estética desses elementos não-humanos nos atores e nos pesquisadores organizacionais.

As relações entre as culturas e a estética organizacionais não são, portanto, diretas, esquemáticas ou lineares; sobretudo, não avançam de modo unidirecional da cultura da empresa para a arquitetura da empresa, para o seu *design* e para sua identidade visual. Isso fica bem patente se considerarmos a exibição visual de uma organização como uma ação organizacional cujos resultados dificilmente são prescritivos e de forma alguma prescritíveis, porque é possível discernir nas manifestações visíveis da vida organizacional características que os responsáveis pela imagem da organização preferiram esconder: os gráficos da empresa revelam sexualidade e não apenas redes de ação interorganizacional; o plano arquitetônico da firma mostra sua cultura falocrática, em vez do *layout* de suas instalações; a arquitetura de seus espaços transmite o estilo modernista, em vez da cultura organizacional.

Na "imagem coordenada" da organização, vemos a superposição e a fusão, em vez da acumulação ordenada, das inovações técnicas, dos esquemas conceituais, do conhecimento pragmático sobre o uso das técnicas e dos processos de codificação que compreendem, escreve Giovanni Anceschi (1991:58), "de um lado, o conjunto de atos — metonímicos, metafóricos, mas também não-motivados, arbitrários etc. — que podem instituir uma representação e, do outro, o conjunto de convenções e procedimentos — protetores, condensadores etc. — que realizam a representação".

A iconografia de uma organização revela uma vida organizacional não-virtual, no sentido de que é experimentada como um "lugar muito analógico", como diz Nicholas Negroponte (1995:20-21); um mundo que "não é digital, mas contínuo. Nada aparece ou desaparece, nada se converte de preto em branco, ou muda de um estado para outro sem passar por uma transição".

Segundo Chiara Sebastiani (1997:241), o espaço virtual torna o próprio conceito de "esfera pública" obsoleto no imaginário coletivo, pois "torna obsoleta a própria separação entre público e privado": vemos como a aplicação multimídia da tecnologia da informação — se considerada não como "tecnologia aplicada que visa racionalizar" a burocracia da organização, mas como constituinte do espaço habitado pelo "público" — "revela a natureza, em larga medida, totalitária desse espaço na solidão, na linguagem padronizada e metafórica e no caráter ilimitado que o caracteriza", uma vez que "só é possível escapar 'desativando' a rede, interrompendo todas as formas de comunicação".

O estudo da estética dos elementos não-humanos na vida organizacional mostra que, como Matteo Thun (1989:242) nos diz, os objetos banais, os pequenos objetos da exibição visual da organização "nos ajudam a desenvolver uma consciência do estilo: eles nos possibilitam, talvez até nos obriguem a basear nossas escolhas na preferência estilística pessoal". Desse modo, a estética das pessoas é auto-referencial. Ela se relaciona com as faculdades sensoriais e os juízos estéticos dos indivíduos, com a filosofia estética e com as teorias da arte. Ela não é o resultado desejado de uma ação racional empreendida para atingir os fins da organização. Quando observamos a exibição visual de uma organização a fim de compreendê-la por sua imagem, não podemos restringir nossa observação ao que é retratado na imagem. Essa imagem, enquanto ícone, dá origem a um processo de associação que vai além dela e no qual ela funciona meramente "como um *aide-mémoire*. Foi isso que Aristóteles reconheceu", escreve Maurizio Ferraris (1997:543), "quando falou, em *De insomniis*, de associações oníricas que ocorrem não com base em analogias formais, mas por meio de afinidades sutis entre as impressões".

A *gestão enquanto arte*

Gerir, organizar e participar de organizações deveria ser considerado "um fenômeno estético", escrevem Michael Owen Jones, Michael Moore e Richard Snyder (1988:160-161), porque os participantes da vida organizacional "são artesãos e estetas" e se empenham "em aperfeiçoar formas e buscar coerência quando as organizações são criadas, transformadas ou desafiadas". O modo pelo qual os indivíduos avaliam seu desempenho organizacional baseia-se, portanto, em considerações estéticas e em critérios técnicos, mesmo que "alguns gestores pareçam fazer malabarismos com números, materiais e pessoas, como se fossem todos apenas matérias-primas, ou talvez peças de um quebra-cabeças que devem ser moldadas ou encaixadas pela força de vontade e por força da personalidade, numa espécie de gestalt". Contudo, quer deliberadamente ignorados ou levados em conta, "o perceptual e o sensorial são inerentes à vida organizacional", sendo a apreciação da estética, da perícia e da arte uma característica importante da gestão da vida organizacional cotidiana. Porém, como aponta Severino Salvemini (1993:307), devemos lembrar "quem são os gestores: são indivíduos concretos e pragmáticos, orientados para resultados visíveis e, com freqüência, educados dentro de uma racionalidade rigorosa". A formação deles está enraizada nos paradigmas dominantes da teoria das organizações, a saber, a universalidade e a capacidade de generalizar.

Como os gestores são treinados conforme esse modelo e essas crenças, não surpreende que a estética seja considerada "uma fraqueza, em que fraco é sinônimo de decadente, de superficial, da afetação associada ao gosto pelo gosto".[129] Em conseqüência, condena-se o gestor que se preocupa com a estética por negligenciar a produtividade da organização e por se concentrar em uma coisa "estranha às normas profissionais" e à ética organizacional — algo que diz respeito à pessoa e não à organização e que, além disso, carece de masculinidade e virilidade. Em resumo, um gestor que se interessa pelo aspecto estético da vida organizacional está no "estágio que precede o ocioso *flâneur*, o dândi amaneirado de Oscar Wilde".[130] Assim, esse gestor exterioriza seus sentimentos e paixões mais íntimos e se envolve em atividades mais apropriadas a indivíduos fracos, que, embora capazes de desencadear paixões, não conseguem discipliná-las como o espírito e a ética do trabalho de gestão exigem. Isso, continua Salvemini (1993:310) é resultado da formação em administração e de um modelo de empresário no qual os sentimentos pessoais são proibidos por "uma formação seca, racional ascética, que se articula principalmente em torno da força de vontade e dos princípios do Iluminismo".

Uma solução para tudo isso seria explorar argumentações que representassem o gestor como artista, tal como propôs Vincent Dégot. O ponto de partida, escreve ele (1987:23-24), é o ponto de vista segundo o qual

---

[129] Salvemini, 1993:307-308.

[130] Ibid., p. 308.

> o gestor é ele mesmo um artista criativo, embora não necessariamente uma figura solitária, uma vez que pode pertencer a uma escola de pensamento. Ele é aquele que planeja a ação empreendida, mesmo que seja em nome de outros e sujeita a certas restrições — por exemplo, os retábulos do século XV italiano (Braudel, 1979). Para que o resultado seja considerado uma obra de arte da gestão, o gestor deve ser capaz de deixar sua marca pessoal nele. Isso não significa que não se possam usar técnicas formais para analisar o problema e implementar a solução. O essencial é o projeto criativo básico que pode ser atribuído a um indivíduo.

Uma primeira conseqüência disso é que devemos rejeitar a associação entre "gestão notável" e desempenho econômico. Outra é que devemos adotar critérios que avaliem as ações do gestor "relacionando-as com tendências mais locais ou estilísticas", continua Dégot (1987:26), traçando uma analogia entre o estudo da organização e a crítica de arte baseada em idéias relacionadas com a estética e a história da arte, mas "combinada com a familiaridade com os artistas e suas obras". Isso poderia ser seguido por classificações das ações de gestão baseadas em estilo, gênero e importância,[131] de modo a lançar mais luz sobre as mudanças que ocorrem nos critérios usados para avaliar a formação dos gestores, seu desempenho e, sobretudo, o espírito de que está imbuído. São critérios pelos quais "a gestão, tal como evoluiu nas duas últimas décadas, parece agora mais uma atividade artística do que o modelo racionalista que os economistas tentam impor a tanto tempo".[132]

Quando estudamos a criatividade das pessoas, afirma Domenico De Masi (1989:xiv), observamos formas organizacionais muito diferentes daquelas a que fomos acostumados pelos modelos tayloristas e fordistas dominantes. Se examinarmos as formas organizacionais experimentadas pelos artistas e cientistas europeus entre a metade do século XIX e meados do século XX, constataremos "métodos originais de organizar o trabalho criativo realizado coletivamente", e que essas ex-

---

[131] Dégot, 1987:33.

[132] Ibid., p. 44-45.

periências deram origem a "maravilhosos exemplos concretos que, além de sintetizarem uma longa experiência histórica acumulada desde a construção de templos, catedrais e *palazzi*, desde a abertura de oficinas e a fundação de mosteiros e academias, também anteciparam formas futuras de organização pós-industrial que servem de base funcional à criatividade". A análise de 13 grupos — por exemplo, o grupo de pesquisa da via Panisperna, em Roma, dirigido pelo físico Enrico Fermi, a Escola de Biologia de Cambridge, a Staatliches Bauhaus ou o Instituto Pasteur — revela, segundo De Masi (1989:xvi), a preeminência do fundador-líder, a quem o grupo tratava "com respeito e até veneração" e que agia "como se a organização criada por ele fosse morrer com ele". Fica evidente também o gosto desses grupos pelo belo e sua busca por ambientes físicos belos para trabalhar, juntamente com seus imperativos éticos de antiburocratismo e parcimônia.

A criatividade desempenha, portanto, papel importante na constituição das organizações e nas formas específicas que elas assumem. Trata-se de um termo que só recentemente se tornou corrente e que começou a figurar nos dicionários apenas no final do século XIX, escreve Alberto Melucci (1994:11). Não obstante, disseminou-se com rapidez nos últimos 30 anos do século XX. Já o adjetivo "criativo" tem uma história de vários séculos e é usualmente aplicado às habilidades e capacidades envolvidas na criação. O processo criativo foi analisado por estudos realizados nas mais diversas áreas da atividade humana, da matemática à música, e que datam das reflexões de Aristóteles e Platão. Se examinarmos as declarações dos autores sobre seus processos criativos, observa Brewster Ghiselin (1952:31, 11), notaremos que elas dizem respeito, em geral, à "compreensão" do fenômeno. Tomadas em conjunto, essas afirmações não constituem um simples "compêndio de fragmentos", mas, ao contrário, nos dão "um sentimento de todo o processo e um senso vívido das divergências das abordagens e dos procedimentos individuais". Mais recentemente, observa Melucci (1994:11), "criativo" passou a significar "produtivo", e também "imaginativo", designando assim empregos como os dos "criativos" em um departamento de publicidade, ou de *designers*. Desse modo, trabalho criativo é aquele realizado por quem está engajado na invenção e criação da exibição visual das organizações.

A ênfase de Dégot no talento dos gestores e na utilização do talento na vida organizacional cotidiana — bem como suas críticas severas às debilidades intrínsecas da formação de gestores fundada, para dizer à maneira de Polanyi, no conhecimento explícito — também ressalta a criatividade dos gestores e, de modo mais geral, a criatividade de todos que participam da construção e da reconstrução da vida cotidiana da organização. Porém, Dégot (1987:23) adverte que se trata de uma analogia que deve ser usada com cautela, uma vez que a atividade da gestão, ao contrário da atividade estética, "não aparece como uma atividade permanente" das pessoas. No entanto, quando utilizada, afirma ele, mostra que a formação dos gestores carece precisamente desses elementos que depois se revelam tão característicos da prática da gestão no cotidiano das organizações. Sabe-se pouco sobre esses elementos e mesmo o pouco conhecimento que temos é difícil de organizar e gerir. Além disso, Hans Joas (1992; trad. ingl. 1996:4-5) afirma que os modelos de comportamento humano, baseados quer na ação racional, quer na ação normativamente orientada, "geram inelutavelmente uma categoria residual à qual alocam então a maior parte da ação humana", a saber, a atividade criativa. O próprio termo "vida", como em "filosofia da vida", ou o conceito de "inteligência" no pragmatismo, declara Joas (1992; trad. ingl. 1996:71), "são diferentes maneiras de tentar apreender o fenômeno da criatividade".

É possível discernir na gestão enquanto arte e no retrato do gestor enquanto artista — com referência tanto a todos os membros da organização quanto apenas aos quadros superiores — uma característica que lembra o mito de Leonardo da Vinci e do homem da Renascença. Na "tradição renascentista", escreve Franco Crespi (1996:185), "a arte era a expressão suprema, colocada em um nível mais elevado ainda que a própria religião". O inverso ocorreu após a Reforma, quando a tradição moderna colocou a religião acima da arte e implantou a ética do trabalho nas organizações, como mostra Aris Accornero (1994:52-58), baseado em Weber (1904) e nos escritos de muitos outros estudiosos, em especial Raymond Boudon (1984). Mais do que a arte, foi a religião que engendrou a ética do trabalho que definiu os termos da redenção da humanidade e da auto-realização na modernidade, assim como fizeram o movimento dos trabalhadores e o sindicalismo.[133]

O mito de Leonardo, escreve Elio Franzini (1987:26), "surgiu da consideração do gênio não como um 'feiticeiro' inspirado, mas como um 'artista' capaz de 'inventar' conforme regras que levaram os esforços construtivos combinados de suas faculdades a sua máxima fruição". Em conseqüência, não se tratava da associação mágica do gênio universal e da natureza, ou da ausência total de distinção entre filosofia, arte e ciência. Aqui apreendemos a significação da mudança de ênfase para a criatividade na formação dos gestores e nos estudos sobre gestão. Gostaria então de ressaltar — resumindo brevemente os argumentos do capítulo 2 — que a pesquisa sobre a criatividade da ação humana não deve se restringir ao estudo de estilos de vida, pois é "uma provocação, um desafio para os conceitos teóricos fundamentais da sociologia", declara Joas (1992; trad. ingl. 1996:246), nos quais "a discussão pós-modernista constitui um rompimento radical com os pressupostos relativos à racionalidade e à normatividade consagrados nos conceitos básicos subjacentes à teoria sociológica e à teoria da ação, em particular".

Consciência da estética e/ou consciência estética

A seção final deste capítulo aborda algumas questões metodológicas relacionadas com a pesquisa empírica nas organizações. Ela reúne os principais fios condutores dos argumentos desenvolvidos neste livro, mas com uma referência particular àqueles expostos neste capítulo. Desse modo, os temas tratados dirão respeito a como o pesquisador se aproxima de uma organização, focalizando a consciência que adquire da vida organizacional sob exame. Distinguimos dois tipos de cons-

---

[133] Accornero, 1994:58.

ciência: a consciência da estética organizacional, que é o reconhecimento da importância da dimensão estética na vida da organização, e a consciência estética da vida organizacional. Esses dois aspectos do estudo das organizações deram margem a um debate que, às vezes explícita, às vezes apenas implicitamente, faz parte agora da tradição dos estudos sobre estética nas organizações.

Primeiro, examinaremos o problema criado pelas emoções e pelos sentimentos de quem realiza pesquisas empíricas sobre a estética organizacional. Segue-se uma breve discussão de questões relacionadas com a estética da visualização e da escrita científica, bem como uma nota sobre a importância dos estudos culturais para a análise da estética organizacional. Isso nos levará a questões metodológicas referentes, de um lado, ao conhecimento da dimensão estética da vida organizacional e, de outro, à sua compreensão estética. Nesse ponto, resumirei a discussão do estudo dos artefatos organizacionais, salientando que, quando um pesquisador realiza esse estudo, ele pode assumir o papel de arqueólogo ou de um sociólogo da arte que investiga vestígios organizacionais a fim de identificar as relações sociais e as formas de civilização que distinguem a organização em questão. A seção se encerra com os princípios metodológicos constitutivos da abordagem estética: a importância da compreensão empática estética, a *connoisseurship* demonstrada por todos os participantes da vida organizacional e também por aqueles que a estudam, e a importância das categorias estéticas para a pesquisa empírica das organizações.

Estética, emoção e sentimento

Sentir raiva diante do comportamento de um colega não é um sentimento estético. A ansiedade causada pelo resultado incerto de uma negociação não é um sentimento estético. Tampouco o choque diante do resultado de uma reunião da organização. A raiva, a ansiedade, o choque ou estresse, a espera impaciente pelo fim da jornada de trabalho não são elementos constitutivos da dimensão estética da vida organizacional. São emoções sentidas pelas pessoas no funcionamento cotidiano das organizações e que evidenciam a irracionalidade de uma parte essencial da ação intencional nas organizações,[134] assim como as deficiências dos estudos dos significados organizacionais que se baseiam no que é pensado, e não no que é sentido.[135] Essas características, como escrevi em outro lugar,[136] constituem o terreno comum da tradição dos estudos sobre a emoção nas organizações e sobre estética organizacional. Essa comunalidade é enfatizada pelo "sentimento" enquanto exibição estética que revela a conexão entre vida e conhecimento e a natureza humana da construção e reconstrução da vida organizacional cotidiana.

Consideremos o *pathos* com que, durante a pesquisa empírica nas organizações, um evento ou uma ação podem ser enfatizados por um informante. No que diz e em como diz, este não só fornece ao pesquisador informações sobre os processos, como também comunica uma emoção, uma sensação, um sentimento. Em minha pesquisa empírica, quando uma pessoa me falava sobre uma sensação de prazer ou alegria causada por algum evento organizacional, ela "compartilhava" essa emoção ou esse estado emocional comigo. Essa ênfase me proporcionou um "sinal" distintivo para orientar minha investigação.[137] O sentimento presente nessa ênfase serviu para realçar alguns dos temas discutidos, ao mesmo tempo em que obscurecia outros.

Portanto, o sentimento é importante para a compreensão estética da vida organizacional porque, segundo Elio Franzini (1997:21), ele é "um modo de as coisas, as situações e as formas se oferecerem". Não é o evento, nem a organização; tampouco é *per se* o tema do estudo organizacional. Um sentimento "não é um 'fato', um objeto abstrato, é a manifestação de um estilo, de uma atitude intencional". O sentimento manifestado quando meus informantes falavam sobre certos processos organizacionais não acompanhava simplesmente esses pro-

---

[134] Fineman, 1997:21.

[135] Fineman, 1996:547-552.

[136] Ver Strati, 1999.

[137] Strati, 1990:207.

cessos, pois "ele não se oferece 'junto' com as coisas, mas 'nas coisas', enquanto 'qualidade expressiva' ou código estilístico". Esta é a importância do sentimento para os propósitos da pesquisa sobre estética organizacional: ele faz parte das coisas de que se fala e das coisas feitas pelas organizações.

O estudo da estética nas organizações não examina as causas do sentimento, porque o sentimento não é um efeito independente, distinto e separado dos eventos organizacionais de que se fala. No decorrer da pesquisa empírica, busca-se então apreender o sentimento em seu "ser-em-uso", em seu *Dasein*, no interior dos eventos e da relação entre os membros da organização e o pesquisador. Nesse caso, também se manifesta a importância da compreensão empática da vida organizacional, bem como o fato de que a própria empatia, como diz Franzini (1997:277), é uma "relação sentimental com o Outro", que "oferece uma comunalidade que constitui um terreno comum".

A estética da visualização e a ausência de estética dos escritos científicos

O sentimento caracteriza o estudo estético da vida organizacional cotidiana porque é a qualidade expressiva intrínseca aos fenômenos estéticos. O mesmo se aplica à maneira de "ver" esses fenômenos e "escrever" sobre eles, sem lhes retirar sua principal dimensão, a saber, a dimensão estética.

Como destaquei em várias ocasiões, aqueles que realizam pesquisas empíricas nas organizações podem "ver" o que a exibição visual revela a seus olhos e aos dos outros participantes da vida organizacional. Eles vêem o prédio quando nele entram, a porta da frente, o logo da organização, as placas com nomes nas portas dos escritórios, os uniformes da equipe de segurança, os frisos que decoram as paredes, as plantas e os ornamentos, o busto do fundador da organização, as fotografias com os nomes das pessoas que trabalham na organização, a sinalização dos banheiros e das saídas de emergência, as fotografias de momentos importantes da história da organização. Eles vêem todas essas coisas simplesmente entrando na organização — obviamente, se essas coisas estiverem lá —, mas, como salientei em outra obra,[138] eles não costumam mencionar esses aspectos da vida organizacional em seus relatórios de pesquisa porque os consideram irrelevantes, e os ignoram porque não sabem como estudá-los, como manipulá-los para compreender a organização e como oferecer o conhecimento adquirido à comunidade científica e aos estudantes das organizações.

Porém, durante o estudo empírico, os pesquisadores "vêem" certos "fragmentos da vida organizacional", não "detalhes" dela. Vou me demorar um pouco nessa distinção, tendo em vista sua importância para a análise da estética organizacional. Embora um fragmento faça parte de um todo, escreve Omar Calabrese (1987:77-78) referindo-se à etimologia da palavra (que deriva do latim *frangere*), "sua presença não é necessária para sua definição" e seus limites "não são 'de-limitados', mas 'inter-rompidos'", porque são formados por acaso e não por alguma causa objetiva. Essa oposição entre acaso e causa diferencia tão nitidamente um fragmento de um detalhe que um fragmento pode ser representado por uma geometria fractal e um detalhe, por uma geografia plana tradicional e regular. Quando os pesquisadores realizam suas investigações empíricas nas organizações, eles "encontram" fragmentos de vida organizacional e, às vezes, "constroem" (sozinhos, ou com a ajuda de membros da organização) ícones organizacionais, introduzindo, por exemplo, intervalos entre um evento e outro na vida organizacional, entre uma ação e outra, entre um sujeito dessas ações e outro. Desse modo, eles inventam — sozinhos ou com os atores da organização — estruturas que demarcam e distinguem esses fragmentos de vida organizacional.

Independentemente de terem sido "encontrados" no contexto organizacional em questão ou "inventados", esses fragmentos da vida organizacional propiciam a base para a compreensão do pesquisador. Nesse processo, diversas interpretações podem surgir e se inspirar em

---

[138] Strati, 1992:569.

estudos efetuados por antropólogos e sociólogos do visual[139] e por semiólogos sobre o problema do iconismo.[140] Mais especificamente, o estudo da exibição visual das organizações pode utilizar as diversas interpretações do fragmento "encontrado" ou "criado" propostas pelos estudiosos das organizações, tais como as que se relacionam com:

a) o nome da organização como um *script* visual que tem efeito estético-simbólico sobre o "espectador";[141] o nome que se torna o emblema da companhia e assume o valor do totem nas sociedades tribais;[142] a logomarca que é uma expressão tanto da organização quanto daqueles que participam da construção da realidade organizacional e de seus significados;[143]

b) o uso de fotos de produtos de sucesso para aumentar o sentimento de pertencimento à organização naqueles que nela trabalham;[144] fotografias de clientes em relatórios anuais que mostram as teorias das companhias específicas de seus clientes;[145] o fato de o boletim interno de uma organização e os materiais de publicidade documentarem mudanças na cultura empresarial;[146] o folclore do escritório difundido por fotocópias que conferem uma "pátina" e, portanto, uma qualidade estética;[147] o fato de as arquiteturas empresariais servirem de "mediadoras visuais" entre as assimetrias da estrutura social

---

[139] Bateson e Mead, 1942; Chalfen, 1987 e 1991; Collier e Collier, 1967; Henny, 1986; Hill, 1984; Lomax e Casey, 1998; Mattioli, 1991 e 1996; Wagner, 1979.

[140] Calabrese, 1985; Eco, 1962, 1968, 1973 e 1975; Maldonado, 1979; Mukaøovský, 1966; Peirce, 1931-1935.

[141] Costa, 1986.

[142] Stern, 1988.

[143] Sievers, 1990b.

[144] Bolognini, 1986a.

[145] Dougherty e Kunda, 1990.

[146] Schneider e Powley, 1986.

[147] Hatch e Jones, 1997.

e a negociação implícita nas trocas culturais e comerciais, traduzindo os elementos abstratos em elementos concretos da cultura organizacional;[148] a importância da escolha estético-narrativa do diretor de um filme da empresa que transmite leituras e representações particulares da vida organizacional;[149]

c) a fotorreportagem que mostra a familiarização do pesquisador com uma cultura empresarial;[150] as fotografias dos ambientes físicos que alteram seus significados, dando margem a diferentes modos de "vê-los" e ressaltando a ação performática das imagens fotográficas na constituição de diálogos entre os participantes do processo de conhecimento;[151] o uso de gráficos de computador, diagramas e imagens em relatórios de pesquisa e ensaios como uma alternativa ao pensamento hierárquico, à escrita alfabética e ao relatório verbal;[152]

d) a "visão" do líder e o estilo de liderança de "falar olho no olho" com os participantes da vida organizacional;[153] a supressão da variedade cromática e da corporeidade dos volumes no espaço organizacional, refletindo a distinção weberiana entre a organização e a vida privada das pessoas, que são assim estimuladas a ser cabeças, em vez de corpos;[154] o fato de as culturas visuais exercerem também profunda influência no nível das concepções metafóricas da organização, como nas metáforas de "fotografar a organização", ou de "organização

---

[148] Grafton-Small, 1985.

[149] Bugos, 1996.

[150] Larsen e Schultz, 1990.

[151] Rusted, 1995.

[152] Meyer, 1991.

[153] Monthoux, 1996.

[154] Witkin, 1995:176-207.

Artefatos, forma e categorias estéticas

como hipertexto";[155] o impacto dos conceitos do belo ligados a certas teorias específicas de gestão, como a noção de beleza mecânica associada ao taylorismo e ao fordismo.[156]

Há, no entanto, uma observação que se aplica a grande número de estudos sobre estética organizacional: ao analisar fragmentos "encontrados" ou deliberadamente "criados", esses estudos omitem a exploração do visual, seja como fato estético relativo à organização, seja como produto estético da organização. Isso vale também para o produto "estético" do próprio pesquisador, em outras palavras, o relatório escrito de seus resultados. Como mostram Fausto Colombo e Ruggero Eugeni (1996), um texto escrito é um artefato visual, o que nos remete ao tema que acabamos de discutir da estética do visual. Apesar da pouca influência do pesquisador sobre o aspecto visual de seu texto publicado, a atividade prática de escrever está sujeita a algum tipo de estética literária, e isso se aplica também aos escritos dos estudiosos das organizações. Surpreendentemente, essa questão tem sido praticamente ignorada[157] por uma comunidade científica que se distingue sobretudo por "escrever", e que o faz conforme os cânones estéticos dos periódicos e editoras, e no estilo científico-acadêmico neutro e ascético ditado pelas ciências naturais e pelo paradigma racionalista e positivista.

Essa, porém, é uma consideração que não se aplica apenas aos pesquisadores das organizações. Por exemplo, a pesquisa realizada por mim (1990:211-212) em um departamento de artes visuais de uma universidade mostrou que esses estudiosos haviam transformado sua identidade de redatores dos resultados de seus estudos e pesquisas naquela de historiadores e críticos de arte. Por falar nisso, trata-se de uma identidade semelhante àquela pensada por Barbara Czarniawska (1997:203-204) para o pesquisador das organizações, que ela descreve

---

[155] Strati, 1997.

[156] Guillén, 1997.

[157] Van Maanen, 1995.

como "mais parecido com um crítico literário do que com um romancista" e que pode desenvolver sua identidade como o "escritor semiótico" de seus estudos, tendo em vista que "as organizações que os pesquisadores descrevem são produtos de sua mente apenas em certo sentido (no sentido de que eles são responsáveis por seus próprios textos); as organizações são originariamente escritas por atores organizacionais".

A relevância da pesquisa dos estudos culturais

Os estudos culturais são de especial importância para o desenvolvimento futuro da pesquisa sobre estética organizacional. Trata-se de uma questão com implicações teóricas e metodológicas levantadas principalmente por Brian Rusted (1999), que reconhece a contribuição da teoria culturalista e simbolista para a análise da estética nas organizações, mas destaca a pouca atenção dada às descobertas feitas pelos estudos realizados no quadro da tradição dos estudos culturais. De acordo com Rusted, várias linhas de pesquisa merecem uma menção particular, como:

a) os estudos sobre a atividade artística de Howard Becker (1974, 1982), que concebe a arte como uma ação coletiva que envolve, além do autor, outros atores, como os divulgadores e distribuidores das obras de arte; Becker também procura identificar as características dos grupos de artistas usando o conceito de "mundo da arte", que compartilha com Arthur Danto (1964) e George Dickie (1971); ele considera o modo pelo qual a arte critica a sociedade ou se integra a ela e, com base nisso, classifica os grupos de artistas em rebeldes, *naïfs*, populares e profissionais integrados na ordem social constituída;

b) os estudos das organizações baseados na etnografia, como o de Michael Owen Jones (1987), que combina a abordagem etnográfica da estética popular com a pesquisa etnográfica sobre o trabalho nas organizações e a cultura material da vida na empresa;

c) os estudos que examinam as organizações que produzem cultura, arte e entretenimento, como os de Hortense Powdermaker (1950) sobre Hollywood e os de Gary Alan Fine (1996) sobre cozinhas de restaurantes e o mundo da culinária; neste último caso, observa-se que os produtos dos restaurantes são julgados esteticamente, principalmente pela faculdade sensorial íntima do paladar — "íntima" porque age no interior do corpo — bem como pelas faculdades sensoriais "públicas" da visão, do olfato e do tato. "A comida envolve mais dimensões sensoriais do que qualquer outra forma de arte, exceto, talvez, a 'arte' do amor", salienta Fine (1996:13), e essa "riqueza estética permite uma ampla liberdade de escolhas na preparação dos alimentos, uma diversidade que pode ter prejudicado o desenvolvimento de uma estética formal da cozinha, de uma teoria do comer";

d) a pesquisa que aborda o tema da neutralidade política na estética, como o estudo de Elizabeth Bird (1979), ou que ilustra a negociação e o conflito provocados numa comunidade quando se atribui importância particular à estética, como o estudo de Brian Rusted (1990), ou que levanta questões metodológicas relacionadas com a pesquisa empírica sobre a estética, como o livro de John Dorst (1989) sobre o subúrbio "escrito".

Esses estudos não estão preocupados com o consumo dos produtos e eventos comercializados pelas organizações da indústria cultural, mas com sua produção e uso na organização. A estética pertence, assim, ao trabalho simbólico da cultura cotidiana, que, como argumenta Paul Willis (1990) com seu conceito de "estética ancorada na vida cotidiana", implica simultaneamente a produção de uma cultura compartilhada, composta de representações populares e de vida ordinária, e uma crítica da "hiperinstitucionalização" da arte. Esses estudos também questionam a noção de autoria na produção de significados na qual, segundo Jauss (1982), o usuário desempenha papel essencial e constitutivo no processo hermenêutico que transforma a ação coletiva em arte. Na tradição dos estudos culturais, escreve Franco Crespi (1996:148), os pesquisadores se recusam a se apresentar como especialistas. Ao contrário, "eles se comprometem moralmente com a busca da felicidade, a solidariedade e a justiça social, em especial para os marginalizados, e combatem toda forma de autoritarismo, tanto científico quanto político".

No que tange a este último ponto, este livro defendeu um ponto de vista oposto e enfatizou a *connoisseurship* do sujeito cognitivo em relação aos elementos não-humanos e também às relações interpessoais. Trata-se da *connoisseurship* possuída por todos os indivíduos — graças a suas faculdades sensoriais e de juízo estético — que participam da construção, desconstrução, reconstrução ou mesmo destruição da vida organizacional. É com base na *connoisseurship* que os indivíduos têm o domínio de suas capacidades de sentir, apreciar e gozar. É a *connoisseurship* que permite ao contramestre da fábrica escolher entre seus colegas de trabalho, ao chefe da cozinha escolher entre suas caçarolas, ou ao pesquisador escolher o contexto organizacional que pretende estudar. É a *connoisseurship* — com seu conhecimento tácito e, não, explícito, com sua compreensão antes empático-estética do que analítico-racional — que possibilita que as pessoas afirmem a legitimidade social e organizacional de suas diferentes interpretações da construção social de que participam.

As categorias da estética

Ao longo de todo este livro, ressaltei a importância das categorias estéticas para a compreensão estética da vida organizacional. No capítulo anterior, concentrei-me na categoria do belo, enfatizando que, no curso da pesquisa empírica, ela se liga a outras categorias, como a do sagrado, do pitoresco, do trágico e do feio. Disse também que estudamos essas categorias estéticas porque elas fazem parte da linguagem habitual dos atores organizacionais, de tal modo que são os próprios indivíduos encontrados durante a pesquisa que chamam nossa atenção para elas. São termos de uso corrente na vida organizacional cotidiana, termos que o pesquisador pode convidar os sujeitos a utilizar quando descrevem suas rotinas usuais e que se distinguem pelo fato de possuírem uma herança enraizada na filosofia e na teoria da arte e não, por exemplo, nos estudos sobre as organizações.

Podemos, portanto, constatar que uma categoria estética predomina na linguagem cotidiana das organizações, mas percebemos que ela se entrelaça com outras, embora de maneira sutil, indireta e limitada. Desse modo, a mesma característica aplica-se às categorias estéticas, como Carlo Sini (1996:87) mostra em relação às práticas: eu faço ou digo alguma coisa

> no âmbito de uma prática definida — ela mesma já um padrão complexo de práticas — e certamente o que eu faço está relacionado com minha prática. Mas, por outro lado, não é este o caso, pois os contextos de vida em que as práticas são executadas nunca são exatamente os mesmos — até uma simples repetição é uma nova ocorrência de uma ação e não a mesma ação repetida — de tal modo que aquilo que eu digo e faço deflagra silenciosamente outros padrões de práticas.

Vimos no capítulo anterior — por exemplo, quando os dois empresários discutiam a beleza de suas organizações — que quando a categoria do belo era usada, era possível enxertar nela as do pitoresco, do trágico e do sublime. Vimos também, no caso de certos empregados da Companhia Fotográfica, que a categoria do belo utilizada para descrever seu trabalho e sua organização se fundia com as do sagrado, do feio ou do patético. Evidentemente, como mostrei no capítulo 4, existem numerosas categorias estéticas, mas aquelas discutidas brevemente agora são as que surgiram com mais freqüência no decorrer de minha pesquisa empírica.

A primeira é *a categoria estética do sagrado*. Essa categoria ressalta o maravilhoso, o inexplicável, o incomum e o invisível na vida organizacional. Ela enfatiza o fato de que, na experiência estética dos sujeitos nas organizações, realidade e ficção não são marcadamente distintas e separadas. A pretensão racional de que é possível distinguir entre o real e o não-real é, em larga medida, uma interpretação muito exagerada do sujeito cognitivo e, no que diz respeito aos estudos sobre as organizações, do pesquisador. A categoria estética do sagrado acentua as representações do que é indivisível, do que é único, do que é mágico e do que suscita reverência e adoração — tal como as obras de arte, argumenta Walter Benjamin (1968; trad. bras. 1985), que não foram produzidas por técnicas que as tornam reprodutíveis ao infinito. A categoria do sagrado compreende tudo o que é lendário, fantástico, onírico, arquetípico e misterioso na organização, tudo o que não se relaciona com a racionalidade organizacional voltada para um fim, mas com a valência assumida pelo divino e o inviolável.

A segunda é *a categoria estética do pitoresco*. Essa categoria ressalta a inversão dos termos da relação entre experiência estética da vida organizacional e o processo evocativo da experiência estética, que tem a ver com o que a arte produz em código. A experiência estética baseia-se nas descobertas visuais possibilitadas pela arte, afirma Ernst Gombrich (1982), de tal modo que a experiência estética se origina na evocação de tudo o que está na arte e na pintura, em particular, que é familiar para nós como fruição de alguma coisa estética. Foi Vasari, na Florença de meados do século XVI, escreve Raffaele Milani (1991:183), que utilizou a expressão *"alla pittoresca"* para "a técnica de desenho a pena que implicava o uso de realces de alvaiade sobre folhas de papel preparadas com matizes de intensidade variada". Essa técnica pictórica procurava causar um efeito imediato sobre o observador, mas também evocar "um humor, uma atmosfera, um gosto específico, uma sensibilidade",[158] e se tornou um ideal artístico na Inglaterra do século XVIII. O termo "pitoresco", nos diz Milani (1996:3), refere-se também a paisagens bizarras e incomuns "com toques grosseiramente esboçados e fantasiosos típicos da tradição idílica, rústica e popular", mas foi utilizado principalmente "na linguagem cotidiana para descrever alguma coisa vívida e colorida, agradavelmente informal e irregular, que provocava emoções estéticas" e lembrava o fascínio dos lugares, das arquiteturas e das paisagens.

---

[158] Milani, 1996:22.

A terceira é *a categoria estética do trágico*. Essa categoria compreende tudo o que é "heróico" na vida organizacional: o prazer misterioso composto ao mesmo tempo de sofrimento e de sua representação. A categoria do trágico ressalta as paixões na rotina da organização, paixões tanto individuais quanto coletivas que causam conflitos organizacionais e catarses coletivas. A tragédia denota o heroísmo daqueles que desafiam o desconhecido e o inevitável, o ameaçador e o dilacerador, mas enfatizando não o que é moral e, sim, o que é estético-lúdico. O prazer estético do trágico, observam Elio Franzini e Maddalena Mazzocut-Mis (1996:312), deriva "de um jogo de transposições e espelhamentos, do jogo artístico que procura transcender o terror e o horror da existência". Ele é impulsionado pela força dionisíaca transfiguradora "que nos permite perceber a alegria original que reside também na dor e na destruição" e que, sobretudo, mostra que a tragédia deve ser enfrentada e transcendida por meio da criação.

A quarta é *a categoria estética do feio*. É uma categoria estética autônoma, que se distingue do belo e, portanto, não é definida por seu negativo. Ela surgiu com a industrialização de meados do século XIX e denota a patologia da civilização moderna e contemporânea e o mal-estar provocado por ela. O feio é "um poder ativo, perigoso e agressivo em constante fermentação", escreve Remo Bodei (1995:108); "não possui a natureza imóvel do existir, mas a natureza camaleônica do devir". Bodei (1995:122) identifica vários estágios na evolução do feio até se tornar uma categoria autônoma na filosofia estética, onde agora "ela concede, talvez, ainda mais dignidade à sua antiga adversária", ou seja, à beleza, que contém em seu interior uma ambigüidade essencial, uma escuridão irredutível, constituída pela fealdade. Isso talvez porque, continua Bodei (1995:123-124), a fealdade seja considerada menos perigosa e menos penosa para a percepção do que a discordância, a dissonância ou a desproporção. Mas talvez isso se deva à "usura" do sentimento de fealdade: "os riscos do empobrecimento e da padronização da experiência" que residem na decadência das percepções e emoções, "na repetição monótona do sempre, mesmo sob o disfarce fantasmagórico do sempre diferente", ou no "prazer regressivo de ver o retorno de uma coisa que já é bem conhecida e, portanto, causa um sentimento de segurança". A fealdade não é deliberadamente escolhida na vida organizacional, e essa categoria estética enfatiza — independentemente das maquilagens embelezadoras aplicadas pela cultura empresarial — tudo o que é chocante, monstruoso, insípido, impuro, horrível, excêntrico, desagradável, lascivo e repugnante na organização. O *kitsch* representado pela alienação de uma organização em que a mediocridade e o mau gosto são celebrados, a banalidade e a artificialidade do cabotinismo ou a ausência do sagrado e do sublime com a presença simultânea do narcisismo e da pretensão da indústria da moda: tudo isso, sugere Milani (1991:81-82), pertence também a essa categoria estética. Envolvida aqui está a estética "no sentido próprio", afirma Ugo Volli (1997:33-34), isto é, "um sistema perceptivo em vez de um critério de valor" do que é desagradável. Este último, na realidade, é a insubordinação "apenas secundariamente política e social" da indomesticabilidade das convenções, e isso mostra, de acordo com Elio Franzini e Maddalena Mazzocut-Mis (1996:287), que o sentido estético autônomo do feio consiste em seu impulso dessacralizador.

A quinta são *as categorias estéticas agógicas*. Essas categorias dizem respeito ao ritmo das atividades realizadas numa organização, bem como aos fenômenos organizacionais. O ritmo é essencial para a coordenação dos processos e do fluxo de trabalho, das iniciativas tomadas e também para o modo de a organização como um todo interagir com outras organizações e com o resto da sociedade. A categoria do ritmo traz à luz o desdobramento de um processo decisório ou de uma cerimônia oficial, o movimento dos dedos em um teclado de computador, ou o de uma fila diante de um balcão dos correios, a cadência dos intervalos para o café durante o dia de trabalho, ou a seqüência de campanhas de publicidade dos produtos da organização. O ritmo insuportável de trabalho de uma organização, sua interrupção ou seu prolongamento devido a atrasos em alguma operação, ou então seu fluxo suave e fácil, é ressaltado pelas categorias agógicas, que correspondem ao *adagio* ou *prestissimo* na música, aos movimentos nas pinturas e esculturas, à coordenação nos passos de uma dança.

A sexta é *a categoria estética do cômico*. Essa categoria diz respeito ao grotesco na vida organizacional: a ironia que ela provoca, o riso que a penaliza, o sarcasmo que a ignora, o senso de humor que lhe atribui rótulos. O grotesco, o despropositado, o ridículo: em suma, algo que é, sob certos aspectos, feio, mas cuja "comédia" é ressaltada pela categoria estética do cômico. Ela realça os ditos espirituosos sobre os colegas em vez das fofocas maldosas, as brincadeiras em vez das piadas maliciosas, os apelidos em vez dos epítetos insultuosos. A categoria estética do cômico está, portanto, estreitamente relacionada com a do feio, porque também tem um impulso dessacralizador, mas se trata de uma dessacralização que não qualifica necessariamente de negativos os aspectos da vida organizacional que traz à tona.

A sétima é *a categoria estética do sublime*. Essa categoria está mais próxima da do belo. Diz respeito ao *pathos* do sentimento estético evidente no "êxtase" com que alguém descreve a beleza de seu trabalho ou da organização a que pertence, ou a beleza que não faz mais parte de seu trabalho ou de sua organização. A categoria estética do sublime ressalta o belo na vida organizacional, mas o faz impregnando-a de mistério, sentimento e perturbação. Êxtase e perturbação caracterizam a participação estética intensa de uma pessoa num evento organizacional, e o *pathos* que provoca nela. O sublime é, portanto, a alegria que enche a alma, o sentimento trágico que causa tremores no corpo, a imaginação e o talento que distinguem a individualidade das pessoas da organização, a evidência de seus limites cognitivos quando buscam compreendê-la construindo-a, nas palavras de Jean-François Lyotard (1991), uma representação do não-representável. De acordo com Remo Bodei (1995:82), a categoria estética do sublime acentua a "forma da beleza que exige uma alma nobre de retidão moral absoluta" na vida organizacional. Ela ressalta a "dignidade" e a "nobreza de espírito" daqueles que pertencem à organização e fazem aparecer sua grandeza. A categoria do sublime não identifica essa grandeza numa adesão mimética a uma ordem que já existe e governa a organização, mas na criação de uma nova ordem, mesmo que seja difícil de instituir e quase impossível de controlar. Desse modo, o sublime ressalta o desajuste de uma pessoa à ordem da organização, e o fato de que isso suscita sua percepção da inadequação entre ela e a organização, mas uma inadequação que é vivida "imaginando uma vingança desesperada".[159] Para Franzini e Mazzocut-Mis (1996:291), o sublime é uma categoria que denota "um estilo 'hedonista', cuja grandeza está ligada ao prazer. Mas se trata de um prazer de um tipo singular causado pela representação de eventos dolorosos e trágicos".

Por fim, temos *a categoria estética do gracioso*. É a que mais diz respeito à qualidade da vida organizacional, porque se relaciona com a elegância das visões estratégicas, com as relações interpessoais no trabalho, com a polidez que pode nos parecer agradavelmente surpreendente e sedutora, com a espontaneidade e virtuosidade das pessoas que pertencem a uma organização. A categoria do gracioso acentua a elegância do comportamento numa organização, das roupas das pessoas, seus ambientes de trabalho, os produtos que elas ajudam a criar. Refere-se ao prazer visual e auditivo provocado pelas pessoas e pelos artefatos organizacionais, porque põe em relevo o charme das pessoas e de seu trabalho, a atratividade das pessoas e de suas atividades, a imediatidade das relações pessoais e do sentimento de conforto em um novo emprego. Ao contrário das outras categorias estéticas, o gracioso envolve os sentidos públicos da visão e da audição, embora, como diz Raffaele Milani (1991:103), "pareça muito difícil estender seus atributos aos outros sentidos: paladar, tato, olfato". Porém, trata-se de um ponto de vista controvertido, especialmente se pensarmos nas outras categorias que o gracioso evoca e envolve além do elegante, a saber, o agradável, o gentil e o encantador.

A construção social da estética organizacional

Os argumentos desenvolvidos neste capítulo mostraram os principais estilos de pesquisa utilizados na análise da estética organizacional. Esses estilos podem ser classificados em dois grandes tipos:

---

[159] Bodei, 1995:85.

a) aqueles que exploram a estética organizacional com o único objetivo de identificar as características distintivas das culturas organizacionais das quais a estética faz parte;

b) aqueles que procuram apreender não só as características distintivas das culturas organizacionais, mas também a construção e a reconstrução cotidiana da estética específica ao contexto organizacional em estudo.

Essa distinção enfatiza que, em muitos estudos, a consciência da importância da dimensão estética na vida organizacional se combina com o esquecimento dessa dimensão, como se tivesse pouco interesse heurístico, pouca legitimidade na teoria da organização e nos estudos de gestão, e escassa ou nenhuma importância para a compreensão do método do pesquisador ou do processo de pesquisa. Em outras palavras, observa-se a consciência limitada dos estudiosos das organizações de que eles também fazem parte da construção social e construtiva da estética organizacional e que o fazem mediante a criação e o desenvolvimento de uma tradição de estudos sobre a teoria da organização e graças a seus diferentes estilos de pesquisa. Embora os estilos de pesquisa empírica variem consideravelmente, evidenciam três abordagens principais, que, embora não estejam em conflito aberto, mostram que a incompatibilidade metodológica provavelmente aumentará pouco a pouco nessa vertente dos estudos sobre as organizações, à medida que for enriquecida por pesquisas específicas e localizadas. Essas três abordagens são: a) a análise das culturas organizacionais que observa os fragmentos "arqueológicos" da vida organizacional; b) as análises que começam com empatia e acabam racionalmente; e c) as análises que envolvem uma compreensão empático-estética. Desse modo, o estilo de pesquisa empírica adotado para estudar a estética organizacional pode se basear nas abordagens a seguir.

Primeiro, *a abordagem arqueológica*. O pesquisador assume o papel de um arqueólogo, de um sociólogo da arte, de um crítico de arte que investiga os artefatos organizacionais. É o estilo mais amplamente usado. Ele implica a identificação de "fragmentos da vida organizacional"

— que o pesquisador pode "encontrar" ou "inventar" — e das culturas organizacionais que geraram esses fragmentos. Como foi dito, baseado no que "vê", "ouve", "cheira" e até mesmo "saboreia" numa organização (quando comparece a um jantar de uma empresa ou come no restaurante dos funcionários), o pesquisador insere intervalos na dinâmica organizacional e cria molduras em torno dela. Ao mesmo tempo, identifica uma quantidade de artefatos organizacionais que — examinados tanto em conjunto quanto separadamente, analisados concretamente e em abstrato, julgados esteticamente de modo implícito ou explícito — fornecem o material para suas interpretações das culturas organizacionais predominantes ou marginais no contexto organizacional examinado. Ao fazê-lo, escreve Per Olof Berg (1987:25), o pesquisador empreende essencialmente "um exercício de arqueologia contemporânea, pelo qual a forma e a função dos objetos são analisadas a fim de descobrir que informação elas dão sobre a 'civilização' que as produziu".

Segundo, *a abordagem empático-lógica*. O pesquisador age como alguém que busca ao mesmo tempo uma compreensão empática e uma lógico-analítica. Ele mantém as três fases principais da pesquisa — observação, interpretação e redação dos resultados — separadas e distintas. Para aqueles que utilizam esse estilo de pesquisa, Gagliardi (1996:577-578) escreve: "é essencial, em primeiro lugar, abandonar-se ao que Kant chama de 'intuição passiva'" e agir "como se estivéssemos aqui para ficar", nos interrogando sobre as sensações provocadas em nós e resistindo à tentação estruturalista de interpretar os artefatos organizacionais "como se tivessem um *status* semiótico intrínseco". O próximo passo, ainda na primeira fase de observação, é "'dar nome' a nossas sensações antes que fiquemos acostumados ao clima estético do ambiente" e fazê-lo "em tempo útil" — ou seja, antes que percamos a capacidade de discernir a especificidade das sensações e dos estímulos aos quais fomos expostos. Durante a etapa da interpretação, a emoção e a reflexão, o conhecimento empático e o distanciamento analítico se equilibram com base em "um mínimo de talento e de inclinação natural", que também pode se beneficiar da "orientação de pessoas capazes". Porém, a etapa final de redação do relatório implica o abandono do conhecimento empático e sua compensação por uma análise analítica, para que o pesquisador possa "seguir rigorosamente os métodos lógico-analíticos", embelezados por "um pouco de 'eloqüência'" e "constatações relativas ao visual".

Terceiro, *a abordagem empático-estética*. O pesquisador procura obter informações estético-intuitivas sobre a organização, utilizando a compreensão empático-estética discutida nos capítulos 2 e 3. Ele seleciona os temas organizacionais a investigar de acordo com opções paradigmáticas baseadas na estética. Ele ativa suas faculdades sensoriais quando entra na organização, forma juízos sobre a vida organizacional confiando no gosto pessoal, frui esteticamente a dimensão estética do ambiente organizacional e toma parte no processo de negociação pelo qual uma certa estética prevalece sobre outras naquele contexto organizacional em particular. São essas as características distintivas da abordagem da compreensão estética da vida organizacional. Aqueles que a utilizam:

a) submergem na vida organizacional, ativam suas faculdades perceptivas e seu juízo estético, empregando suas capacidades intuitivas e analógicas e também atuando, quando apropriado, como observadores participantes imaginários;

b) observam-se nesse processo de coleta de conhecimentos, deixando ressurgir sua experiência passada;

c) escrevem um "texto aberto", que descreve o processo ativo de reconstrução da experiência vivida, e relembram essa experiência segundo os cânones estéticos da escrita que governam a arquitetura dos argumentos desenvolvidos.

Esses três estilos de pesquisa buscam coletar conhecimentos sobre a vida organizacional estudando sua dimensão estética. A diferença entre eles concentra-se na consciência do pesquisador de que está participando de uma construção social da estética organizacional, e em sua escolha metodológica entre a atribuição de maior ou quase nenhuma validade à compreensão empática da ação significativa das pessoas que trabalham nas organizações. Outra distinção diz respeito às relações entre a pesquisa organizacional, a linguagem cotidiana dos atores organizacionais e as categorias estéticas. O esboço das categorias feito acima, baseado na filosofia estética e na teoria da arte, teve três objetivos: primeiro, mostrar que a pesquisa sobre a estética organizacional pode seguir vários caminhos que se entrecruzam; segundo, romper algumas das barreiras que separam os estilos de pesquisa "arqueológico", empático-lógico" e "empático-estético"; e terceiro, incorporar a estética da pesquisa empírica e da análise teórica à pesquisa organizacional sobre a estética organizacional.

Conclusões

Se quisermos definir um tema que ligue todos os tópicos tratados neste livro sobre a estética organizacional, este pode ser encontrado numa metáfora de que gosto muito e que tomei emprestada das culturas visuais: a da organização como hipertexto.[160] Ela se baseia na tecnologia da informação e na computação gráfica, e o leitor a apreenderá imediatamente se pensar na simulação da cadeira discutida no primeiro capítulo: mude um parâmetro e terá uma cadeira diferente, mude outro e terá mais uma cadeira, até que você tenha esquecido como era a cadeira original e talvez nem tenha certeza se ela realmente existiu. O que a vida organizacional "original" ou "verdadeira" pode ter sido não é uma questão que preocupe a abordagem estética das organizações, que julga muito importantes as formas de compreendê-la e que dão sentido a uma miríade de diferenças na vida organizacional.

A metáfora da organização como hipertexto enfatiza que a diferenciação infindável do conhecimento organizacional é um processo permanente nas organizações, e que essa diferenciação não se relaciona com uma realidade original monolítica. A metáfora ressalta que o processo constante de diferenciação do conhecimento nas organizações é impulsionado pela ação intencional de seus membros, cujas compreensões divergentes da vida organizacional cotidiana podem ser observadas em sua utilização e em sua prática. A organização-hipertexto

---

[160] Strati, 1996b, 1997.

deve ser feita, criada ou construída e isso só ocorre graças à interação constante entre o sujeito cognitivo (o criador da cadeira específica) e o modelo numérico (que constitui a simulação computadorizada da cadeira) por meio do parâmetro que ele seleciona. Em conseqüência, o tema que unifica este livro é a tese de que as relações entre as pessoas e a vida organizacional de que fazem parte é a preocupação central da estética organizacional.

De acordo com Gianni Vattimo (1983:27), a prática cotidiana de negociar, desconstruir, destruir, reconstruir e criar nas organizações não produz um "conjunto unitário", mas gera "uma interação bem coesa de interferências" que constituem a "herança" da organização. Isso compreende um repertório de textos "diferentes" da organização-hipertexto, por terem sido produzidos por especialistas que se utilizam não só de sua capacidade para o pensamento racional, mas também de seu gosto, seu estilo, sua paixão, seus sentimentos, seu talento. Esse patrimônio de artefatos e *connoisseurships* deve ser visto à luz da metáfora da organização-hipertexto, para apreender não seu fluxo, mas sua natureza caótica e fragmentária, e para evitar a aplicação de definições à vida organizacional que derivem de ontologias "fortes": por exemplo, a organização como um museu do talento de seus membros, ou a organização como a arena pós-moderna da estetização da vida organizacional cotidiana.

A compreensão estética da vida organizacional não busca uma definição metafísica da organização, porque suas premissas teóricas repousam na própria finitude da compreensão estética. Ao contrário, ela diz respeito à corporeidade "refinada" das pessoas que atuam nos ambientes organizacionais, uma vez que se baseia nas faculdades da visão, da audição, do tato, do paladar e do olfato, e no juízo estético. Todas essas faculdades são materiais e socialmente construídas, e se diferenciam de indivíduo para indivíduo, de tal modo que surgem desigualdades marcantes entre eles dentro da organização. Os sentidos não tranqüilizam; ao contrário, rompem a paz. Mas é graças a eles que surgem ou desaparecem formas "diferentes" de conhecimento organizacional na organização-hipertexto.

Desse modo, a abordagem estética do estudo da vida organizacional não considera uma "ontologia forte", que defina a verdadeira natureza da organização e que provoque, por exemplo, o debate para saber se ela deve ser vista em termos de "organização", "organizações" ou "ação de organizar".[161] Não obstante, ela toma como certa a existência das faculdades sensoriais e a faculdade do juízo estético. Não resta dúvida de que as faculdades sensoriais existem, mas a existência do juízo estético pode ser questionada, uma vez que não está ligada a qualquer órgão sensorial. Ademais, o juízo estético varia muito entre culturas organizacionais, culturas sociais e culturas lingüísticas. Para retornar brevemente às categorias estéticas discutidas no capítulo 5, e nos atendo apenas à categoria do belo ilustrada no capítulo 4, encontramos diferenças marcantes nos termos lingüísticos a elas relacionados. Por exemplo, se a frase inglesa "I have a great job" for traduzida literalmente para o português, a categoria estética do belo nem vem à cabeça. Ao contrário, ela evoca a categoria do trágico, porque denota uma proposição do tipo "tenho muito trabalho a fazer". "As dificuldades de definição são inerentes às línguas", observa Gary Alan Fine (1996:218), e "devemos nos fiar em semelhanças familiares que esperamos que nos sirvam bem e com bastante freqüência".

Outro problema é a inexistência de explicação ontológica para a faculdade do juízo estético, ou para a dos outros sentidos, mesmo quando essas faculdades são exibidas nas práticas dos atores organizacionais. É exatamente essa característica que torna o estudo estético da vida organizacional tão interessante. Porém, podemos evitar nos envolver na busca de uma ontologia forte se imitarmos Umberto Eco (1997:102-106), em seu debate com Pareyson (1989). Eco reformula a questão heideggeriana — por que existe o ser e não o nada? — e responde: "Porque eu o digo", ou seja, porque "isso não pode ser explicado".

Mas o que aconteceria se decidíssemos estudar uma fábrica sem qualquer trabalhador humano, onde tudo fosse coordenado pela tecnologia da informação, por máquinas inteligentes e não-inteligen-

---

[161] Clegg e Hardy, 1996.

tes, instrumentos altamente sofisticados e obsoletos? Seria então uma organização desprovida de estética? A resposta dada por um pesquisador que utiliza a abordagem estética não se basearia numa definição da organização como fundada ontologicamente na estética, nem numa definição baseada no fato de que as máquinas são resultado do conhecimento estético das pessoas que as construíram, ou das pessoas que as instalaram na fábrica. A única resposta possível assumiria a forma de outras perguntas: "Você esteve lá? O que você viu? E me diga, o que você sentiu quando pôs os pés pela primeira vez na fábrica?" É em sua utilização efetiva que a estética organizacional é observada, e o objetivo dessa observação é ver se as formas estéticas do conhecimento sobre a vida organizacional vêm à tona.

Os fundamentos teóricos da abordagem estética caracterizam-na como uma abordagem heurística que busca coletar um conhecimento dialógico e não-causal sobre a vida organizacional. Além disso, embora a área de investigação sobre a estética da vida organizacional à qual pertence a abordagem estética tenha seu próprio programa de pesquisa, como parte da teoria da organização e dos estudos sobre gestão, ela não pode ser usada para fornecer generalizações antropológicas ou filosóficas. Desse modo, ela preserva o caráter que, segundo Dan Sperber (1982; trad. port. 1992), a interpretação etnográfica deve ter. Essas características gerais da pesquisa sobre a estética organizacional significam que ela não tem pontos de vista compulsórios, ontologias fortes, nem definições metafísicas da "realidade" da vida organizacional. Ela orienta a atenção do pesquisador para a estética organizacional e sustenta a importância desse estudo na teoria da organização e nos estudos sobre gestão. A abordagem estética, em particular, convida o pesquisador a levar em conta seu conhecimento estético e relacioná-lo com todo o complexo da pesquisa, da análise e da construção social da comunidade científica. Ela faz isso enfatizando que:

a) um tema de estudo pode ser selecionado por motivos estéticos;

b) a observação participante imaginária pode dar origem a hipóteses de pesquisa;

c) as experiências estéticas adquiridas nos contextos organizacionais podem influenciar a condução da pesquisa empírica;

d) os processos evocativos baseados em considerações estéticas
podem focalizar a atenção do pesquisador quando ele constrói teorias, seja durante o trabalho de campo ou depois, ao
analisar seus resultados;

e) os cânones estéticos podem influenciar os temas escolhidos
quando da redação dos resultados;

f) o texto escrito e o texto verbal relacionados com a pesquisa
podem ser considerados produtos estéticos.

Porém, essas conexões entre conhecimento estético e teoria da
organização podem tanto estar em uso quanto, obviamente, não.

Bibliografia

ABEL, Theodore. The operation called *Verstehein*. In: FEIGL, H.; BRODBECK, M. (Eds.). *Readings in the philosophy of science*. New York: Appleton-Century-Crofts, 1953. p. 677-687.

____. A reply to professor Wax. *Sociology and Social Research*, n. 51, p. 334-336, 1967.

ABRAHAMSON, Eric. Technical and aesthetic fashion. In: CZAMIAWSKA, B.; SEVÓN, G. (Eds.). *Translating organizational change*. Berlin: De Gruyter, 1996. p. 117-137.

ACCORNERO, Aris. *Il mondo della produzione*. Bologna: Il Mulino, 1994.

ACKOFF, Russell. *Creating the corporate future: plan or be planned for*. New York: Wiley, 1981.

ALBERTAZZI, Liliana. *Strati*. Trento: Reverdito, 1989.

ALVESSON, Mats; BERG, Per Olof. *Corporate culture and organizational symbolism: an overview*. Berlin: De Gruyter, 1992.

ANCESCHI, Giovanni. Grafica, visual design, comunicazioni visive. In: ANCESCHI, G. et al. *Storia dei disegno industriale*. Milano: Electa, 1991. p. 56-83. (v. 3: 1919-1990. Il dominio dei design.)

ARENDT, Hannah. *The human condition*. Chicago: University of Chicago Press, 1958. [Trad. bras.: *A condição humana*. Rio de Janeiro: Forense Universitária, 1981.]

BAAR, Carl. Max Weber and the process of social understanding. *Sociology and Social Research*, n. 51, p. 337-346, 1967.

BARILLI, Renato. *Corso di estetica*. [1989]. Bologna: Il Mulino, 1995.

BARNARD, Chester I. *The functions of the executive*. Cambridge, MA: Harvard University Press, 1938. [Trad. bras.: *As funções do executivo*. São Paulo: Atlas, 1971.]

BARTHES, Roland. *Mythologies.* Paris: Seuil, 1957. [Trad. bras.: *Mitologias.* São Paulo: Difel, 1972.]

_____. *S/Z.* Paris: Seuil, 1970. [Trad. bras.: *S/Z.* Rio de Janeiro: Nova Fronteira, 1992.]

BATESON, Gregory. *Steps to an ecology of mind.* New York: Chandler, 1972.

_____. *Mind & nature: a necessary unity.* Isle of Man: Fontana, 1979.

_____; MEAD, Margaret. *Balinese character: a photographic analysis.* New York: New York Academy of Science, 1942.

BAUMGARTEN, Alexander Gottlieb. *Meditationes philosophicae de nonnullis ad poema pertinentibus.* Halle: Grunert, 1735. [Trad. bras.: *Estética – a lógica da arte e do poema.* Petrópolis: Vozes, 1993.]

_____. *Aesthetica I-II.* Frankfurt am Oder: Kleyb, 1750-1758. [fotostática: Olms: Hildesheim, 1986; trad. bras.: *Estética – a lógica da arte e do poema.* Petrópolis: Vozes, 1993.]

_____. *Metaphysica.* [1739]. 7. ed. Halle: Herman, 1779. [fotostática: Olms: Hildesheim, 1963.]

BAYER, Raymond. *L'esthetique de la grâce.* Paris: Alcan, 1934. 2v.

BECK, Ulrich. *Risikogesellschaft.* Frankfurt-on-Main: Suhrkamp, 1986. (Trad. ingl.: *Risk society.* London: Sage, 1992.)

_____; GIDDENS, Anthony; LASH, Scott. *Reflexive modernization: politics, tradition and aesthetics in the modern social order.* Cambridge: Polity Press, 1994.

BECKER, Franklin D. *Workspace: creating environments in organizations.* New York: Praeger, 1981.

BECKER, Howard S. Art as collective action. *American Sociological Review,* v. 39, n. 6, p. 767-776, 1974.

_____. *Art worlds.* Berkeley, CA: University of California Press, 1982.

BENGHOZI, Pierre-Jean (Ed.). Art and organization. *Dragon,* v. 2, n. 4, 1987. (Special issue.)

BENJAMIN, Walter. The work of art in the age of mechanical reproduction. In: BENJAMIN, Walter. *Illuminations.* Ed. Hannah Arendt. New York: Harcourt, Brace, 1968. p. 219-266. [Trad. bras.: A obra de arte na era de sua reprodutibilidade técnica. In: BENJAMIN, Walter. *Obras escolhidas. Magia e técnica, arte e política.* São Paulo: Brasiliense, 1985.]

BERG, Per Olof. Some notes on corporate artifacts. *Scos Note-Work*, v. 6, n. 1, p. 24-28, 1987.

____; KREINER, Kristian. Corporate architecture: turning physical settings into symbolic resources. In: GAGLIARDI, P. (Ed.). *Symbols and artifacts: views of the corporate landscape*. Berlin: De Gruyter, 1990. p. 41-67.

BERGER, Peter; LUCKMANN, Thomas. *The social construction of reality*. Garden City, NY: Doubleday, 1966. [Trad. bras.: *A construção social da realidade*. 5. ed. Petrópolis: Vozes, 1983.]

BIGGIERO, Lucio. Lo spazio. In: COSTA, G.; NACAMULLI, R. C. D. (Dirs.). *Manuale di organizzazione aziendale*. Torino: Utet, 1997. p. 113-133. (v. 2: La progettazione organizzativa.)

BIRD, Elizabeth. Aesthetic neutrality and the sociology of art. In: BARRETT, M.; CORRIGAN, P.; KUHN, A.; WOLFF, J. (Eds.). *Ideology and cultural production*. New York: St. Martin's Press, 1979. p. 25-48.

BLAU, Judith R. *Architects and firms*. Cambridge, MA: MIT Press, 1984.

____. Study of the arts: a reappraisal. *Annual Sociological Review*, n. 14, p. 269-292. 1988.

____. What buildings mean and architects say: economy and theory of architecture at a moment of crisis. *Current Research on Occupations and Professions*, Greenwich, JAI Press, v. 8, p. 77-99, 1993.

BODEI, Remo. *Le forme dei bello*. Bologna: Il Mulino, 1995.

____. *La filosofia dei novecento*. Roma: Donzelli, 1997.

BOLOGNA, Ferdinando. *L'ineredulità dei Caravaggio e l'esperienza delle "cose naturali"*. Torino: Bollati Boringhieri, 1992.

BOLOGNINI, Bruno. Images as identifying objects and as organizational integrators in two firms. *Dragon*, v. 1, n. 3, p. 61-75, 1986a.

____. Il mito come espressione dei valori organizzativi e come fattore strutturale. In: GAGLIARDI, P. (Dir.). *Le imprese come culture*. Milano: Isedi, 1986b. p. 79-101.

BONFIGLIOLI, Sandra. *L'architettura dei tempo: la città multimediale*. Napole: Liguori, 1990.

____. Dal tempo lineare all'architettura del tempo. In: D'ALFONSO, E.; FRANZINI, E. (Dirs.). *Metafora mimesi morfogenesi progetto: un dialogo tra filosofi e architetti*. Milano: Guerini e Associati, 1991.

BOZAL, Valeriano. *Il gusto*. Bologna: Il Mulino, 1996.

BRAUDEL, Fernand. *Civilisation matérielle: economie et capitalisme*. Paris: Armand Colin, 1979.

BROWN, Richard H. *A poetic for sociology: toward a logic of discovery for the human sciences*. Cambridge: Cambridge University Press, 1977.

BRUCE, Gordon. Eschewing design obfuscation. In: *Conference on Organizations, Managers & Design*. Luxembourg, 1995.

BRYMAN, Alan. *Research methods and organization studies*. Boston: Unwin Hyman, 1989.

_____; BURGESS, Robert G. (Eds.). *Analyzing qualitative data*. London: Routledge, 1994.

BUCK-MORSS, Susan. Envisioning capital: political economy on display. In: COOKE, L.; WOLLEN, P. (Eds.). *Visual display: culture beyond appearances*. Seattle: Bay Press, 1995. p. 111-142.

BUGOS, Glenn E. Organizing stories of organizational life: four films on American business. *Studies in Cultures, Organizations and Societies*, v. 2, n. 1, p. 111-128, 1996.

BURGIN, Victor. Perverse space. In: COLOMINA, B. (Ed.). *Sexuality & space*. New York: Princeton Architectural Press, 1992. p. 218-240.

BURRELL, Gibson. Modernism, postmodernism and organizational analysis 2: the contribution of Michel Foucault. *Organization Studies*, n. 9, p. 221-235, 1988.

_____; MORGAN, Gareth. *Sociological paradigms and organizational analysis*. Aldershot: Gower, 1979.

CALABRESE, Omar. *Il linguaggio dell'arte*. Milano: Bompiani, 1985.

_____. *L'età neobarocca*. Bari: Laterza, 1987. (Trad. ingl.: *Neo-baroque: a sign of the times*. Princeton, NJ: Princeton University Press, 1992.)

CALÀS, Marta B.; SMIRCICH, Linda. Re-writing gender into organizational theorizing: directions from feminist perspectives. In: REED, M.; HUGHES, M. (Eds.). *Rethinking organization: new directions in organization theory and analysis*. London: Sage, 1992. p. 227-253.

CALINESCU, Matei. *Five faces of modernity. Modernism, avant-garde, decadence, kitsch, postmodernism*. Durham, NC: Duke University Press, 1987.

Bibliografia

CALLON, Michel. Techno-economic networks and irreversibility. In: LAW, J. (Ed.). *A sociology of monsters: essays on power, technology and domination*. London: Routledge, 1991. p. 132-161.

CARMAGNOLA, Fulvio. *La visibilità: per un'estetica dei fenomeni complessi*. Milano: Guerini e Associati, 1989.

_____. L'estetica. In: COSTA, G.; NACAMULLI, R. C. D. (Dirs.). *Manuale di organizzazione aziendale*. Torino: Utet, 1997. p. 357-380. (v. 2: La progettazione organizzativa.)

CASSIRER, Ernst. *Philosophie der symbolischen Formen, I-III*. Berlin: Bruno Cassirer, 1923-1929. [Trad. bras.: *A filosofia das formas simbólicas*. São Paulo: Martins Fontes, 2001.]

_____. Descartes, Leibniz, and Vico. In: *Arbeit Seminar "Philosophy of History"*. Yale, 1941-1942; reimp. CASSIRER, E. *Symbol, myth and culture. Essays and lectures of Ernst Cassirer 1935-1945*. New Haven: Yale University Press, 1979.

CAVALLI, Alessandro. *La fondazione del metodo sociologico in Max Weber e Werner Sombart*. Pavia: Istituto di Sociologia, 1969.

CHALFEN, Richard. *Snapshot versions of life*. Bowling Green, OH: Bowling Green State University Popular Press, 1987.

_____. *Turning leaves: the photograph collections of two Japanese American families*. Albuquerque, NM: University of New Mexico Press, 1991.

CHANGEUX, Jean-Pierre. *Raison et plaisir*. Paris: Jacob, 1994.

CHISHOLM, Roderick. Verstehen: the epistemological question. *Dialectica*, v. 33, n. 3-4, p. 233-246, 1979.

CLEGG, Stewart R.; HARDY, Cynthia. Introduction: organizations, organization and organizing. In: CLEGG, S. R.; HARDY, C.; NORD, W. R. (Eds.). *Handbook of organization studies*. London: Sage, 1996. p. 1-28.

_____; _____; NORD, Walter R. (Eds.). *Handbook of organization studies*. London: Sage, 1996.

COHEN, Anthony P. *The symbolic construction of community*. London: Ellis Horwood and Tavistock, 1985.

COLLIER, John; COLLIER, Malcom. *Visual anthropology*. Albuquerque, NM: University of New Mexico Press, 1967.

COLLINGWOOD, R. G. Human nature and human history. In: COLLINGWOOD, R. G. *The idea of history*. Oxford: Oxford University Press, 1946; reimp. in: MARTIN, M.; McLNTYRE, L. C. (Eds.). *Readings in the philosophy of social science*. Cambridge, MA: MIT Press, 1994. p. 163-172.

COLOMBO, Attilio; MERLO, Lorenzo; MIGLIORI, Nino; PIOVANI, Alberto (Eds.). *Fotografia giapponese dai 1848 ad oggi*. Bologna: Galleria d'Arte Moderna, 1979.

COLOMBO, Fausto; EUGENI, Ruggero. *Il testo visibile: teoria, storia e modelli di analisi*. Roma: La Nuova Italia Scientifica, 1996.

COOLEY, Charles Horton. The roots of social knowledge. *American Journal of Sociology*, n. 12, p. 59-79, 1926.

_____. *Sociological theory and social research*. New York: Holt, Rinehart and Winston, 1930.

COOPER, Cary L.; JACKSON, Susan E. (Eds.). *Creating tomorrow's organizations: a handbook for future research in organizational behavior*. Chichester: Wiley, 1997.

COOPER, Robert. Modernism, postmodernism and organizational analysis 3: the contribution of Jacques Derrida. *Organization Studies*, n. 10, p. 479-502, 1989.

_____; BURRELL, Gibson. Modernism, postmodernism and organizational analysis: an introduction. *Organization Studies*, n. 9, p. 91-112, 1988.

_____; LAW, John. Organization: distal and proximal views. *Research in the Sociology of Organizations*, n. 13, p. 237-274, 1995.

COPPOLA-PIGNATELLI, Paola. *Spazio e immaginario: maschile e femminile in architettura*. Roma: Officina, 1982.

CORIGLIANO, Emma. *Tempo spazio identità: no place like home*. Milano: Angeli, 1991.

COSER, Lewis A. *Masters of sociological thought*. New York: Jovanovich, 1971.

COSTA, Giovanni; NACAMULLI, Raoul C. D. (Eds.). *Manuale di organizzazione aziendale*. Torino: Utet, 1997. (v. 2: La progettazione organizzativa.)

COSTA, Joan. Toward a signaletic symbology of identity in corporate communication. *Dragon*, v. 1, n. 5, p. 5-16, 1986.

_____. *Imagen pública: una ingegnería social*. Madrid: Fundesco, 1992.

CRESPI, Franco. *Manuale di sociologia della cultura*. Bari: Laterza, 1996.

CROCE, Benedetto. *Estetica come scienza dell'espressione e linguistica generale*. Bari: Laterza, 1902; reimpr. Milano: Adelphi, 1990. (Trad. ingl.: *Aesthetic*. Ed. D. Ainslic. [1909]. 2. ed. London: Macmillan, 1922.)

CZARNIAWSKA, Barbara. *Narrating the organization: dramas of institutional identity*. Chicago: University of Chicago Press, 1997.

D'AGOSTINI, Franca. *Analitici e continentali: guida alla filosofia degli ultimí trent'anni.* Milano: Cortina, 1997.

DANTO, Arthur. The artworld. *Journal of Philosophy*, v. 61, n. 4, p. 571-584, 1964.

DEAN JR., James W.; RAMIREZ, Rafael; OTTENSMEYER, Edward. An aesthetic perspective on organizations. In: COOPER, C.; JACKSON, S. (Eds.). *Creating tomorrow's organizations: a handbook for future research in organizational behavior.* Chichester: Wiley, 1997. p. 419-437.

DÉGOT, Vincent. Portrait of the manager as an artist. *Dragon*, v. 2, n. 4, p. 13-50, 1987.

DE MASI, Domenico. Introduzione. In: DE MASI, D. (Dir.). *L'emozione e la regola: i gruppi creativi in Europa dal 1850 al 1950.* Bari: Laterza, 1989.

_____ (Dir.). *Verso la formazione dei post-industriale.* Milano: Angeli, 1993.

DERRIDA, Jacques. *De la grammatologie.* Paris: Minuit, 1967a. [Trad. bras.: *Gramatologia.* São Paulo: Perspectiva, 1973.]

———. *L'écriture et la différence.* Paris: Seuil, 1967b. [Trad. bras.: *A escritura e a diferença.* São Paulo: Perspectiva, 1971.]

DEWEY, John. *Art as experience.* New York: Putnam's Sons, 1934.

_____. *Experience and nature.* [1925]. New York: Dover, 1958.

DICKIE, George. *Aesthetics: an introduction.* New York: Pegasus, 1971.

DILTHEY, Wilhelm. *Die Einbildungskraft des Dichters: Bausteine für eine Poetik.* In: DILTHEY, W. *Gesammelte Schriften.* Stuttgart: Teubner, 1887. v. 6. (Trad. ingl.: The imagination of the poet: elements of a poetics. In: MAKKREEL, R. A.; RODI, F. (Eds.). *Wilhelm Dilthey: selected works.* Princeton, NJ: Princeton University Press, 1985. v. 5, p. 29-173; trad. it. parcial: Creazione poetica. In: ZECCHI, S.; FRANZINI, E. (Dirs.). *Storia dell'estetica.* Bologna: Il Mulino, 1995. p. 740-745.)

_____. *Gesammelte Schriften.* Stuttgart: Teubner, 1914-1936. (Trad. ingl.: *Selected works.* Princeton, NJ: Princeton University Press, 1979-.)

DORFLES, Gillo. *L'estetica del mito: da Vico a Wittgenstein.* Milano: Mursia, 1967.

DORST, John. *The written suburb: an American site, an ethnographic dilemma.* Philadelphia: University of Pennsylvania Press, 1989.

DOUGHERTY, Deborah; KUNDA, Gideon. Photograph analysis: a method to capture organisational belief systems. In: GAGLIARDI, P. (Ed.). *Symbols and artifacts: views of the corporate landscape*. Berlin: De Gruyter, 1990. p. 185-206.

DOXTATER, Dennis. Meaning of the workplace: using ideas of ritual space in design. In: GAGLIARDI, P. (Ed.). *Symbols and artifacts: views of the corporate landscape*. Berlin: De Gruyter, 1990. p. 107-127.

DRAY, William. The rationale of actions. In: DRAY, W. *Laws and explanation in history*. Oxford: Clarendon Press, 1957; reimp. in: MARTIN, M.; McINTYRE, L. C. (Eds.). *Readings in the philosophy of social science*. Cambridge, MA: MIT Press, 1994. p. 173-180.

DURAND, Gilbert. *Les structures anthropologiques de l'imaginaire*. Paris: PUF, 1963. [Trad. bras.: *As estruturas antropológicas do imaginário*. 3. ed. São Paulo: Martins Fontes, 2002.]

ECO, Umberto. *Opera aperta*. Milano: Bompiani, 1962. [Trad. bras.: *Obra aberta*. São Paulo: Perspectiva, 1968.]

_____. *Segno*. Milano: Isedi, 1973.

_____. *Trattato di semiotica generale*. Milano: Bompiani, 1975.

_____. *La struttura assente*. [1968]. Milano: Bompiani, 1983. [Trad. bras.: *A estrutura ausente*. São Paulo: Perspectiva, 1971.]

_____. Brevi cenni sull'essere. In: BARONE, F.; BERNARDINI, C.; BERTI, E.; BODEI, R.; ECO, U.; LOSURDO, D.; VOLPI, F. *Metafisica: il mondo nascosto*. Bari: Laterza, 1997. p. 99-139.

EVERED, Roger; LOUIS, Meryl R. Alternative perspectives in the organizational science: "inquiry from the inside" and "inquiry from the outside". *Academy of Management Review*, v. 6, n. 3, p. 385-395, 1981.

FEATHERSTONE, Mike. *Consumer culture and postmodernism*. London: Sage, 1991.

FERRARIS, Maurizio. *L'immaginazione*. Bologna: Il Mulino, 1996.

_____. *Estetica razionale*. Milano: Cortina, 1997.

FERRY, Luc. *Homo aestheticus: l'invention du gout à l'age démocratique*. Paris: Grasset & Fasquelle, 1990.

FINE, Gary A. *Kitchens: the culture of restaurant work*. Berkeley, CA: University of California Press, 1996.

FINEMAN, Stephen. Emotion and organizing. In: CLEGG, S. R.; HARDY, C.; NORD, W. (Eds.). *Handbook of organization studies.* London: Sage, 1996. p. 543-564.

____. Emotion and management learning. *Management Learning*, v. 28, n. 1, p. 13-25, 1997.

FRANZINI, Elio. *Il mito di Leonardo: sulla fenomenologia della creazione artistica.* Milano: Unicopli, 1987.

____. *Fenomenologia: introduzione tematica al pensiero di Husserl.* Milano: Angeli, 1991.

____. *L'estetica del settecento.* Bologna: Il Mulino, 1995.

____. *Filosofia dei sentimenti.* Milano: Mondadori, 1997.

____; MAZZOCUT-MIS, Maddalena. *Estetica: i nomi, i concetti, le correnti.* Milano: Mondadori, 1996.

FUKASAWA, Naoto. The theory of hari in design. In: CONFERENCE ON ORGANIZATIONS, MANAGERS & DESIGN, *Proceedings...* Luxembourg, 1995.

GADAMER, Hans-Georg. *Wahrheit und Methode.* Tübingen: Mohr, 1960. [Trad. bras.: *Verdade e método.* Petrópolis: Vozes, 1997.]

____. *Die Aktualität des Schönen: Kunst als Spiel, Symbol und Fest.* Stuttgart: Phillip Reclam Jr., 1977. [Trad. bras.: *A atualidade do belo.* Rio de Janeiro: Tempo Brasileiro, 1985.]

GAGLIARDI, Pasquale. Artifacts as pathways and remains of organizational life. In: GAGLIARDI, P. (Ed.). *Symbols and artifacts: views of the corporate landscape.* Berlin: De Gruyter, 1990a. p. 3-38.

____ (Ed.). *Symbols and artifacts: views of the corporate landscape.* Berlin: De Gruyter, 1990b.

____. Exploring the aesthetic side of organizational life. In: CLEGG, S. R.; HARDY, C.; NORD, W. R. (Eds.). *Handbook of organization studies.* London: Sage, 1996. p. 565-580.

GEERTZ, Clifford. *The interpretation of cultures: selected essays.* New York: Basic Books, 1973. [Trad. bras.: *A interpretação das culturas.* Rio de Janeiro: Guanabara-Koogan, 1989.]

GEORGIOU, Petro. The goal paradigm and notes toward a counter paradigm. *Administrative Science Quarterly*, v. 18, n. 3, p. 291-310, 1973.

GHERARDI, Silvia. *Gender, symbolism and organizational cultures.* London: Sage, 1995.

____; STRATI, Antonio. The temporal dimension in organization studies. *Organization Studies,* v. 9, n. 2, p. 149-164, 1988.

GHISELIN, Brewster. Introduction. In: GHISELIN, B. (Ed.). *The creative process: a symposium.* New York: Penguin, 1952. p. 11-31.

GIDDENS, Anthony. *The consequences of modernity.* Cambridge: Polity Press, 1990. [Trad. bras.: *As conseqüências da modernidade.* São Paulo: Unesp, 1991.]

____. *Modernity and self-identity.* Cambridge: Polity Press, 1991. [Trad. bras.: *Modernidade e identidade.* Rio de Janeiro: Jorge Zahar, 2002.]

GIVONE, Sergio. *Storia dell'estetica.* Bari: Laterza, 1988.

GOMBRICH, Ernst H. *The story of art.* [1950]. London: Phaidon, 1966. [Trad. bras.: *História da arte.* 15. ed. Rio de Janeiro: Guanabara-Koogan, 1993.]

____. *The image and the eye: further studies in the psychology of pictorial representation.* Oxford: Phaidon, 1982.

____. *Shadows: the depiction of cast shadows in Western art.* London: National Gallery, 1995.

GRAFTON-SMALL, Robert. Making meaning concrete: exchange processes and the cultural determination of physical space. *Cebes Journal,* v. 1, n. 1, p. 62-75, 1985.

____; LINSTEAD, Stephen. Bricks and bricolage: deconstructing corporate image in stone and story. *Dragon,* n. 1, p. 8-27, 1985.

GROSS, Edward. The definition of organizational goals. *British Journal of Sociology,* n. 20, p. 277-294, 1969.

GUILLÉN, Mauro F. Scientific management's lost aesthetic: architecture, organization, and the taylorized beauty of the mechanical. *Administrative Science Quarterly,* n. 42, p. 682-715, 1997.

HARAWAY, Donna J. A manifesto for cyborgs: science, technology, and socialist feminism in the 1980's. *Socialist Review,* n. 80, p. 65-107, 1985.

____ (Ed.). *Simians, cyborgs and women: the reinvention of nature.* London: Free Association Books, 1991.

HASSARD, John. *Sociology and organization theory: positivism, paradigms and postmodernity.* Cambridge: Cambridge University Press, 1993.

____; PARKER, Martin (Eds.). *Postmodernism and organizations.* London: Sage, 1993.

HATCH, Mary Jo. Physical barriers, task characteristics, and interaction activity in research and development firms. *Administrative Science Quarterly*, v. 32, p. 387-399, 1987.

____. The symbolics of office design: an empirical exploration. In: GAGLIARDI, P. (Ed.). *Symbols and artifacts: views of the corporate landscape.* Berlin: De Gruyter, 1990. p. 129-146.

____. *Organization theory: modern, symbolic, and postmodern perspectives.* Oxford: Oxford University Press, 1997.

____; JONES, Michael Owen. Photocopylore at work: aesthetics, collective creativity and the social construction of organizations. *Studies in Cultures, Organizations and Societies*, v. 3, n. 2, p. 263-287, 1997.

HAUSER, Arnold. *Sozialgeschichte der Kunst und Literatur.* München: Beck, 1955. [Trad. bras.: *História social da literatura e da arte.* 2. ed. São Paulo: Mestre Jou, 1972. 2v.]

HEIDEGGER, Martin. *Vorträge und Aufsätze.* Pfullingen: Neske, 1954.

HEMPEL, Carl G. The function of general laws in history. *Journal of Philosophy*, n. 39, p. 35-48, 1942; reimp. in: MARTIN, M.; McINTYRE, L. C. (Eds.). *Readings in the philosophy of social science.* Cambridge, MA: MIT Press, 1994. p. 43-53.

HENNY, Leonard (Ed.). Theory and practice in visual sociology. *Current Sociology*, v. 3, n. 34, 1986. (Special issue.)

HILL, Michael. *Exploring visual sociology.* Monticello, IL: Vance, 1984.

HULSKER, Jan. *The complete Van Gogh: paintings, drawings, sketches.* Oxford: Phaidon, 1980.

HUSSERL, Edmund. Ein Brief für Hugo von Hofmannsthal. In: HIRSCH, R. (Ed.). Edmund Husserl und Hugo von Hofmannsthal: eine Begegnung und ein Brie, 1907. In: FRIEDRICH, C.-J.; REIFENBERG, B. (Eds.). *Sprache und Politik: Festgabe für Dolf Sternberger zum sechzigsten Geburtstag.* Heidelberg: Lambert Schneider, 1968. p. 108-115. (Trad. it.: Una lettera di Husserl a Hofmannisthal. *Fenomenologia e Scienze dell'Uomo*, v. 1, n. 2, p. 203-207, 1985.)

_____. *Ideen zu einer reinen Phänomenologie und phänomenologischen Philosophie.* [1913]. In: BIEMEL, M. (Ed.). *Husserliana III.* Hague: Nijhoff, 1950. (Trad. ingl.: *Ideas pertaining to a pure phenomenology and to a phenomenological philosophy.* The Hague: Nijhoff, 1973. 2v.; trad. it.: *Idee per una fenomenologia pura e per una filosofia fenomenologica.* Torino: Einaudi, 1965.)

_____. *Analysen zur passiven Synthesis.* [1920-1926]. In: FLEISCHER, M. (Ed.). *Husserliana XI.* Hague: Nijhoff, 1966.

HUTCHEON, Linda. *The politics of postmodernism.* London: Routledge, 1989.

IZZO, Alberto. *Storia dei pensiero sociologico.* Bologna: Il Mulino, 1994.

JAMESON, Frederic. *Postmodernism, or the cultural logic of late capitalism.* Durham, NC: Duke University Press, 1991.

JAUSS, Hans Robert. *Ästhetische Erfahrung und literarische Hermeneutik.* Frankfurt-on-Main: Suhrkamp, 1982. (Trad. ingl.: *Question and answer: forms of dialogic understanding.* Minneapolis, MN: University of Minnesota Press, 1989; trad. it.: *Esperienza estetica ed ermeneutica letteraria.* Bologna: Il Mulino, 1987/1988. 2v.)

JOAS, Hans. *Die Kreativität des Handelns.* Frankfurt-on-Main: Suhrkamp, 1992. (Trad. ingl.: *The creativity of action.* Cambridge: Polity Press, 1996.)

JONES, Michael Owen. *Exploring folk art: twenty years of thought on craft, work, and aesthetics.* Ann Arbor, MI: UMI Research Press, 1987.

_____. *Studying organizational symbolism.* Thousand Oaks, CA: Sage, 1996.

_____; MOORE, Michael D.; SNYDER, Richard C. (Eds.). *Inside organizations: understanding the human dimension.* Newbury Park, CA: Sage, 1988.

KAGHAN, William; PHILLIPS, Nelson. Building the tower of Babel: communities of practice and paradigmatic pluralism in organization studies. *Organization,* v. 5, n. 2, p. 191-215, 1998.

KANT, Immanuel. *Kritik der Urteilskraft.* In: KANT, I. *Werke in zwölf Bänden.* [1790]. Ed. W. Weischedel. Frankfurt-on-Main: Suhrkamp, 1968. v. X. [Trad. bras.: *Crítica da faculdade do juízo.* 2. ed. Rio de Janeiro: Forense Universitária, 1995.]

KNORR-CETINA, Karin. Primitive classification and postmodernity: towards a sociological notion of fiction. *Theory, Culture & Society,* n. 11, p. 1-22, 1994.

KRONHAUSEN, Phyllis; KRONHAUSEN, Eberhard. *The complete book of erotic art.* New York: Bell, 1968-1970. 2v.

KUHN, James W. The misfit between organization theory and processional art: a comment on White and Strati. *Organization*, v. 3, n. 2, p. 219-224, 1996.

KUHN, Thomas. *The structure of scientific revolutions*. Chicago: University of Chicago Press, 1962. [Trad. bras.: *A estrutura das revoluções científicas*. São Paulo: Perspectiva, 1991.]

LACAN, Jacques. *Écrits*. Paris: Seuil, 1966. [Trad. bras.: *Escritos*. São Paulo: Perspectiva, 1992.]

_____. *Le séminaire. Livre I: Les écrits techniques de Freud*. Paris: Seuil, 1975. [Trad. bras.: *Seminário, livro I: Os escritos técnicos de Freud, 1953-54*. 2. ed. Rio de Janeiro: Zahar, 1983.]

LALO, Charles. *Notions d'esthétique*. Paris: Alcan, 1927.

LANGER, Susanne K. *Philosophy in a new key*. Cambridge, MA: Harvard University Press, 1942. [Trad. bras.: *Filosofia em nova chave*. São Paulo: Perspectiva, 1971.]

_____. *Form and feeling: a theory of art*. New York: Scribner's Sons, 1953. [Trad. bras.: *Sentimento e forma*. São Paulo: Perspectiva, 1980.]

_____. *Mind: an essay on human feeling*. Baltimore: Johns Hopkins University Press, 1967.

LARSEN, Janne; SCHULTZ, Majken. Artifacts in a bureaucratic monastery. In: GAGLIARDI, P. (Ed.). *Symbols and artifacts: views of the corporate landscape*. Berlin: De Gruyter, 1990. p. 281-302.

LASH, Scott. Reflexive modernization: the aesthetic dimension. *Theory, Culture & Society*, n. 10, p. 1-23, 1993.

LATOUR, Bruno. Technology is society made durable. In: LAW, J. (Ed.). *A sociology of monsters: essays on power, technology and domination*. London: Routledge, 1991. p. 103-131.

_____. Where are the missing masses? Sociology of a few mundane artifacts. In: BIJKER, W.; LAW, J. (Eds.). *Shaping technology-building society: studies in sociotechnical change*. Cambridge, MA: MIT Press, 1992. p. 225-258.

LINSTEAD, Stephen; HOPFT, Heather (Eds.). *The aesthetics of organization*. London: Sage, 1999.

LIPPS, Theodor. *Raumästhetik und geometrisch-optische Täuschungen*. Leipzig: Barth, 1897.

_____. *Ästhetik: Psychologie des Schönen und der Kunst.* Hamburg, Leipzig: Vosso, 1903-1906. 2v.

_____. *Zum Einfühlung.* Leipzig: Engelmann, 1913. (Trad. it. parcial.: Empatia e godimento estetico. In: VATTIMO, G. (Dir.). *Estetica moderna.* Bologna: Il Mulino, 1977. p. 179-191.)

LOMAX, Helen; CASEY, Neil. Recording social life: reflexivity and video methodology. *Sociological Research Online,* v. 3, n. 2, 1998.

LYOTARD, Jean-François. *Leçons sur l'analytique du sublime.* Paris: Galilée, 1991. [Trad. bras.: *Lições sobre a analítica do sublime.* Campinas: Papirus, 1993.]

MALDONADO, Tomás. Does the icon have a cognitive value? In: CHATMAN, S.; ECO, U.; KLINKENBERG, J.-M. (Eds.). *A semiotic landscape: proceedings of the First Congress of the International Association for Semiotic Studies, Milan, June 1974.* The Hague: Mouton, 1979. p. 774-776.

MANGHAM, Iain L.; OVERINGTON, Michael A. *Organizations as theatre.* Chichester: Wiley, 1987.

MARCH, James. *Decisions and organizations.* Oxford: Basil Blackwell, 1988.

MARQUARD, Odo. *Aesthetica und Anaesthetica: Philosophische Überlegungen.* Paderbom: Schoningh, 1989.

MARTIN, Jane R. Another look at the doctrine of *Verstehen. British Journal for the Philosophy of Science,* n. 20, p. 53-67, 1969.

MARTIN, Joanne; FROST, Peter. The organizational culture war games: a struggle for intellectual dominance. In: CLEGG, S. R.; HARDY, C.; NORD, W. R. (Eds.). *Handbook of organization studies.* London: Sage, 1996. p. 599-621.

MATTIOLI, Francesco. *Sociologia visuale.* Torino: Nuova ERI, 1991.

_____. La sociologia visuale: qualche risposta a molti interrogativi. In: CIPOLLA, C.; LILLO, A. de (Dir.). *Il sociologo e le sirene: la sfida dei metodi qualitativi.* Milano: Angeli, 1996. p. 390-408.

MELUCCI, Alberto. Creatività: miti, discorsi, processi. In: MELUCCI, A. (Dir.). *Creatività: miti, discorsi, processi.* Milano: Feltrinelli, 1994. p. 11-32.

MERTON, Robert K. *Social theory and social structure.* [1949]. New York: Free Press, 1968.

MEYER, Alan D. Visual data in organizational research. *Organization Science,* v. 2, n. 2, p. 218-236, 1991.

Bibliografia

MILANI, Raffaele. *Le categorie estetiche*. Parma: Pratiche Editrice, 1991.

_____. *Il pittoresco: l'evoluzione dei gusto tra classico e romantico*. Bari: Laterza, 1996.

MONTHOUX, Pierre Guillet de. The theatre of war: art, organization and the aesthetics of strategy. *Studies in Cultures, Organizations and Societies*, v. 2, n. 1, p. 147-160, 1996.

MUKAØOVSKÝ, Jan. *Studie z estetiky*. Prague: Odeon, 1966.

NEGROPONTE, Nicholas. *Being digital*. New York: Alfred A. Knopf, 1995. [Trad. bras.: *Vida digital*. São Paulo: Companhia das Letras, 1995.]

OTTENSMEYER, Edward. Too strong to stop, too sweet to lose: aesthetics as a way to know organizations. *Organization*, v. 3, n. 2, p. 189-194, 1996a.

_____ (Ed.). Essays on aesthetics and organization. *Organization*, v. 3, n. 2, 1996b.

OUTHWAITE, William. *Understanding social life: the method called Verstehen*. London: Allen & Unwin, 1975.

PAREYSON, Luigi. *Studi sull'esistenzialismo*. Firenze: Sansoni, 1943.

_____. *Estetica. Teoria della formatività*. Torino: Giappichelli, 1954; reimp. Milano: Bompiani, 1988. [Trad. bras.: *Estética. Teoria da formatividade*. Petrópolis: Vozes, 1993.]

_____. *Verità e interpretazione*. Milano: Mursia, 1971. [Trad. bras.: *Verdade e interpretação*. São Paulo: Martins Fontes, 2005.]

_____. *Filosofia della libertà*. Genoa: Il Melangolo, 1989.

PEIRCE, Charles S. *Collected papers*. Cambridge, MA: Harvard University Press, 1931-1935. 8v.

PERNIOLA, Mario. *L'estetica del novecento*. Bologna: Il Mulino, 1997.

PERROW, Charles. *Complex organizations: a critical essay*. Glenview, IL: Scott, Foresman, 1972.

PFEFFER, Jeffrey. *Organizations and organization theory*. Marshfield, MA: Pitman, 1982.

POLANYI, Michael. The autonomy of science. *The Scientific Monthly*, n. 60, p. 141-150, 1945; reimp. in: POLANYI, M. *Scientific thought and social reality: essays by Michael Polanyi*. Ed. F. Schwartz. *Psychological Issues*, v. 8, n. 4, monograph 32. New York: International Universities Press, 1974. p. 15-33.

_____. *Science, faith and society*. London: Oxford University Press, 1946.

____. On the introduction of science into moral subjects. *Cambridge Journal*, n. 7, p. 195-207, Jan. 1954; reimp. in: POLANYI, M. *Scientific thought and social reality: essays by Michael Polanyi*. Ed. F. Schwartz. *Psychological Issues*, v. 8, n. 4, monograph 32. New York: International Universities Press, 1974. p. 82-97.

____. Knowing and being, *Mind*, v. 70, n. 280, p. 458-470, 1961a.

____. Faith and reason. *Journal of Religion*, n. 41, p. 237-247, 1961b; reimp. in: POLANYI, M. *Scientific thought and social reality: essays by Michael Polanyi*. Ed. F. Schwartz. *Psychological Issues*, v. 8, n. 4, monograph 32. New York: International Universities Press, 1974. p. 116-130.

____. *Personal knowledge*. [1958]. London: Routledge & Kegan Paul, 1962.

____. *The tacit dimension*. Garden City, NY: Doubleday, 1966.

____. *Knowing and being: essays by Michael Polanyi*. Ed. M. Grene. Chicago: University of Chicago Press, 1969.

____. *Scientific thought and social reality: essays by Michael Polanyi*. Ed F. Schwartz. *Psychological Issues*, v. 8, n. 4, monograph 32. New York: International Universities Press, 1974.

PONTE, Alessandra. Architecture and phallocentrism in Richard Payne Knight's theory. In: COLOMINA, B. (Ed.). *Sexuality & Space*. New York: Princeton Architectural Press, 1992. p. 273-305.

POWDERMAKER, Hortense. *Hollywood: the dream factory*. Boston: Little, Brown, 1950.

PUTNAM, Linda; PHILLIPS, Nelson; CHAPMAN, Pamela. Metaphors of communication and organization. In: CLEGG, S. R.; HARDY, C.; NORD, W. R. (Eds.). *Handbook of organization studies*. London: Sage, 1996. p. 375-408.

RAFAELI, Anat; PRATT, Michael G. Tailored meanings: on the meaning and impact of organizational dress. *Academy of Management Review*, v. 18, n. 1, p. 32-55, 1993.

RAMIREZ, Rafael. An aesthetic theory of social organization. *Dragon*, v. 2, n. 4, p. 51-63, 1987.

____. *The beauty of social organization*. Munich: Accedo, 1991.

READ, Herbert. *Icon and idea*. London: Faber & Faber, 1955.

REED, Michael. *The sociology of organizations: themes, perspectives and prospects.* New York: Harvester Wheatsheaf, 1992.

RESTAINO, Franco. *Storia dell'estetica moderna.* Torino: Utet, 1991.

RICOLFI, Luca. La ricerca empirica nelle scienze sociali: una tassonomia. In: RICOLFI, L. (Dir.). *La ricerca qualitativa.* Roma: La Nuova Italia Scientifica, 1997.

ROSSI, Arcangelo. Prefazione all'edizione italiana. In: POLANYI, M. *Conoscere ed essere: saggi.* Ed. M. Grene. Roma: Armando, 1988.

RUSTED, Brian. "It's not called show art!": aesthetic decisions as organizational practice. *Dragon*, v. 2, n. 4, p. 127-136, 1987.

_____. Housing modifications as organizational communication. In: GAGLIARDI, P. (Ed.). *Symbols and artifacts: views of the corporate landscape.* Berlin: De Gruyter, 1990. p. 85-105.

_____. Framing a house, photography and the performance of heritage. *Canadian Folklore Canadien*, v. 17, n. 2, p. 139-158, 1995.

_____. "Cutting a show": grounded aesthetics and entertainment organizations. In: LINSTEAD, S.; HOPFT, H. (Eds.). *The aesthetics of organization.* London: Sage, 1999.

SALVEMINI, Severino. Formatore debole/formatore forte. In: DE MASI, D. (Dir.). *Verso la formazione del post-industriale.* Milano: Angeli, 1993. p. 305-311.

SASSOON, Joseph. Colors, artifacts, and ideologies. In: GAGLIARDI, P. (Ed.). *Symbols and artifacts: views of the corporate landscape.* Berlin: De Gruyter, 1990. p. 169-184.

SCHEIN, Edgar H. Coming to a new awareness of organizational culture. *Sloan Management Review*, v. 25, n. 4, p. 3-16, 1984.

SCHERER, Andreas Georg. Pluralism and incommensurability in strategic management and organization theory: a problem in search of a solution. *Organization*, v. 5, n. 2, p. 147-168, 1998.

SCHLEIERMACHER, Friedrich Daniel Ernst. *Hermeneutik.* Heidelberg: Carl Winter Universitätsverlag, 1959. [Trad. bras.: *Hermenêutica.* Petrópolis: Vozes, 1999.]

SCHNEIDER, Susan C.; POWLEY, Ellen. The role of images in changing corporate culture: the ease of AT&T. *Dragon*, v. 1, n. 2, p. 5-44, 1986.

SCHÜTZ, Alfred. *Collected papers*. The Hague: Nijhoff, 1962. v. 1.

_____. *Collected papers*. The Hague: Nijhoff, 1964. v. 2.

SCHWARTZ, Howard; JACOBS, Jerry. *Qualitative sociology: a method to the madness*. New York: Free Press, 1979.

SCIALPI, Antonio. La *Einfühlungstheorie*. *Rivista di Estetica*, n. 1, p. 67-84, 1979.

SCRIVEN, Michael. *Verstehen* again. *Theory and Decision*, n. 1, p. 382-386, 1971.

SEBASTIANI, Chiara. Spazio esfera pubblica: la politica nella città. *Rassegna Italiana di Sociologia*, v. 38, n. 2, p. 223-243, 1997.

SIEVERS, Burkard. The diabolization of death: some thoughts on the obsolescence of mortality in organization theory and practice. In: HASSARD, J.; PYM, D. (Eds.). *The theory and philosophy of organizations: critical issues and new perspectives*. London: Routledge, 1990a. p. 125-136.

_____. Curing the monster: some images of and considerations about the dragon. In: GAGLIARDI, P. (Ed.). *Symbols and artifacts: views of the corporate landscape*. Berlin: De Gruyter, 1990b. p. 207-231.

SIMMEL, Georg. Die Ruine: ein ästhetischer Versuch. *Der Tag*, v. 96, 1907; reimp. in: SIMMEL, G. *Philosophische Kultur. Gesammelte Essais*. Leipzig: Kröner, 1918. (Trad. it.: La rovina. *Rivista di Estetica*, v. 21, n. 8, 1981; reimp. in: PANZA, P. (Dir.). *Estetica dell'architettura*. Milano: Guerini e Associati, 1996. p. 159-166.)

SINI, Carlo. Il pensiero e il simbolo. In: ZECCHI, S. (Dir.). *Estetica 1992: forme dei simbolo*. Bologna: Il Mulino, 1992. p. 93-113.

_____. *Gli abiti, le pratiche, i saperi*. Milano: Jaca Book, 1996.

SMIRCICH, Linda. Concepts of culture and organizational analysis. *Administrative Science Quarterly*, n. 28, p. 339-358, 1983.

_____; CALÀS, Marta; MORGAN, Gareth (Eds.). New intellectual currents in organization and management theory: theory development forum. *Academy of Management Review*, v. 17, n. 3, 1992. (Special issue.)

SOURIAU, Étienne. *L'avenir de l'esthétique*. Paris: Alcan, 1929.

SPARTI, Davide. *Se un leone potesse parlare: indagine sul comprendere e lo spiegare*. Firenze: Sansoni, 1992.

_____. *Epistemologia delle scienze sociali*. Roma: La Nuova Italia Scientifica, 1995.

SPERBER, Dan. *Le symbolisme en général*. Paris: Hermann, 1974.

____. *Le savoir des anthropologues*. Paris: Hermann, 1982. [Trad. port.: *O saber dos antropólogos*. Lisboa: Edições 70, 1992.]

STEELE, Fred I. *Physical settings and organization development*. Reading, MA: Addison-Wesley, 1973.

STERN, Stephen. Symbolic representation of organizational identity: the role of emblem at the Garrett Corporation. In: JONES, M. O.; MOORE, M. D.; SNYDER, R. C. (Eds.). *Inside organizations: understanding the human dimension*. Newbury Park, CA: Sage, 1988. p. 281-295.

STEWART, David. *Preface to empathy*. New York: Philosophical Library, 1956.

STRATI, Antonio (Ed.). *The symbolics of skill*. Trento: Dipartimento di Politica Sociale, 1985. (Quaderno 5/6.)

____. Aesthetics and organizational skill. In: TURNER, B. A. (Ed.). *Organizational symbolism*. Berlin: De Gruyter, 1990. p. 207-222.

____. Aesthetic understanding of organizational life. *Academy of Management Review*, v. 17, n. 3, p. 568-581, 1992.

____. Aesthetics and organization without walls. *Studies in Cultures, Organizations and Societies*, v. 1, n. 1, p. 83-105, 1995.

____. Organization viewed through the lens of aesthetics. *Organization*, v. 3, n. 2, p. 209-218, 1996a.

____. *Sociologia dell'organizzazione: paradigmi teorici e metodi di ricerca*. Roma: La Nuova Italia Scientifica, 1996b. (Trad. ingl.: *Researching organizations: theoretical paradigms and methodological choices*. London: Sage, no prelo.)

____. Organization as hypertext: a metaphor from visual cultures. *Studies in Cultures, Organizations and Societies*, v. 3, n. 2, p. 307-324, 1997.

____. The aesthetic approach in organization studies. In: LINSTEAD, S.; HOPFT, H. (Eds.). *The aesthetics of organization*. London: Sage, 1999.

STRAUSS, Anselm. *Continual permutations of action*. New York: Aldine de Gruyter, 1993.

THUN, Matteo. Banal design. In: FISCHER, V. (Ed.). *Design now: industry or art*. Munich: Prestel, 1989. p. 241-248.

TUCKER, Kenneth H. Harmony and transgression: aesthetic imagery and the public sphere in Habermas and poststructuralism. In: *Current perspectives in social theory*. Greenwich: JAI Press, 1996. v. 16, p. 101-120.

TURNER, Barry. Connoisseurship in the study of organizational cultures. In: BRYMAN, A. (Ed.). *Doing research in organization*. London: Routledge, 1988. p. 108-122.

____ (Ed.). *Organizational symbolism*. Berlin: De Gruyter, 1990.

VAN EVRA, James W. On Scriven on "Verstehen". *Theory and Decision*, n. 1, p. 377-381, 1971.

VAN MAANEN, John (Ed.). Qualitative methodology. *Administrative Science Quarterly*, v. 24, n. 4, 1979. (special issue.)

____. Style as theory. *Organization Science*, v. 6, n. 1, p. 133-143, 1995.

____; BARLEY, Stephen R. Occupational communities: culture and control in organizations. In: STAW, B. M.; CUMMINGS, L. C. (Eds.). *Research in organizational behavior*. Greenwich, CT: JAI Press, 1984. v. 6, p. 287-366.

VATTIMO, Gianni. Introduzione. In: VATTIMO, G. (Ed.). *Estetica moderna*. Bologna: Il Mulino, 1977. p. 7-46.

____. Dialettica, differenza, pensiero debole. In: VATTIMO, G.; P.A. ROVATTI, P. A. (Dirs.). *Il pensiero debole*. Milano: Feltrinelli, 1983. p. 12-28.

VICO, Giambattista. *Principi di una scienza nuova*. [1725]. 3. ed. Napole: Mosca, 1744. [Trad. bras.: *A ciência nova*. Rio de Janeiro: Record, 1999.]

VOLLI, Ugo. *Fascino: feticismo e altre idolatrie*. Milano: Feltrinelli, 1997.

WAGNER, Jon (Ed.). *Images of information*. Beverly Hills, CA: Sage, 1979.

WAX, Murray J. On misunderstanding *Verstehen*: a reply to Abel. *Sociology and Social Research*, n. 51, p. 323-333, 1967.

WEBER, Max. *Die protestantische Ethik und der Geist des Kapitalismus*. [1904]. In: WEBER, M. *Gesammelte Aufsätze zur Religions-soziologie*. Tübingen: Mohr, 1922a. [Trad. bras.: *A ética protestante e o "espírito" do capitalismo*. São Paulo: Companhia das Letras, 2004.]

____. *Wirtschaft und Gesellschaft. Grundriss der verstehenden Soziologie*. Tübingen: Mohr, 1922b. [Trad. bras.: *Economia e sociedade*. Brasília, São Paulo: UnB, Imprensa Oficial, 2004.]

WHITE, David A. "It's working beautifully!": philosophical reflections on aesthetics and organization theory. *Organization*, v. 3, n. 2, p. 195-208, 1996.

WIGLEY, Mark. Untitled: the housing of gender. In: COLOMINA, B. (Ed.). *Sexuality & space*. New York: Princeton Architectural Press, 1992. p. 327-389.

WILLIS, Paul. *Common culture*. Boulder, CO: Westview Press, 1990.

WITKIN, Robert W. The aesthetic imperative of a rational-technical machinery: a study in organizational control through the design of artifacts. In: GAGLIARDI, P. (Ed.). *Symbols and artifacts: views of the corporate landscape*. Berlin: De Gruyter, 1990. p. 325-338.

____. *Art and social structure*. Cambridge: Polity Press, 1995.

WOLLEN, Peter. Introduction. In: COOKE, L.; WOLLEN, P. (Eds.). *Visual display: culture beyond appearances*. Seattle: Bay Press, 1995. p. 9-13.

WRIGHT, George H. von. *Freedom and determination*. Helsinki: Philosophical Society of Finland, 1980.

ZECCHI, Stefano. *La fenomenologia dopo Husserl nella cultura contemporanea. Sviluppi critici della fenomenologia*. Firenze: La Nuova Italia, 1978.

____. *La bellezza*. Torino: Bollati Boringhieri, 1990.

____. *Il brutto e il bello: nella vita, nella política, nell'arte*. Milano: Mondadori, 1995.

____; FRANZINI, Elio (Dirs.). *Storia dell'estetica*. Bologna: Il Mulino, 1995.

ZEY-FERREL, Mary. Criticisms of the dominant perspective on organizations. *The Sociological Quarterly*, n. 22, p. 181-205, Spring 1981.

ZOLBERG, Vera L. *Constructing a sociology of the arts*. Cambridge: Cambridge University Press, 1990.

Índice

A

Abel, Theodore, 100
abordagem arqueológica, 287
abordagem científica, 81, 152
abordagem empático-estética, 289
abordagem empático-lógica, 288
abordagens do estudo da estética organizacional, 77, 119, 127, 135
Abrahamson, Eric, 259
Academy of Management Review, 240
ação, 11

> organizacional, 12
> *ver também* ação significativa

ação intencional, 80-1, 85-6, 88-9, 93, 105-117, 122, 125-26, 135, 137, 144, 148-49, 152, 173-75, 180, 182, 248, 272, 291

> análise empática, 80
> *pathos* da, 83, 86
> habilidades e, compreensão da, 145

ação não-intencional, 87
ação organizacional conhecimento, 12, 32, 70-1, 79, 86, 106, 109, 111, 113, 137, 148, 173
ação significativa, 20-1, 80-1, 85, 88-90, 92, 100-02, 117, 119, 143, 146, 148-49, 152, 166, 172, 176, 179-80, 204, 232, 290

compreensão empática, 19, 20, 80-1, 83, 86, 91-2, 99-103, 105-06, 108, 110-17, 119, 121, 134, 143, 152, 173, 235, 271, 273, 288, 290

> análise racional, 19, 31, 205-06
> conhecimento tácito, 20, 139, 144-45, 147, 149, 156-59, 168, 172-74, 176, 280

ação social (tradicional), 90
ação social "afetiva", 80-81, 83-84, 88
ação social, 80-1, 83-4, 88-90, 101, 103, 106, 111

> significativa *ver* ação significativa

Accornero, Aris, 269-70
Ackoff, Russell, 240
actantes/atores, 11
Addison, Joseph, 232
adequação, mito da, 85
aisthesis, 211
Albertazzi, Liliana, 7, 130
alla pittoresca, 282
Alvesson, Mats, 249
ambientes físicos, 16, 240, 268, 276
ambigüidade (juízo estético), 111, 162, 163, 283
análise racional, 19, 31, 205-06
analogia da jóia, 196
analogia da mulher bela, 198

analogia, 134, 169, 196-198, 201, 262-63, 267, 269

anamnesis, 211

Anceschi, Giovanni, 264

andar de bicicleta (equilíbrio), 147, 149

"anestesia", 128

anticartesianismo, 232-33, 237

Arendt, Hannah, 242

Aristóteles, 185

arquitetura, 17, 73, 106, 111-13, 115-16, 214, 242, 244, 248-50, 252-53, 256-60, 263, 264, 289

arquiteturas empresariais, 251-53, 256-57, 261, 263, 275, 282

arte, 185-90, 196, 200, 205, 207-11, 214, 217, 228, 232, 239, 248-49, 253-54, 259-60, 265-67, 269-71, 277-82, 287, 290

    beleza e, 185-86, 200

    e definições de estética, 77

    gestão enquanto, 265, 269

    pinturas, 282,

    fotografias, 28, 48, 75-6, 201, 207, 214, 217-18, 221-23, 275-76

    retratos, 269

    exibição visual e, 260-65, 273, 275

artefato,

    organização-hipertexto, 21, 291-92

    do tempo organizacional, 119-21, 156-58, 161, 206, 242, 249

artefatos organizacionais, 18, 19, 23, 36, 38, 43, 45, 49, 51, 57-8, 70, 78, 119, 121-23, 126, 159-60, 176, 244, 271, 286-88

    categorias estéticas e, 179-80, 184-87, 189, 239, 271, 280-81, 284, 286, 290, 293

    limites organizacionais, 36

    conceito (enigma), 37

    controle mediante, 241, 243

    estética dominante, 120-22, 176

    forma e, 241

    relevância dos, 241

artefatos, *ver* artefatos organizacionais,

artesanato, 111, 196

"atos heurísticos",153

audição, 10-11, 21, 44, 129, 167-68, 179, 194, 198, 241-42, 286, 292

aula baseada na adivinhação, 39

auto-observação, 108, 115-16

B

Baar, Carl, 93, 115

Barilli, Renato, 128

Barley, Stephen, 12, 212

Barnard, Chester, 136-38

Barthes, Roland, 205-06, 230, 298

Bateson, Gregory, 18, 245, 275

Baumgarten, Alexander Gottlieb, 167-69, 172, 232

Bayer, Raymond, 186

Beck, Ulrich, 15

Becker, Franklin, 240

Becker, Howard, 278

behaviorismo, 151

beleza,

    juízo estético, 10-11, 13, 20-21, 79, 87, 107, 160-62, 164-65, 167-71,173, 175, 179, 183, 187, 204-07, 210, 212-13, 218, 220, 226, 280, 289, 292-93

    forma e, 10, 11, 13, 26, 43, 64-5, 79, 82

    intelectual, 154

    do trabalho/das organizações, 20, 217-19, 223, 225, 230

Benghozi, Pierre-Jean,17, 240

Benjamin, Walter, 282

Berg, Per Olof, 7, 249-51, 260, 288, 297, 299, 307, 310, 313, 317

Berger, Peter, 9, 299, 307

Berruguete, Pedro, 74

Biggiero, Lucio, 254

Bird, Elizabeth, 279

Blau, Judith, 7, 14, 257-59, 299

Bodei, Remo, 81, 92, 95, 194, 196, 283, 285-86

Bologna, Ferdinando, 204,

Bolognini, Bruno, 17, 256, 275

Bonfiglioli, Sandra, 253-53

Boudon, Raymond, 270,

Bozal, Valeriano, 163, 172, 187

Braudel, F., 267

Brown, Richard, 105

Bruce, Gordon, 259

Bryman, Alan, 12

Buck-Morss, Susan, 263

Bugos, Glenn E., 276

Burgess, Robert G., 12

Burgin, Victor, 263

burocracia, 13, 264

Burrell, Gibson, 12, 14

busca (do artefato organizacional), 249

C

cadeia de diferenciais, 126-27

cadeira

 simulada no computador, 56-7

 enquanto artefato

organizacional, 60, 67

Calabrese, Omar, 274-75

Calàs, Marta, 240, 262

Calinescu, Matei, 15

Callon, Michel, 11

característica dominante, 113

Caravaggio, 11, 204-05, 259-60

Carmagnola, Fulvio, 261

Casey, Neil, 275

Cassirer, Ernst, 232-33, 235, 245

categorias "agógicas" (categoria estética), 179, 284

causalidade, 86, 88, 92-3, 98, 117

Cavalli, Alessandro, 7, 91, 93

cerebralização do prazer, 84

cerebralização do sentimento, 152

cerimônias, 18, 60, 63, 249

Chalfen, Richard, 275

Changeux, Jean-Pierre, 83-4, 152

Chapman, Pamela, 248

Chisholm, Roderick, 93, 100

cibermentes/cyborgs, 13

ciências da cultura, 152

ciências humanas, 84, 94, 96, 98, 261

ciências naturais, 80, 83, 85, 93-4, 98, 152, 154, 235, 275

ciências sociais, 80, 83, 85, 93, 95, 98-9, 102-03, 106, 152, 173, 235

 conhecimento empático em, 93

Clegg, Stewart R., 240, 293

Cohen, Anthony, 212

"coisidade", 15, 123, 126, 132, 259

Collier, John, 275

Collier, Malcolm, 275

Collingwood, R. G., 93

Colombo, Attilio, 75

Colombo, Fausto, 277

comensurabilidade, princípio da, 193-95, 198

"cômico" (categoria estética), 179, 183-85, 285

Companhia Fotográfica, 215-33, 281

Compreensão

 causal, 83, 117, 119

Einfühlung, 80, 97, 99, 235
empática *ver* empatia
racional, 89, 91, 93
Verstehen, 20, 93-5, 99-100, 103-05
compreensão causal, 83, 117, 119
compreensão empática, 19-20, 80-1, 83, 86, 91-2, 99-103, 105-06, 108, 110-17, 119, 121, 134, 143, 152, 173, 235, 271, 288, 290
    premissas básicas, 92
    ação intencional, 19, 80-1, 83-9, 93, 99, 101-03, 105, 109-17, 122, 125-26, 135, 137, 144, 148-49, 152, 173-75, 180, 182, 248, 172, 291
    ação significativa, 20-1, 80-1, 85, 88-90, 92, 100-02, 117, 119, 143, 146, 148-49, 152, 166, 172, 176, 179-80, 204, 232, 290
    pressupostos teóricos, 106, 173
compreensão, 13-4, 19-20, 27, 30-1, 36, 70, 77, 80-81, 83-6, 91-5, 98-106, 108, 110-22, 155-27, 129, 134-35, 148, 152, 155-57, 159, 163-64, 169, 170, 172-75, 179-80, 183-85, 187, 188-89, 193, 204-05, 207-09, 213-15, 217-18, 220, 230, 232-36, 239, 244, 268, 271-74, 280, 287-90, 292
compreensão racional, 89, 91, 93
Comte, Auguste, 95
comunicação organizacional (arquitetura empresarial), 12, 18, 248-50
comunicação organizacional, 12, 18, 248-50
comunidade simbólica, 208, 212
conflito organizacional, 122
conhecimento
    causal, 134
    diferenciação, 21, 291
    digital/analógico, 264

empático, 288-89
    evocação do, 26, 36
    finitude do, 127, 173
    coleta de, 18, 29, 32-4, 49, 69, 86
    intelectual, 148, 153, 166-69, 176
    não-causal, 93, 159
    pessoal, 145, 152-54, 174
    racional, 66, 78, 149, 168
    tácito, 20, 139, 144-45, 147, 149, 156-57, 159, 168, 172-74, 176, 280
    ver também conhecimento estético; conhecimento científico
conhecimento causal, 134
conhecimento científico, 93, 100-02, 146, 169, 261
conhecimento empático, 92-4, 100-01, 108-13, 116, 152, 164, 166, 288-89
    estética/ciências sociais, 80, 83, 85, 93, 95, 98-9, 102-03, 106, 152, 173, 235
conhecimento estético, 10, 18, 20, 29, 44-5, 48, 57, 65, 76-7, 79, 81, 87, 117, 120, 159, 169, 174-75, 202, 205, 209, 213, 233, 294-95
    artefatos e, 29, 44, 45, 48
    beleza e, 44, 185
    finitude (categorias), 292
conhecimento não-causal, 93, 159
conhecimento pessoal, 145, 152-54, 174
conhecimento racional, 66, 78, 149, 168
conhecimento tácito, 280
    estética e, 20, 139, 147, 156-57, 159, 168, 172-73, 176
connoisseurship, 153, 176, 271, 280
connoisseurship estética, 20

consciência
da estética, 83, 211-13, 270-71
focal, 149-150
organizacional (nova), 109, 156, 208, 211, 213-14, 270
subsidiária, 149-51, 164
consciência estética, 10, 21, 270-71
consciência focal, 149-51
consciência intencional, 133
consciência organizacional, nova, 208
consciência subsidiária, 149-50, 164
consciência, 83, 88, 98, 109, 131-35, 145, 149-51, 164, 208-09, 211-14, 231, 236, 256, 258, 265, 270, 271, 287, 289
construção coletiva (da vida organizacional), 177
construção social, 18, 35, 52, 77, 85, 114, 160, 280, 286-87, 289, 294
da estética organizacional, 286, 289
contraparadigma, 136
controle organizacional (por meio de artefatos), 241
controle organizacional, 241, 243
controle social, 16,
Cooley, Charles Horton, 100, 105
Cooper, Robert, 14
Cooper, Cary L., 12
cooperação, 15-16, 136-37
Coppola-Pignatelli, Paola, 262
Corigliano, Emma, 252
corpo, 13, 56-7, 61, 123, 131, 134, 141-42, 145-46, 150-51, 194, 263, 279, 285
corporeidade, 13, 172, 204-05, 241, 263, 276, 292
ver também faculdades sensoriais
Coser, Lewis A., 93-4, 105
Costa, Giovanni, 17, 240
Costa, Joan, 261

Crespi, Franco, 269, 280
criatividade, 17, 119, 235, 348, 251, 267-70
Croce, Benedetto, 232-33
cultura
empresarial, 255, 257, 275-76, 284
organizacional, 36, 51, 230, 249, 255, 260, 264, 276

cultura empresarial, 255, 257, 275-76, 284
cultura organizacional ver cultura
culturas visuais, 73-6, 276, 291
Czarniawska, Barbara, 277

D

D'Agostini, Franca, 94, 124
Danto, Arthur, 278
Dasein, 273
De Masi, Domenico, 240, 267-68
Dean, James W., 240-41, 244-45
decodificação (do enigma), 38-9
Dégot, Vincent, 17-8, 266-67, 269
Derrida, Jacques, 126-27, 135, 164, 177
Descartes, René, 233
descerebralização, 83-4
desconstrução (processo simbólico), 17, 70, 72, 119, 208, 280
desconstrutivismo, 20, 123, 134
desenho da significação empresarial, 253
design de escritório, 257
design físico, 16
desmontar telhados, 144, 186
desprazer, 115, 168-71,
Dewey, John, 19, 125
diálogo, 159, 177
Dickie, George, 278

diferença de sentimento, 119, 122-23

diferença, irredutibilidade da, 164, 173

diferenciais, cadeia de, 126-27

différance, 127

digitalização, processo de, 56

Dilthey, Wilhelm, 94-96, 100, 124, 152, 164

domínio, 71, 89, 102, 126, 128-29, 150, 152, 159, 261, 280

Dorfles, Gillo, 231, 235-36

Dorst, John, 279

Dougherty, Deborah, 275

Doxtater, Dennis, 256-57

Dragon (periódico da Scos), 17, 240

Dray, William, 93

Durand, Gilbert, 262

E

Eco, Umberto, 249-50, 259, 275, 293

Ego, 95, 123

Einfühlung, 80, 97, 99, 235

Einstein, Albert, 81-2

elemento não-humano, 12, 146, 150, 152, 172, 241-42, 248, 263, 265, 280

emoção (consciência estética), 130, 271-72

empatia cognitiva, 114-15

empatia estética, *ver* empatia, 114

empatia, 80, 93, 97-104, 107, 109, 110-16, 152, 273, 287

empatia, 80, 97-107, 109-16

definição da situação, 80, 93

empirismo lógico, 98

epistemologia, 314

eros, 173, 202

escrita científica, 271

espaços físicos, 190, 244, 254, 256

"espaço mítico", 256

especificação, processo de, 148

estados emocionais, 89-90, 114-15, 117

estados mentais, 100, 105, 138

Estetica (Pareyson), 123-26, 135, 164, 197, 199, 293

"estética científica", 97-8

estética da visualização, 271, 273

estética dominante, 120-22, 176

estética filosófica, 84, 98, 168, 187-89, 193, 196, 249

estética, *ver* estética organizacional, 77, 190, 192, 206-07, 209, 215, 239, 241, 244, 247-249, 252, 257, 260, 271-74, 277-78, 286-87, 289, 290-92, 294

"esteticismo difuso", 261

estético da, 18, 79, 129, 211-13, 266, 273, 277, 293

consciência da, 271

categorias da, 177, 187-89, 218, 280

como diálogo, 159

dominante, 120-22, 176

conhecimento empático na, 93

e observação participante, 31

imaginativa, 29, 83, 87, 110, 111, 115-16, 186

pensamento mítico e, 230

do não-humano, 11, 75-6, 145

na teoria da organização, 13, 14, 143, 186, 188, 210, 240, 248, 287, 294, 295

e artefatos organizacionais, 18-9, 23, 36, 38, 43, 45, 49, 51, 57-8, 70, 78, 119, 121-23, 126, 160, 176, 244, 271, 286-88

e teoria fenomenológica, 130, 132

filosófica (relevância), 84, 98, 168

estudos sobre pesquisa, 12, 18, 20-1

habilidades e conhecimento pessoal, 145, 152-54, 174

e processos de simbolização, 20, 56, 70, 73

conhecimento tácito e, 20, 139

estilo de liderança, 247, 276

estudantes (na aula baseada na adivinhação), 39, 71-2

estudos sobre pesquisa, 7

ethos, 67-9, 71, 79

ética, 68, 81, 91, 130, 135, 174, 195, 199, 220, 247, 252, 266, 269-70

etnografia, 104, 278

etnologia, 98

etnometodologia, 104

Eugeni, Ruggero, 277, 302

Evered, Roger, 12

evocação do conhecimento, 26, 36

evolucionista (teoria), 84-5

exibição pessoal, 42

exibição visual, 260-65, 269, 273, 275

imagem da organização, 260

existencialismo, 123, 135, 169

experiência anterior, 30-1, 131

experiência coletiva, 19

experiência vivida, 19, 26-7, 83, 94, 96, 106, 112-13, 122, 127-28, 131, 139, 229-30, 245, 289

experiência, vivida, 127-28, 131, 139, 229-30, 245, 289

estética organizacional, 12,15-18, 21-23, 27-28, 54, 70-2, 79-80, 87, 119-120, 127, 139, 144, 159-161, 163, 169, 171, 173, 175-77, 179-80, 190, 192, 207, 209, 215, 239, 241, 244, 247-49, 252, 257, 260, 271-74, 277-78, 286-87, 289-92, 294

anterior, 13

sensível, 126-31, 134, 138-39

sensorial, 132

explicação, causal, 81, 88-9, 91, 93, 95, 102

racional, 91, 166, 168, 176, 187, 204, 233

situação, 80, 93

explicação causal, 81, 88-9, 91, 93, 95, 102

explicação racional, 91, 166, 176, 187, 204, 233

F

faculdade de raciocínio, 129

faculdades perceptivas/sensoriais, 11, 13, 45, 79, 87, 107, 116, 144, 174, 241, 244, 289

faculdades sensoriais, 10, 20, 29-31, 44-5, 66, 72, 77, 114-15, 128-31, 145, 159, 170, 174-75, 179, 199, 218, 233, 236, 242, 265, 279-80, 289, 293

conhecimento estético e, 10, 29

beleza e, 195

connoisseurship e, 20, 153, 271, 280

familiaridade/eventos familiares, 33-5

fealdade (categoria estética), 159, 167, 184-85, 245, 260, 283-84

Featherslone, Mike, 15

Federico, duque de Montefeltro, 74

fenomenologia, 131-32, 134, 152, 212

Fermi, Enrico, 268

Ferraris, Maurizio, 233, 265

Ferry, Luc, 129

festa, o organizacional enquanto, 222-24, 226-28, 230

filosofia estética, 184-86, 194, 196, 200, 233, 265, 283, 265, 283, 290

filosofia humanista, 135
Fine, Gary Alan, 279, 293
Fineman, Stephen, 272
finitude do conhecimento, 127, 173
firma de reprografia (estudo de caso), 181
fisicalidade dos elementos não-humanos, 241
flâneur, 266
fordismo, 277
forma/formatividade, 124-25
fotografia (estudo de caso), 55-6, 74
fragmentos, 253, 268, 274, 277, 287-88
Franzini, Elio, 96, 131-32, 134, 177, 185-86, 195-96, 213, 235-37
Frost, Peter, 16
Fukasawa, Naoto, 259
funcionalismo, 16, 255

G

Gadamer, Hans-Geoorg, 124, 164, 166-67
Gagliardi, Pasquale, 7, 122, 17, 240-44, 247, 288
Geertz, Clifford, 19
Georgiou, Petro, 135-36
gestão organizacional (por meio de sentimento/forma), 244
gestão
        enquanto arte, 265, 269
        forma/sentimento
organizacional, 244
Gherardi, Silvia, 252, 262
Ghiselin, Brewster, 268
Giddens, Anthony, 15
Givone, Sergio, 261
gnosiologia inferior, 169
Gombrich, Ernst, 229, 259, 282
gracioso (categoria estética), 286

Grafton-Small, Robert, 17, 276
grandioso/grandiosidade, 163-66, 185
Gross, Edward, 135
grotesco, 152, 182-85, 285
Guillén, Mauro F., 277

H

habilidades, prática de, 148-49, 156-57, 159
Haraway, Donna, 13
Hardy, Cynthia, 293
Hassard, John, 12, 14, 240
Hatch, Mary Jo, 253, 256, 275
Hauser, Arnold, 205
Hegel, Georg Wilhelm Friedrich, 95
Heidegger, Martin, 15, 124
Hempel, Carl G., 93, 101-02
Henny, Leonard, 275
hermenêutica, 20, 85, 94-5, 123-24, 169, 172
hierarquia organizacional, 65, 68
Hill, Michael, 275
história/historicismo, 27
Hofmannsthal von, Hugo, 132
Hopfl, Heather, 240
Hulsker, Jan, 48
Humano
        talento do, 248
        experiência, 42, 125, 129-30
Husserl, Edmund, 15, 96, 130-34, 152, 164, 197, 231
Hutcheon, Linda, 15

I

iconografia erótica, 75
iconografia, 47, 73, 75, 264
idealismo, 95
identidade cultural, 242

identidade organizacional, 17, 254
"ideologia global", 250-51
iluminismo, 266
imagem da organização (enquanto exibição visual), 17, 260, 263
imagem empresarial, 17
imagem,
    empresarial, 17
    digitalização de, 55
    exibição visual, 260-61
imersão (do pesquisador), 106, 115
indução, 107, 146
intelectual,
    análise da ação significativa, 20
    beleza, 82-3, 154
    conhecimento, 44, 48, 77, 148, 153, 166
interpretação, 14, 34, 80, 88-94, 103-04, 114, 122-24, 126-27, 137, 164, 183-84, 188, 196, 231, 248, 281, 288, 294
intuição passiva, 288
intuição, 26, 80, 86, 102-05, 108-10, 115-16, 134, 161, 167, 288
Izzo, Alberto, 95, 234

J

Jackson, Susan E., 240
Jacobs, Jerry, 85, 93, 99
Jameson, Frederic, 15
Jaspers, Karl, 94, 100
Jauss, Hans Robert, 12, 211, 213, 279
Joas, Hans, 269-70
Jones, Michael Owen, 17, 210, 240, 265, 278
juízo estético, 87, 107, 160-62, 164, 165, 167-73, 179, 183, 187, 204, 207, 210, 212, 213, 218, 220, 226, 280, 289, 292-93

beleza, 160
connoisseurship e, 153, 176, 270, 280
    diferenciação de conhecimento e, *logica poetica*, 213, 232, 234-35
juízo moral, 169

K

Kaghan, William, 12
Kant, Immanuel, 167, 169-72, 232, 288
katharsis, 211
kitsch, 27, 284
Knorr-Cetina, Karin, 9
Kreiner, Kristian, 250-51, 260
Kritik der Urteilskraft (Kant), 169
Kronhausen, Eberhard, 75
Kronhausen, Phyllis, 75
Kuhn, James, 176
Kuhn, Thomas, 81-2, 146
Kunda, Gideon, 275

L

Lacan, Jacques, 261
Lalo, Charles, 186
Langer, Susanne K., 18, 236, 243, 245
Larsen, Janne, 276
Lash, Scott, 15
Latour, Bruno, 11-2, 242
Law, John, 12
Leonardo da Vinci, 269
linguagem, 40, 84, 98, 103, 105, 163, 181-83, 188-89, 209, 214, 217-19, 222, 223-35, 243, 264, 281-82, 290
    estética usual, 183-84, 188
Linstead, Stephen, 17, 240
Lipps, Theodore, 97-8, 164
lógica aristotélica, 121

lógica dedutiva, 101
lógica hegeliana, 121
lógica indutiva, 100-01
logica poetica, 213, 232-35
lógica, 19, 29, 100-01, 121-22, 135, 152, 155, 164, 193, 206, 232-33, 235, 243, 288
lógico-racional, 19
logo, 17-8, 144, 273
logos, 79, 235
Louis, Meryl R., 12
Luckmann, Thomas, 9
Lyotard, Jean-François, 285

M

MacIver, Robert M., 100,
Madonna (retrato), 74, 204-05
Magna Grécia, 185, 189, 193, 200
Maldonado, Tomás, 275
Mangham, Iain L., 240
maquilagem, 72
March, James, 14
Marquard, Odo, 128
Martin, Jane R., 16
Martin, Joanne, 93
Mattioli, Francesco, 275,
Mazzocut-Mis, Maddalena, 96, 177, 185-86, 284, 286
Mead, Margaret, 275
Melucci, Alberto, 268
memória organizacional, 73-4
Merleau-Ponty, Maurice, 152
Merton, Robert K., 12
metafísica, 96, 127, 129, 132, 135, 177, 195, 234, 236, 292
metáfora da organização-hipertexto, 292
metáfora do hipertexto, 21
metáfora, 19, 21, 36, 64, 67, 69, 234, 291-92

Methodenstreit, 80, 98, 117
método científico, 94, 129
métodos de pesquisa, 101
   hipóteses, 101
   relatórios de pesquisa, 274, 276
   estilos de, 86, 286-87, 289-90
Meyer, Alan D., 276
Milani, Raffaele, 282, 284, 286
mito organizacional, 230-31
mitos/pensamento mítico, 85, 88, 236, 249
modernidade, 15, 200, 261, 270
Monthoux, Pierre Guillet de, 19, 276
Moore, Michael, 17, 265
moralização da vida organizacional, 172
Morgan, Gareth, 12, 240
morte da Virgem, A (Caravaggio), 204
mudança organizacional, 246
Mukaøovský, Jan, 275
música, 9-11, 96, 197, 268, 284
mythos, 233, 235

N

Nacamulli, Raoul C. D., 240
não-identidade, 121
não-uso da cadeira, 61
Narahara, Ikko, 76
negociação da, 11, 39, 41, 52-4, 61, 68, 119, 160-61, 164, 175, 177, 257, 259, 271, 276, 279, 289
negociação, processo de, 119, 164, 175, 177, 259, 289
Negroponte, Nicholas, 264
neokantismo, 98
neopositivismo, 146
nível extracultural (*Verstehen*), 103
nível intracultural (*Verstehen*), 103

O

objetivação, 83, 86, 117
    pathos da, 12, 81, 83, 86, 117, 130
objetividade, 81, 85-6, 89, 131-33, 198
observação (do participante), 20, 29, 31, 34-5, 87, 104, 110-11
observação participante, 20, 29, 31, 34-5, 87, 104, 110-11, 115-16, 294
    imaginária, 182, 294
ontologia, 293
    dos artefatos, 21
ordem social, 14, 278
organização didática, 70-1, 73
organização-sinfonia, 197
organizações formais, 138
"organizações informais", 138
Ottensmeyer, Edward, 176, 240-41, 244, 245, 247
Outhwaite, William, 93
Outro
    identificação com o, 116
Overington, Michael A., 240

P

paisagem litorânea, 131
paradigma da meta, 135-36,
paradigmas/escolha paradigmática, 80
Pareyson, Luigi, 123-26, 135, 164, 197, 199, 293
Parker, Martin, 14, 240
pathos, 12, 81, 83, 86, 117, 130, 145, 173, 181, 183, 272, 285
    da ação intencional, 86
    da objetivação, 83, 86, 117
    do sensível, 83, 86, 145, 173-74, 179, 187, 206, 231

Peirce, Charles S., 275
Perniola, Mario, 121
Perrow, Charles, 243
pesquisa dos estudos culturais (relevância), 278
pessoas com/sem cadeira, 75
Pfeffer, Jeffrey, 239,
Phillips, Nelson, 12, 248
pinturas, 75, 259-60, 284
Pitágoras, 185, 189, 193-94
pitoresco (categoria estética), 200, 282
Platão, 185, 189, 196, 268
pleasure of the imagination, The (Addison), 232
Plotino, 195
poder, 11, 16, 36-7, 52-4, 58, 64, 67-70, 74-5, 112, 120, 138, 160-61, 174, 201-02, 217, 219, 249-51, 259, 262, 283
poesia/poético, 96
Polanyi, Michael, 20, 82, 139, 145-56, 168, 177, 269
Ponte, Alessandra, 263
posição (cadeira para denotar), 58
positivismo lógico, 146
positivismo, 86, 94-5, 146
pós-modernismo, 14-5
Powdermaker, Hortense, 279
Powley, Ellen, 17, 275
práticas de gestão, 18
Pratt, Michael, 240
prazer, 9-12, 24, 28-30, 42, 58, 73, 83-85, 97, 121, 140, 152, 155, 160-62, 168-71, 173, 191, 200, 211, 217-23, 243, 245, 252-65, 272, 283, 286
prestígio, 45, 64, 67-8, 218, 220
Principi di una scienza nuova (Vico), 232-33
princípio teleológico, 127
processo decisório, 44, 246, 284
processo heurístico, 26, 30-33, 177

propósito comum, 137
propósito/intencionalidade, 20
propriedade de artefatos, 242
psicologismo/psicologia, 98
Putnam, Linda, 248

Q

qualidade de vida no trabalho, 218, 220, 223, 228, 231, 240

R

racionalidade organizacional, 174, 282
racionalidade referente a valores, 90
Rafael, 74
Rafaeli, Anat, 240
Ramirez, Rafael, 17-8, 240-41, 244-45, 247
rationalismo cartesiano, 132
Read, Herbert, 236
realidade cotidiana/experiência, 42, 128, 173
realidade virtual, 56
realidade, 9-10, 13, 18, 42, 47, 56, 63, 81, 92, 96, 110, 123, 127-28, 130-33, 137, 155, 159, 173, 204-05, 207, 212, 219-20, 232, 235-36, 241-42, 244-45, 252, 256, 261, 275, 281, 284, 291, 294
reconstrução (processo simbólico), 70
Reed, Michael, 12
reflexividade, 15
representações estéticas, 20
representatividade, 203, 206-07, 213, 220
Restaino, Franco, 125, 232
retratos, 74
reuniões (uso de cadeiras), 63
Ricolfi, Luca, 85-6
ritmo, 39, 179, 246, 250, 284
ritual, 256

romantismo, 94, 198, 235
Rosenkranz, Karl, 185
Rossi, Arcangelo, 146
Rusted, Brian, 17-8, 176, 276, 278-79

S

sagrado (categoria estética), 179, 282
Salvemini, Severino, 266
Sassoon, Joseph, 244
satisfação pessoal, 137
Schein, Edgar, 241
Scherer, Andreas Georg, 12
Schlegel, Friedrich, 185
Schleiermacher, Friedrich Daniel Ernst, 94, 124
Schneider, Susan C., 17, 275
Schultz, Majken, 276
Schütz, Alfred, 9
Schwartz, Howard, 85, 93, 99
Scialpi, Antonio, 98
Scriven, Michael, 93, 102
Sebastiani, Chiara, 264
Sensível
    experiência, 132, 134, 139
    juízo, 167
    conhecimento, 139, 158, 169, 171, 175, 188, 234
    pathos do, 145, 173-74, 179, 187, 206, 231
sentidos/experiência sensorial, 132
sentimento,
    diferença em, 119,
    pathos do, 83, 86, 145, 173-74, 179, 187, 206, 231, 285
sentimento, 9, 58, 82-3, 86, 96, 106-07, 115, 119, 121-23, 130, 142, 145, 152, 154-55, 167, 170, 172, 180-81, 183, 195, 200-03, 205, 212, 218, 223-24, 226, 229-30, 236, 243-48, 261, 268, 271-73, 275, 283-86

ser-em-ação, 87

ser-em-uso (utilização), 50, 76, 126, 145, 149, 255, 273

ser-no-mundo, 134

serviços de informática (estudo de caso), 190

Sievers, Burkard, 252

significação da empresa (desenho), 253

significação, 42, 58, 94, 105, 109, 117, 126, 131, 207-08, 210, 212, 230-31, 249, 253, 256, 270

    empresarial (desenho), 253

    significado-evento, 210

signos, 127, 130, 210, 242, 261-62

simbolismo, 17, 73, 163, 202, 205-06, 210, 212-13, 220, 240, 249

    "representação" da beleza organizacional, 202, 211

simbolização, 20, 55-7, 70, 72-3, 205, 250, 263

    processos, 20, 56, 70, 73

simbologias de gênero, 262

Simmel, Georg, 253

Sini, Carlo, 210, 281

síntese passiva, 130

sistemas simbólicos, 104

Smircich, Linda, 240, 262

Snyder, Richard, 17, 265

socialização, 104, 209

sociedade civil, 234-36

"sociogramas", 263

sociologia, 7, 23, 38, 40, 80, 92-3, 98, 100, 235, 270

som, 130

"sombra projetada", 229, 250, 253, 256, 260-61, 264-66, 169-74, 276, 280-94

Sorokin, Pitirim, 100

Souriau, Étienne, 186

Sparti, Davide, 87, 93

Sperber, Dan, 231, 294

Standing Conference on Organizational Symbolism (Scos), 7, 17

status (cadeira para denotar), 58

Steele, Fred, 15-6, 240

Stern, Stephen, 275

Stewart, David, 93

Strati, Antonio, 24, 27, 42, 158, 180, 214, 233, 239, 252, 255-56, 259, 272, 274, 277, 291

Strauss, Anselm, 19

Studies in Cultures, Organizations and Societies, 240

subjetividade, 81, 86, 88, 92, 164, 169

sublime (categoria estética), 179, 184, 232, 281, 285-86

sujeito cognitivo, 29, 103, 110, 131, 163-66, 188, 197, 208, 211, 213, 280, 282, 292

T

talento (do ser humano), 287, 290

taylorismo, 277

tempo organizacional, 252-53

teologia, 129

Thun, Matteo, 265

tipo ideal de organização, 13

tomada de decisão organizacional,

totem, 251, 275

trabalho, beleza do, 20, 217-19, 223, 225, 230

trabalho, ética do, 266, 269-70

trágico (categoria estética), 179, 181-82, 184-85, 280-81, 283, 285, 293

Tucker, Kenneth H., 15

Turner, Barry, 16, 20, 240

U

Ueno, Hikoma, 75

V

valor estético, 185
Van Evra, James W., 93, 99, 100-02, 154
Van Maanen, John, 12, 212, 277
Vattimo, Gianni, 98, 292
verdade, 13, 15, 19, 26-7, 31, 34, 37, 41, 48, 57, 67-8, 72, 88-90, 92, 101, 122-25, 130-31, 135, 139-40, 143-45, 155, 161, 164-67, 171, 181, 188, 192, 205-06, 208-09, 217, 220, 227-28, 236, 252, 260
Vico, Giambattista, 232-36
vida organizacional, 9, 11-21, 30, 36-7, 72, 77, 79-80, 86, 99, 109, 113, 117, 120-23, 126-28, 134-35, 138-39, 142, 148, 155-56, 159-61, 163, 166, 172-74, 176, 193, 201, 203, 205-06, 208, 211-15, 217-18, 220, 225, 230-32, 235, 239, 241-42, 245, 247-48,
  estética como finitude da, 127

beleza da, 184, 189
logica poetica e, 213
moralização, 172
Volli, Ugo, 284

W

Wagner, Jon, 275, 316
Wax, Murray, 93, 100, 103-04, 315-16
Weber, Max, 9, 13, 20, 80-1, 83, 85-93, 99-101, 105, 117, 269, 276, 297, 301, 316
White, David, 171, 309, 316
Wigley, Mark, 262, 317
Willis, Paul, 279, 317
Wirtschaft und Gesellschaft (Weber), 20, 316
Witkin, Robert W., 244, 276, 317
Wollen, Peter, 261, 300, 317
Wright, George H. von, 87, 317

Z

Zecchi, Stefano, 96, 131, 133, 195-96, 202, 204, 206, 208, 303, 314, 317
Zey-Ferrel, Mary, 14, 136, 317
Zolberg, Vera L., 14, 317